Reinhard Wagner

Häfen – Strände – Klippenpfade

Zu Fuß entlang der schottischen Nordseeküste

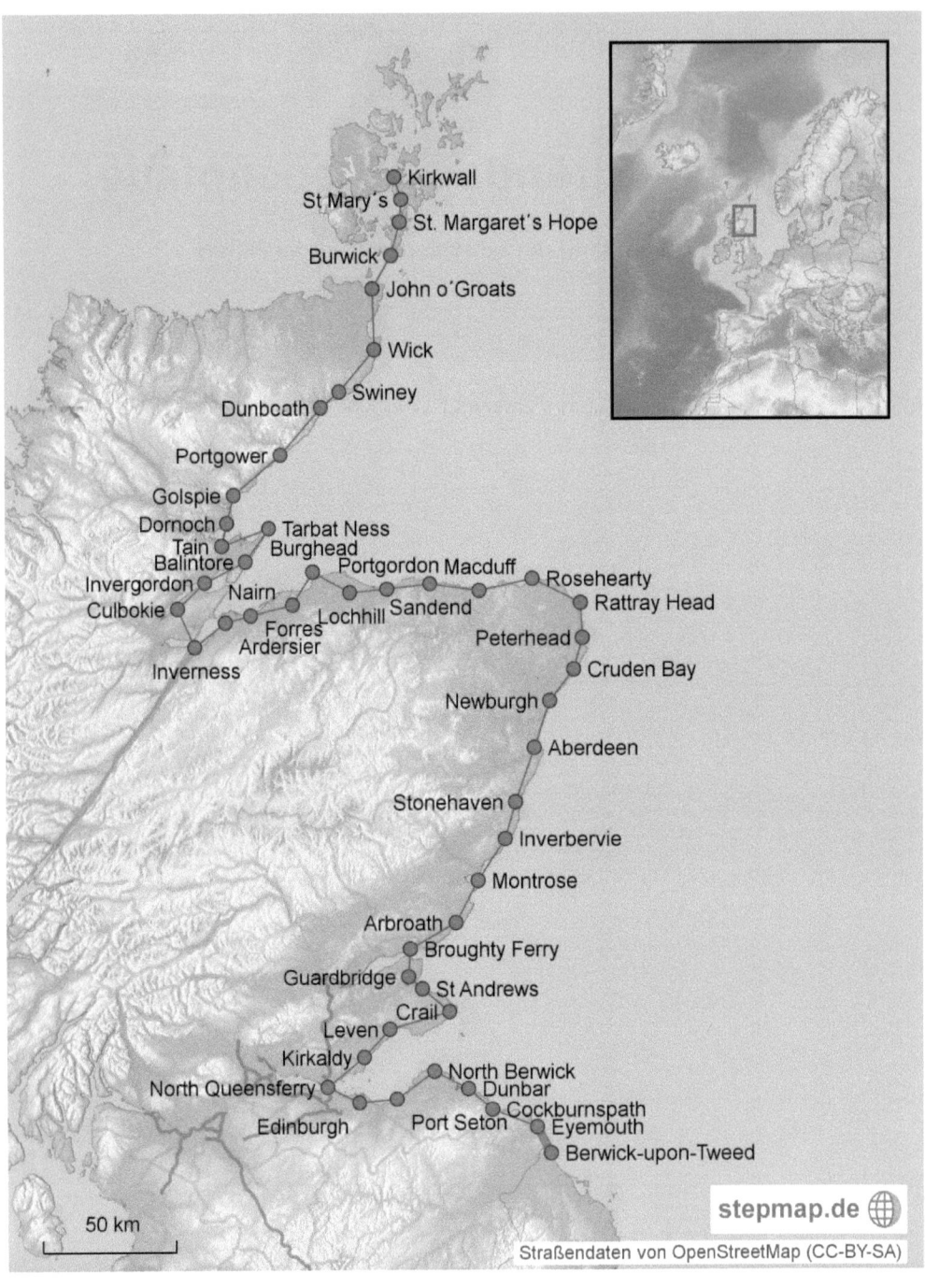

Reinhard Wagner

Häfen – Strände – Klippenpfade

Zu Fuß entlang der schottischen Nordseeküste

Dieses Buch widme ich meinem kleinen Enkelsohn Linus Frederik, der mit dem Auf-die-Welt-kommen gewartet hat, bis Opa wieder zu Hause war.

Bibliografische Information der Deutschen Nationalbibliothek: Die Deutsche Nationalbibliothek verzeichnet diese Publikation in der Deutschen Nationalbibliografie; detaillierte bibliografische Daten sind im Internet über www.dnb.de abrufbar.

Impressum

© 2016 Reinhard Wagner

Herstellung und Verlag:
BoD – Books on Demand, Norderstedt

ISBN: 978-3-7412-7391-9

Vorbemerkung

Dieses Buch basiert auf meinem Internetblog, den ich einige Tage vor dem Start begonnen und während der langen Wanderung entlang der schottischen Nordseeküste jeden Tag gewissenhaft fortgeführt habe.

Am Anfang war es eine fixe Idee. Wie wäre es, wenn du die Nordsee umrundest?! Zu Fuß! Von den Shetland Inseln über die Orkneys, dann an der schottischen, englischen, belgischen, niederländischen, deutschen, dänischen, schwedischen und norwegischen Küste entlang bis Bergen. Nicht in einem durch, das wäre nun wirklich etwas happig, um die 7000 Kilometer. Aber vielleicht in vier Anläufe? Über vier Jahre je eine Teiletappe von 1500 bis 2000 Kilometern?

Das wäre nichts Ungewöhnliches für mich. Ich habe mir selbst schon bewiesen, dass ich lange Strecken und viele Wochen auf Schuhgröße 43 unterwegs sein kann, auch ganz alleine. Warum soll ich also nicht gehen ..., solange es noch geht?

Meine Gedanken beginnen zu kreisen. Viele Fragen stellen sich. Das Internet gibt viele Antworten. Ergebnis: Ich mache das! Ich fange zumindest damit an!

Hoch im Norden starte ich also, dort, wo man vom nördlichsten Punkt auf der nördlichsten Insel der Shetlands nur noch den Atlantik sieht. Dann runter in den Süden der Shetlands, über die Orkneys, an der schottischen Ostküste entlang bis zur schottisch-englischen Grenze.

Zeitweise erwarten mich raue Natur, Wind, Regen, vielleicht noch Schnee, vielleicht mal Sturm, hoffentlich auch Sonne. Unmengen von Seevögeln und Schafen, Shetlandponys, schäumende Wellen am Fuße hoch aufragender Klippen, kleine Fischerdörfer, Burgruinen, Pubs, Whisky-Destillerien, Dudelsäcke, Fish & Chips ... Ich freue mich!

Einsam wird es manchmal sein, nicht nur die Landschaft. Von den elf Wochen, die ich auf der Strecke sein werde, bin ich viel mit mir ganz alleine unterwegs. Aber ich werde auch Gesellschaft haben. Die ersten Tage auf den Shetlands begleiten mich drei meiner Kinder, zwei davon mit Freund bzw. Freundin. Über das Pfingstwochenende besucht mich während der ersten Kilometer auf dem schottischen „Festland" für drei

Tage mein Freund Wolfgang. Wie es sich so fügt, liegt genau dann eine Destillerie am Wegesrand. In der zweiten Hälfte der Tour, ab Inverness, bilde ich mit meinem Freund und ehemaligen Berufskollegen Dieter, der mich auch schon im vorigen Jahr auf dem Grünen Band ein Stück begleitet hat, ein starkes Gespann. Stark nicht nur beim Wandern, sondern auch stark beim Genuss all der Vorzüge, die Schottland zu bieten hat.

Wie umfangreich meine täglichen Berichte ausfallen werden, bleibt abzuwarten. Meist werde ich wohl gewissenhaft schreiben, manchmal aber auch lieber die Erlebnisse des Tages am Abend mit meinen zeitweiligen Mitwanderern bei einem frischen Ale oder einem guten Whisky austauschen oder mit Einheimischen ins Gespräch kommen oder ausliegende Touristenliteratur lesen oder den Sonnenuntergang genießen oder … oder … oder … Ich weiß, es werden wieder wunderbare Tage werden!

Der Weg

Es gibt einen „Scottish Coastal Path" in Planung. Er wird einst einmal komplett um die schottische Ost-, Nord- und Westküste herum und entlang der schottisch-englischen Grenze führen. An die 3000 Kilometer wird er lang sein. Beschrieben ist bereits der östliche Teilabschnitt von der schottisch-englischen Grenze bei Berwick upon Tweed bis hoch in den Norden nach John o´Groats. Zusammen mit meinen zu laufenden Kilometern auf den Shetland Inseln und auf den Orkneys entspricht er komplett meinem geplanten Weg. Wie weit er auf diesem Abschnitt als „Scottish Coastal Path" markiert ist, bleibt abzuwarten. Zumindest Teile davon sind aber als „Moray Trail", „Fife Coastal Path", „John Muir Way" und "Berwickshire Coastal Path" gekennzeichnet.

Mein Weg auf den Shetland Inseln

Die Shetland-Inseln sind eine zu Schottland gehörende Inselgruppe zwischen Norwegen, Schottland/Orkneys und den Färöern. Sie erstrecken sich über ein 80 mal 120 km großes Areal zwischen dem 59. und 61. Breitengrad und bilden den nördlichsten Teil Großbritanniens. Von den 1.426 km² Fläche entfallen etwa zwei Drittel auf die Hauptinsel Mainland.

Meine Wanderung beginnt aber auf der nördlichsten noch besiedelten Insel: Unst. Und auch dort wieder da, wo es für Großbritannien nicht mehr nördlicher geht, auf der wilden, einsamen, oft sturmumtosten Halbinsel Hermaness. Von dort „arbeite" ich mich runter bis zur Fähre, die mich auf die nächste Insel, Yell, übersetzt. Einige Tage später bringt mich eine weitere Fähre auf die Hauptinsel der Shetlands, Mainland, die ich dann ebenfalls vom Norden bis in den äußersten Süden durchziehen werde.

Als grundlegende Orientierung auf den Shetlands dient mir die Hauptdurchgangsstraße, die von ihrem nördlichsten Ende bei Haroldswick (Yell) über den Hauptort Lerwick (mit seinem Hafen für die Kreuzfahrtschiffe und Fähren von Aberdeen bzw. Kirkwall/Orkneys) bis zu ihrem südlichsten Punkt von Mainland (beim internationalen Inselflughafen Sumburgh) das gesamte Archipel dieser Inselgruppe durchläuft.

Da aber besonders reizvolle und spektakuläre Küsten- und Klippenpfade (Hermaness Circle, Belmont Circle, Breckon Circle, Eshaness Circle, Hillswick Circle, Mousa Circle, St Ninian´s Isle Circle, Bressay Circle und Sumburgh Head Circle) meist weit abseits dieser Straße liegen, werde ich oft von dieser Hauptstrecke abweichen, teilweise sogar mit dem Bus zu Ausgangsorten anreisen, von wo ich mich dann auf mehr oder weniger lange Rundwanderungen begebe.

Über die Orkneys

Die Orkneys sind ein aus ca. 100 kleineren Inseln und der Hauptinsel Mainland bestehender Archipel, der zu Schottland gehört. Er liegt, nur durch den Pentland Firth getrennt, nördlich in Sichtweite der schottischen Küste.

Die zum Archipel gehörenden Inseln verteilen sich über ein Gebiet von knapp 50 km Ost-West und 85 km Nord-Süd. Die Orkneys liegen zwischen dem 58. und 59. Grad nördlicher Breite. Das entspricht etwa der Höhe Sankt Petersburgs und Südgrönlands.

Die beiden wichtigsten Städte sind Kirkwall, als Verwaltungsort und bedeutendster Drehscheibe des gesamten Verkehrs mit ca. 7.000 Einwohnern, und Stromness, als einer der Fährhäfen vom/zum „Festland" mit ca. 2.000 Einwohnern; beide liegen auf Mainland.

Im Hafen von Kirkwall wird mich die Fähre von Lerwick (Shetland Inseln) „ausspucken", aber ich sehe diesen Hauptort der Orkneys nicht zum ersten Mal. Bereits 2007 habe ich hier einen längeren Wanderurlaub verbracht, habe mit mehr oder weniger großen Fähren und einmal sogar mit einem kleinen einmotorigen Flugzeug „Insel-Hopping" betrieben und so diese Inselgruppe wandernd von ihren schönsten Seiten kennengelernt. Daher werde ich diesmal die Orkneys recht zügig durchlaufen, sozusagen auf einer „Transitstrecke".

Von Kirkwall aus ziehe ich durch Ost-Mainland, erreiche auf Dämmen (den sog. „Barriers") die kleinen Inseln Lamb Holm, Glimps Holm und Burray, bevor ich bei St Margaret's Hope nach South Ronaldsay überwechsle und diese dann der Länge nach Richtung Süden bis zum Landungspier der Fähre zum schottischen „Festland" durchquere.

Von John o´Groats nach Inverness

Mit einer kleinen Personenfähre setze ich vom Landungspier Burwick auf den Orkneys über den Pentland Firth, der den Archipel der Orkneys von Schottland trennt, zum schottischen John o´Groats über, dessen wenige Häuser sich mit dem Titel des nordöstlichsten Siedlungspunktes der britischen Hauptinsel schmücken dürfen. Damit befinde ich mich in Caithness, einer traditionellen Grafschaft an der Nordostspitze Schottlands.

Mein Weg geht nun auf Klippenpfaden und über lang gezogene Sandstrände an der Ostküste von Caithness entlang, mit der „Hauptstadt" Wick. Caithness ist vor allem für seine archäologischen Sehenswürdigkeiten, wie die unzähligen Überreste von Brochs (mächtige steinerne Rundtürme von wohlhabenden oder sozial höhergestellten Familien zur Eisenzeit) bekannt.

Von Caithness wechsle ich in die alte Grafschaft Sutherland. Der Name Sutherland ist auf die Wikinger zurückzuführen - aus deren Blickwinkel handelte es sich bei der nordwestlichen Ecke der britischen Insel um das "Sudrland", das südliche Land. Trotz einer weiten Flächenausbreitung hat Sutherland lediglich rund 13.000 Einwohner (etwa 2,5 Einw./km²) und ist damit eine der dünnbesiedelsten Regionen Europas, Dies ist unter anderem auf die Highland Clearances im 19. Jahrhundert zurückzuführen, in deren Verlauf große Teile der ansässigen Bevölkerung vertrieben wurden, um Platz zu schaffen für großangelegte Schafzucht. Heute noch gibt es hier keine einzige Stadt, Besiedlung praktisch nur entlang der Küste, so gut wie keine im Landesinneren.

Während man im Hinterland eigentlich nur baumlose Berge und Moorlandschaften vorfindet, sehe ich wieder beeindruckende Landschaften mit hohen Klippen und schönen Sandstränden. Da aber kaum zugängliche Berge in diesem Bereich bis an die steil ins Meer abfallenden Klippen heranreichen und ungefährliche Pfade nicht immer vorhanden sind, werde ich abschnittsweise auf sichere Straßen ausweichen müssen.

Je näher ich nun Inverness komme, desto mehr treten die Berge in den Hintergrund. Auf untergeordneten kleineren Straßen geht es für mich jetzt auch mal durch flacheres Gelände. Auf weit gespannten Brücken überquere ich drei tief ins Landesinnere hineinreichende Meeresarme: den Dornoch Firth, Cromarty Firth und Moray Firth. Dann habe ich die Hauptstadt der Highlands erreicht: Inverness.

Inverness - Aberdeen (Moray Coast Trail)

Wenige Kilometer hinter Inverness bringt mich mein Weg am ehemaligen Schlachtfeld von Culloden vorbei, auf dem der letzte schottische Königsspross „Bonnie Prince Charlie" 1746 gegen die Engländer verlor. Auf kleinen Straßen erreiche ich Forres, von wo an ich für einige Tage bis Cullen dem Moray Coast Trail folge. Klippenpfade mit beeindruckenden Ausblicken auf den Moray Firth und die Nordsee, auf Sandstrände, Dünenlandschaften und kleine Fischerdörfer bestimmen den Weg.

Hinter Cullen reichen steile Berghänge und hohe Klippen wieder bis an die Küste heran. Für einige kleine ehemalige Fischerdörfer, wie Gardenstown, Crovie oder Pennan, bleibt zwischen Wasserlinie und Klippen nicht mehr Platz als für eine langgezogene Häuserreihe. Bei Winterstürmen nicht ganz ungefährliche Orte zum Leben.

Bei der etwas größeren Stadt Fraserburgh schwenkt mein Weg nun wieder Richtung Süden und bis zur nächsten Stadt Peterhead erwarten mich kilometerlange Dünen- und Strandgänge. Etwas anders geht es danach weiter: Bis Collieston kann ich meistens auf kleineren und größeren Straßen mal wieder Asphalt treten. Dann aber ..., dann geht es unbeschreibliche mehr als 20 Kilometer schnurgerade durch Dünen bis vor die Tore von Schottlands drittgrößter Stadt: Aberdeen.

Von Aberdeen nach Dundee

Nie weit von der Felsenküste weg führt mich mein Weg – einmal aus Aberdeen raus – über kleine Straßen und Feldwege bis zum historischen Städtchen Stonehaven. Kaum eine Wanderstunde danach komme ich zur Burgruine des Dunnottar Castle, die sich malerisch auf einem Felsen aus rotem Sandstein in der Nordsee erhebt und nur durch einen schmalen Pfad vom Festland aus zu erreichen ist.

Nach Inverbervie geht es wieder für einige Kilometer eng an der Steilküstenkante entlang bis nach St Cyrus am Beginn der Montrose Bay, von wo ich auf Dünenpfaden die kleine Hafenstadt Montrose erreiche. Einige Strandkilometer in der Lunan Bay folgen, dann geht es etwas abseits der Küste durch landwirtschaftliche Flächen und an Bauernhöfen vorbei bis Arbroath.

Etwas eingezwängt zwischen einer Eisenbahnlinie und der Felsenküste komme ich nach Carnoustie und damit zum Beginn des Firth of Tay. Schon bald stoße ich dort auf die ersten Vororte von Schottlands viertgrößter Stadt: Dundee.

Dundee - Edinburgh (Fife Coastal Path)

Nach Überquerung des Firth of Tay über die große Tay Road Bridge betrete ich das ehemalige Königreich Fife. Von nun an nutze ich bis kurz vor Edinburgh einen der bekanntesten Langstreckenwanderwege des Vereinigten Königreichs: den „Fife Coastal Path".

Seine Route verbindet einige der malerischsten ehemaligen Fischerdörfer Schottlands sowie die Heimat des Golfsports St Andrews (mit seiner alten Universität und den gewaltigen Ruinen von Schottlands ehemals größter Kathedrale). Dazwischen gibt es Kilometer von goldenen Stränden und attraktiven Wäldern. Allerdings sind auch ein paar Kilometer durch Industriestädte wie Kirkcaldy und Leven dabei.

Der Wegverlauf hält aber auch noch andere Herausforderungen für mich bereit: Er verläuft oft so nahe entlang der Wasserlinie, dass bei ungünstiger Tide ein Vorankommen manchmal schwierig bis unmöglich sein könnte. In diesen Fällen muss ich etwas weiter ins Landesinnere ausweichen. Außerdem befinde ich mich, wie gesagt, im absoluten Zentrum des schottischen Golfsports. Der Fife Coastal Path geht wiederholt am Rand einiger Golfplätze entlang oder quert sie sogar. Also: Achtung vor tieffliegenden Golfbällen!

Hinter Kinghorn schwenkt der Weg Richtung Osten und verläuft entlang des Firth of Forth. Jenseits dieses großen Meeresarms sehe ich jetzt das Häusermeer von Schottlands Hauptstadt Edinburgh. Schon lange ist sie sichtbar, doch erst bei North Queensferry stehe ich unmittelbar vor der gewaltigen roten Stahlkonstruktion der Forth Bridge.

Doch nicht sie, sondern die dahinter den Firth of Forth überspannende moderne Forth Road Bridge bringt mich hinüber auf die andere Seite nach Edinburgh.

Edinburgh - Dunbar (John Muir Way)

Die Strecke von Edinburgh nach Dunbar lege ich auf den „John Muir Way" zurück. Er war anfangs nur ein Küstenwanderweg auf einer Länge von ca. 73 Kilometern in East Lothian in Schottland, benannt nach dem Universalgelehrten John Muir, der in Dunbar geboren wurde und in den USA u. a. als Begründer der Nationalpark-Idee berühmt wurde.

In seinem 100. Todesjahr 2014 wurde der Weg erweitert. Er führt nun als 215 km langer Küste-zu-Küste-Fernwanderweg von der Ostküste Schottlands bei Helensburgh, von wo er als 10-jähriger Junge in die USA auswanderte, bis an die Westküste nach Dunbar, seinem Geburtsort.

Hinter Edinburgh verläuft der John Muir Way als Küstenweg am südlichen Ufer des Firth of Forth entlang, hat aber erst bei Cockenzie den Großraum von Edinburgh verlassen. Immer nicht mehr als einen Steinwurf von der Felsenküste bzw. von sandigen Stränden entfernt geht es in nordöstlicher Richtung bis hinter North Berwick, wo die Nordseeküste bei den Ruinen des Tantallon Castle nach Südosten umschwenkt und auf Dunbar zuläuft.

Dunbar - Berwick (Berwickshire Coast Path)

Bei meinem letzten Wegabschnitt gehe ich auf dem „Berwickshire Coast Path" von Dunbar immer eng an der Nordseeküste entlang bis zur schottisch-englischen Grenze bei Berwick-upon-Tweed. Ich umrunde St Abb's Head, ein für seine Seevögel-Brutkolonie bekanntes Naturschutzgebiet, komme nochmal durch winzig kleine Fischerdörfer, spüre nochmal Sandstrand unter meinen Füßen, durchquere mit Eyemouth die letzte kleine schottische Stadt auf meinem Weg und überschreite bald danach die schottisch-englische Grenze.

Mit Berwick-upon-Tweed als erster Stadt in England habe ich das Ziel meiner langen Wanderung erreicht. Mehr schottische Nordseeküste geht nicht!

Vorbereitung auf einen langen Weg

Man kann planen, planen, planen..., man kann es aber auch lassen! Ich mache es, weil es mir Spaß macht!

Wer bereits Blogs oder Bücher von mir gelesen hat, weiß ein wenig, wie ich ticke. Er/sie weiß, dass ich, wenn vermeidbar, möglichst wenig dem Zufall überlasse. Einige (oder sogar viele?) entdecken vielleicht gerade im Ungeplanten oder Unplanbaren den besonderen Reiz. Für mich ist das nichts!

Ich plane früh genug Flüge oder Züge, um Geld zu sparen. Ich plane meine Etappenziele und Ruhetage, um einen Überblick über die Dauer meiner Reise zu bekommen. Ich plane die Buchungen meiner Unterkünfte, um schon am Morgen eines Wandertages sicher sein zu können, wo ein Bett auf mich wartet. Ich tummle mich in Reise- bzw. Wanderführern und im weltweiten Netz (siehe Links), um eine Vorstellung von den Landschaften, Städten und Dörfern zu bekommen, die ich durchstreifen werde. Ich kaufe mir Wanderkarten oder drucke mir am Computer welche aus und wandere mit dem Finger und mit der Nase auf diesen Karten die Strecke schon mal im Geiste vor (siehe Literatur).

Die Planung im Hinblick auf meine körperliche Fitness ist wieder mal hervorragend, die Umsetzung von der Planung in die Praxis allerdings äußerst unzulänglich. Das körperliche Training kommt mal wieder zu kurz, aber eigentlich weiß ich, was ich meinem Körper zutrauen kann. Gesundheitlich fühle ich mich gut, die Ärzte sind zufrieden, mein Körpergewicht schreit jedoch nach Fettverbrennung. Ich hoffe, die Fitness kommt auf dem Weg.

Konsolidierungsmaßnahmen meiner Haushaltskasse waren im Verlauf des Jahres erfolgreich, so dass die Finanzen zwar wieder eine Herausforderung darstellen werden, aber kein unlösbares Problem. Schottland ist nicht gerade ein preiswertes Reiseland und die angekündigten Unterkunftskosten ließen mich schon mal stirnrunzelnd die Backen aufblasen. Beim Essen und Trinken kommt es darauf an, was man sich gönnen will oder eben nicht. Da weiß ich noch nicht so genau, wie ich damit umgehe. Auf keinen Fall werde ich verhungern oder verdursten.

Große Überlegungen zu Kleidung und Ausrüstung muss ich nicht mehr anstellen, hier kann ich bedenkenlos auf die Checklisten meiner letzten Langzeitwege zurückgreifen.

Nicht geplant habe ich das Wetter. Aber da soll mir auch erstmal einer zeigen, wie das geht.

Literatur

Einen Wanderführer in Buchform, der meinen kompletten Weg abdeckt, scheint es noch nicht zu geben. Dafür ist der Weg vielleicht auch zu lang und der Führer wäre zu dick. Außerdem sind der Scottish Coastal Path und erst recht der Northsea Trail noch nicht in Vollständigkeit installiert, geschweige denn markiert und daher zusammenfassend beschrieben.

Nur bereits existierende Abschnitte, wie z.B. der Fife Coastal Path oder der John Muir Way, sind jeder für sich durchgehend markiert und werden in Büchern auch beschrieben. Diese Wanderführer gibt es nur auf Englisch, was mich nicht unbedingt an einem Kauf gehindert hätte. Dann stieß ich aber während meiner Vorbereitungen auf eine Internetseite (www.walkguides.co.uk), die mir zu allen relevanten Abschnitten auf dem schottischen Festland Wegebeschreibungen anbot, die ich nur noch gegen eine geringe Gebühr downloaden und anschließend ausdrucken musste. Eine ausreichende und vor allem preiswertere Alternative.

Viele andere hervorragende Internetseiten haben diese Downloads ergänzt und mir eine Menge Informationen zu den am Weg liegenden Landschaften, Städten und Dörfern verschafft (siehe Links). Dennoch erschien es mir sehr ratsam, mich nicht ohne ausreichendes Kartenwerk auf den Weg zu machen. Vielleicht könnte man dies auch mit modernen Navigationsgeräten bewerkstelligen, aber da bin ich halt noch altmodisch. Die dadurch mit mir herumzutragende Papiermenge halte ich in Maßen, indem ich mir die Karten zurechtschneide und damit überflüssiges Gewicht zu Hause lasse.

Im unteren Abschnitt habe ich die notwendigen Karten mit Kartennamen und -nummern (in Klammern) listenmäßig aufgeführt. Alle sind sog. Landranger Maps im Maßstab 1:50 000 und zu beziehen über den örtlichen Buchhandel (oder www.ordnancesurveyleisure.co.uk).

- Shetland - Yell, Unst & Fetlar (1)

- Shetland - North Mainland (3)

- Shetland - South Mainland (4)

- Orkney - Mainland (6)

- Orkney - Southern Isles (7)

- Thurso & Dunbeath (11)

- Thurso & Wick - John o´Groats (12)

- Helmsdale & Strath of Kildonan (17)

- Dornoch & Alness - Invergordon & Tain (21)

- Inverness & Loch Ness - Strathglass (26)

- Nairn & Forres - River Findhorn (27)

- Elgin & Dufftown - Buckie & Keith (28)

- Banff & Huntly - Portsoy & Turriff (29)

- Fraserburgh - Peterhead & Ellon (30)

- Aberdeen - Inverurie & Pitmedden (38)

- Stonehaven & Banchory (45)

- Dundee & Montrose - Forfar & Arbroath (54)

- St Andrews - Kirkcaldy & Glenrothes (59)

- Edinburgh - Penicuik & North Berwick (66)

- Duns, Dunbar & Eyemouth (67)

Links

Bei den unten aufgeführten englisch- und deutschsprachigen Internetadressen findet man jede Menge Informationen über Landschaften und Städte, Verkehrsmittel, Unterkünfte, Veranstaltungen, Wandervorschläge, anregende Fotos, Wegbeschreibungen, Geschichte, Kultur, Hinweise zu Foren und Reiseberichten, Flora und Fauna, Geographie, Sehenswürdigkeiten, Essen und Trinken u.v.a.

Gewerbsmäßige Unterkunftsportale habe ich nicht berücksichtigt.

www.northseatrail.org
www.nationalcoastalpath.co.uk
www.walkguides.co.uk
www.fifecoastalpath.co.uk
www.walkthefifecoastalpath.co.uk
www.johnmuirway.org
www.morayway.org.uk
www.willkommeninschottland.com
www.visitscotland.com
www.undiscoveredscotland.co.uk
www.schottland-guide.com
www.willkommeninschottland.com
www.myhighlands.de
www.walkinghighlands.co.uk
www.walkhighlands.co.uk
www.shetland.org
www.shetland.gov.uk
www.shetlandvisitor.com
www.mousa.co.uk
www.visitorkney.com
www.wigwamholidays.com
www.ordnancesurveyleisure.co.uk

Mit Urteil vom 12. Mai 1998 - 312 O 85/98 - "Haftung für Links" hat das Landgericht (LG) Hamburg entschieden, dass man durch das Setzen eines Links, die Inhalte der gelinkten Seite ggf. mit zu verantworten hat. Dies kann - so das LG - nur dadurch verhindert werden, dass man sich ausdrücklich von diesen Inhalten distanziert. Hiermit distanziere ich mich ausdrücklich von den verlinkten Seiten.

01.April 2016

Eigentlich könnte es bald mal losgehen!

Noch zwei Wochen, dann stehe ich unmittelbar vor meiner Abreise hoch in den schottischen Norden! Mein Wheelie wird fertig gepackt in meinem Zimmer stehen und ich werde wahrscheinlich wieder von der Unsicherheit umgetrieben, ob ich nicht doch noch etwas vergessen habe. Aber das kenne ich von meinen vorherigen Langzeitwanderungen, vergessen hatte ich eigentlich nie etwas. Ich komme mehr und mehr an den Punkt, an dem ich es nicht mehr erwarten kann. Ich will los!

Draußen vor meinem Fenster sieht es ganz so aus, als wäre Deutschland endlich aus dem Winterschlaf erwacht, hätte sich gestreckt und gereckt und finge jetzt endlich wieder richtig an zu leben. Es ist die Zeit, Türen und Fenster aufzureißen und frische Luft reinzulassen. Es ist die Zeit, morgens mit den Vögeln aufzustehen und spazieren zu gehen, den Leuten in die Augen zu sehen und Hallo zu sagen, statt sich unter Klamottenschichten zu vergraben und die Augen auf den Boden zu richten. Es ist Zeit, den Kopf zu heben.

04. April 2016

Wird auch Zeit!

Endlich habe ich es geschafft, meinen eingerosteten Körper mal zwei Tage hintereinander für einige Kilometer in Bewegung zu setzen! Mit meiner Wandergruppe, mit der ich in den letzten weit mehr als 30 Jahren schon viele tausend Kilometer unterwegs war, habe ich im letzten Herbst mit dem Westerwaldsteig begonnen. Am letzten Wochenende war die Etappe Rennerod - Westerburg - Dreifelder Seenplatte dran. Immerhin zweimal um die 20 Kilometer! Das mag dann schon als kleine Vorbereitung für Schottland dienen.

In den Anfangstagen auf den Shetlands und Orkneys werden es täglich gar nicht oft viel mehr Kilometer sein als in den beiden Tagen im Westerwald. Kälter, wahrscheinlich oft stürmischer oder regnerischer wird es sein, im Westerwald kamen schon Frühlingsgefühle auf. Da wird mich Schottlands hoher Norden gefühlt wohl wieder etwas zurückwerfen. Da mir aber 5° C beim Wandern angenehmer sind als 25° C, sehe ich dem sehr entspannt entgegen.

Auch wenn der Westerwald ein Land der weiten Blicke ist und ausgedehnte Wälder eher selten sind, so werde ich auf dieser letzten Westerwaldsteig-Etappe mehr Bäume gesehen haben als ich sie in den zweieinhalb Monaten in Schottland insgesamt zu sehen bekommen werde. Dafür gibt es wohl mehr Wasser! Schön wäre es, wenn dieses Wasser in Form von munteren Bächlein oder der tiefblau sich vor mir ausbreitenden Nordsee in Erscheinung träte und nicht in Mengen von oben auf mich niederprasseln würde. Aber wie sagt der Köllsche: Et kütt wie et kütt!

06. April 2016

Am Anfang nicht allein

Kinder sind Leihgaben. Wir dürfen sie großziehen, uns mit ihnen herumärgern, wir dürfen sie lieben und Angst um sie haben, aber wenn wir uns endlich aneinander gewöhnt haben, ziehen sie aus, suchen sich einen Lebenspartner (oder zeitweisen "Lebensabschnittsgefährten") und kriegen selbst Kinder. Und das ganze Spiel fängt von vorne an. Und doch kommen immer wieder Highlights: Wenn sie kommen und um Rat - und nicht um Geld - fragen, wenn sie einem sagen, dass es früher mal wirklich schöne Tage gegeben oder man mit ihnen doch nicht alles falsch gemacht hat - oder wenn sie den Wunsch äußern, den "alten Mann" für ein paar Tage oder während einer kompletten Wanderung zu begleiten. Auf den Shetlands soll es bald für einige Tage wiedermal so weit sein.

Drei meiner Kinder werden bald "Papa ans Händchen nehmen": Anni war auch schon meine treue Gefährtin auf dem Jakobsweg 2013 und bei meiner Alpenüberquerung "Von München nach Venedig" 2012. Florian war vor einigen Jahren schon mit mir auf dem Kungsleden in Schwedisch-Lappland unterwegs und träumt wohl schon davon, ähnliche kleine Abenteuer mit seinem Töchterchen Amelie zu unternehmen. Sohn Sebastian (kurz Basti) wird nur kurz dabei sein. Er ist eher ein Freund von ausgedehnten Städte- oder Autorundreisen mit Übernachtungen in Hotels ab vier Sterne aufwärts. Er will mal den ultimativen Test starten, ob eventuell auch eine Fortbewegungsart mit dem Rucksack auf dem Rücken eine Option sein könnte, aber drei Wandertage und etwa 70 Kilometer sollten seiner Meinung nach dann auch erstmal reichen. Annis Freund Niels hat zu pubertären Zeiten auf Korsika zwar schon mal Wandererfahrungen gesammelt, aber das ist laaange her. Kati hat bisher nur einige Shopping-Kilometer hinter sich, aber genauso wie Niels trainiert sie im Moment fleißig, um den Anforderungen von etwa 140 Kilometern auf Shetlands Straßen und Küstenpfaden gewachsen zu sein.

Ich freue mich riesig auf das Wochenende in Edinburgh und auf die Vagabunden-Tage mit den "lieben Kleinen"! Wer weiß, vielleicht kann ich gar nicht mit ihnen Schritt halten...

Es wird aber noch andere Begleitung geben, doch dazu später.

11. April 2016

Nächstes Wochenende...!

In einer Woche um diese Zeit bin ich ganz hoch in Schottlands Norden, auf der nördlichsten Insel der Shetlands, auf Unst. Ich komme mehr und mehr an den Punkt, an dem ich es nicht mehr erwarten kann.

Am kommenden Samstag hebt der Flieger vom Kölner Flughafen ab und bringt einen Teil meiner Kinder nebst Anhang und mich nach Edinburgh. Die "Kinder" meinten, wenn sie schon mal in Schottlands Hauptstadt sind, möchten sie sie auch ein Wochenende lang in Ruhe anschauen. Recht haben sie! Also geben wir uns zwei Tage für diverse Rundgänge, Besichtigungen und Pub-Besuche und läuten damit das Unternehmen "Schottland zu Fuß" angemessen ein.

Am Montag, 18.4., fahren wir dann morgens mit dem Zug von Edinburgh nach Aberdeen und besteigen am Abend dort eine Fähre, die uns die Nacht über (und bei hoffentlich nicht zu starkem Seegang!) nach Lerwick, dem Hauptort der Shetlands, hinüberbringt. Am frühen Morgen des 19.4. laufen wir zur Frühstückszeit im dortigen Hafen ein, steigen hier mehr oder weniger direkt um in einen Bus, der uns immer weiter in den Norden bringt, erst über die Hauptinsel Mainland, anschließend nach Yell und letztendlich nach Unst. Wo es kaum noch weiter nach Norden geht, in Heroldswick, wartet unsere erste Unterkunft auf uns: das kleine Baltasound Hotel.

13. April 2016

Kurzbesuch und Langzeitbegleitung

Früher wären sie im Traum nicht darauf gekommen, ihre Heldenkörper für eine Wanderung in Bewegung zu setzen, erst recht nicht für eine Wanderung über mehrere Tage bzw. Wochen. Sport treiben ja, aber Wandern? Um Himmels willen! Irgendwas muss ein Umdenken bewirkt haben. "Hüftgoldbeseitigung" vielleicht? Oder die in unserem Alter schon mal aufkeimende "Mal-sehen-was-noch-geht-Überlegung"? Jedenfalls, nachdem ich mich bereits im letzten Jahr während meiner Wanderung auf dem Grünen Band über ihre Begleitung (bei dem einen über drei Tage, bei dem andern über drei Wochen) freuen durfte, wollen die beiden es diesmal tatsächlich wieder genauso wagen. Ich bin beeindruckt und erfreut!

Wolfgang, ein Freund der Familie seit gefühlten hundert Jahren, leidenschaftlicher Pädagoge, der sogar nach seiner Pensionierung noch in seine Schule rennt und ein paar Stunden unterrichtet, leidenschaftlicher Fußballer (vor dem Fernsehen), Freund eines guten Whiskys und hervorragender Gitarrenspieler wird am langen Pfingstwochenende zu mir hochkommen, um mich mal wieder für drei Tage zu begleiten.

Dieter, ehemaliger Kollege aus Hauptschulzeiten, Gitarrenspieler und Freund des Kölschen Liedguts, Genussmensch und leidenschaftlicher Hobbykoch, Spirituosenverkoster und Politikversteher, Segway- und zukünftiger E-Auto-Fahrer wird ab Inverness bis zum Ende an meiner Seite gehen. Es werden wieder lustige Tage werden!

15. April 2016

Final Countdown

Seit einer Woche etwa lag alles bereit, ich traute mich nur noch nicht, es in den Wheelie einzupacken. Was muss noch geflickt, repariert oder doch mindestens nochmal gewaschen werden? Ist alles vollständig oder muss ich noch was kaufen? Stimmen auch wirklich die Inhalte meiner Packliste mit all dem, was da vor mir liegt, überein? Immer dieses blöde Gefühl "Hast du auch ja nichts vergessen?". Ich denke, jetzt passt es - es hat ja immer gepasst! Und die Packliste ist in den vergangenen Jahren zu 98% dieselbe geblieben.

In den letzten Tagen habe ich doch tatsächlich ein paar "Trainingsrunden" gedreht! Das Wetter lud dazu ein und mein schlechtes Gewissen forderte mich nachdrücklich dazu auf. Ich glaube, ich kann es noch! Nach etwa zwei Wochen wird sich die endgültige Fitness eingestellt haben, früh genug, um die restlichen acht Wochen zu überstehen.

Der unvermeidbare Blick auf die Wettervorhersage im Internet für Edinburgh zum Wochenende und für die darauffolgenden Tage auf den Shetlands gibt Grund zu vorsichtigem Optimismus. Die angekündigten Temperaturen schwanken zwischen 8-10 °C, der Wind ist mal mehr oder weniger heftig und von strahlendem Sonnenschein über den ganzen Tag hinweg bis hin zu mehr oder weniger ergiebigen Schauern ist alles dabei. So muss das für die Shetlands auch sein!

Morgen früh geht's um halb elf mit dem Zug Richtung Kölner Flughafen. Mein nächstes Wanderabenteuer beginnt!

16. April 2016

Ankunft in Edinburgh

Der Wind fällt uns schon besonders auf, als wir aus dem Flughafengebäude von Edinburgh nach draußen treten. Biestig kalt weht er uns entgegen, wir sind eben nicht im Sommer hier.

Als wir beim Schnellbus, der uns in die Stadt hineinfahren soll, ein Ticket kaufen wollen, werde ich höflich darauf hingewiesen, dass für meinen Wheelie im Bus kein Platz ist, ich möge doch bitte die Tram wählen, die Haltestelle sei nur wenige Meter weiter. Jetzt haben ja nicht alle einen Wheelie, trotzdem erklären sich Anni und Niels, Sebastian, Florian und Kati mit ihrem Vater bzw. "Schwiegervater" solidarisch und nehmen ebenfalls die Tram, auch wenn sie ein Pfund teurer ist und länger braucht, um das Zentrum zu erreichen.

An der Haltestelle Princesstreet verlassen wir die Tram und sind sofort mitten im Shoppingtrubel dieser großen Edinburgher Einkaufsstraße. Es sind wohl hauptsächlich die Edinburgher selbst, die hier hektisch unterwegs sind, Touristen dürften zu dieser Jahreszeit noch nicht so viele in der Stadt sein. Doch auch in der Altstadt, die wir über steile Treppen erreichen, treffen wir diese besondere Menschengattung (zu der wir jetzt auch gehören) bei weitem nicht so zahlreich an, wie ich es von meinen früheren Aufenthalten in Schottlands Hauptstadt kenne.

Ganz in der Nähe zur Royal Mile und zum Castle finden wir schnell unser Hostel, checken ein, beziehen unsere zwei Dreier-Zimmer - und wir haben schon 16 Uhr. In zwei Stunden schließt oben die Burg ihre großen Tore, aber es wäre immer noch Zeit genug für eine grobe Besichtigung. Vor allem würden wir uns morgen früh bei Öffnung langes Schlangestehen am Kassenhäuschen sparen. Also hin!

Die Eintrittskosten tun zwar etwas weh, aber nach dem Rundgang sind alle mit dem zufrieden, was sie gesehen haben: Kanonen, waffenstarrende Repräsentationsräume, die schottischen Kronjuwelen, eine kleine Kapelle, Museumsabteilungen, tolle Ausblicke auf Edinburgh. Weiter dann die Royal Mile hinunter: Pubs, Restaurants, Schottenröcke im Überangebot, Ansichtskartenständer, Kopfsteinpflaster, jede Menge historischer Bauten, hauptsächlich Grau in Grau. Wenn die Sonne sich hinter Wolken versteckt, sieht es noch grauer aus, wenn sie zurückkommt, ist sofort wieder alles viel freundlicher.

Zum Abschluss des ersten Edinburgh-Rundgangs besteigen wir den Calton Hill. Eindrucksvoll von hier oben der Blick auf Edinburgh mit dem Castle und hinüber zum Firth of Forth, dem weiten Mündungstrichter des Flusses Forth, der sich einige Kilometer weiter östlich in die Nordsee ergießt. In einigen Wochen werde ich auf beiden Seiten des gewaltigen Trichters entlangwandern und ihn über die weitgespannte Roadbridge, die ich weit hinten ausmachen kann, überqueren.

Im Moment ziehen schwere Regenschauer über den Forth und es dauert nicht lange, dann rauscht ein beachtlicher Hagelschauer über uns und den Calton Hill hinweg. Meine durchlöcherten Crocs, die ich aufgrund ihres geringen Gewichts zu meinen "Freizeitschuhen" während meiner Wanderung erkoren habe, erweisen sich nun nicht unbedingt als gute Wahl. Schnell sind die Socken nass, bei kaum 5 °C und scharfem Wind nicht unbedingt ein anhaltendes Vergnügen.

Wir schwitzen nicht gerade, als wir abends wieder im Hostel ankommen. Kati friert auch noch im relativ warmen Aufenthaltsraum weiter, Anni hat sowieso seit einigen Tagen eine starke Erkältung und friert solidarisch mit. Nach einem großen Topf Nudeln, von Niels in der Selbstversorgerküche angerichtet, in der noch einige andere Backpacker ihre Abendmahlzeit zubereiten, steht eigentlich noch ein Pubbesuch an. Mein angeschlagenes Töchterchen treibt nichts mehr vor die Tür, Niels bleibt brav an ihrer Seite, aber Flo, Kati, Basti und ich machen uns nochmal auf den Weg. Mehr als zwei Pints für jeden werden es bei uns dann aber auch nicht mehr. Außerdem ist schon - wenn auch so gerade - der neue Tag angebrochen, Zeit für einige Mützen voll Schlaf.

Aus meinem Zimmerfenster schaue ich hinüber auf das erleuchtete Castle, ein stimmungsvolles Bild zum Abschluss des Tages.

17. April 2016

Ein erster Berg

Petrus hält heute vom Morgen an einiges für uns bereit. Es ist kalt, es scheint die Sonne, es ist windig. Dann wieder mal ein kurzer Schauer, und prompt macht die Sonne sich wieder breit und schiebt die Wolken an die Seite. Wetter halt - schottisches Wetter im April!

Nach dem Kauf einer neuen Telefonkarte für mich in einem Laden an der Princesstreet, machen wir uns auf zu einer ersten Bergbesteigung. Gestern Abend hatten wir ihn schon gesehen und uns bei ihm für einen Besuch angemeldet. Der Arthur's Seat, ein ehemaliger Vulkan westlich des Edinburgher Zentrums, ist ein wunderbarer Aussichtsberg. Kurz nach dem westlichen Ende der Royal Mile und unmittelbar bei Holyrood Palace, dem Sitz der Queen bei Aufenthalten in Edinburgh, beginnt der Aufstieg, der ungefähr eine Stunde dauert. Verschiedene Routen führen auf den Gipfel: längere und weniger steile, aber auch kürzere mit steil ansteigenden Treppen und Serpentinen. Wir nehmen die zweite Variante. Die Ausblicke werden immer besser, je höher wir kommen. Auf weichen Wiesenpfaden gehen wir zunächst unmittelbar an einer senkrechten Abbruchkante entlang, dann mal wieder leicht abwärts zu einem Sattel, nur um uns anschließend eine "Himmelsleiter" Richtung Gipfel emporzumühen. Mal scheint die Sonne freundlich auf uns hinab, mal schüttelt uns ein starker Wind ordentlich hin und her. Bald liegt nicht nur die Edinburgher Altstadt unter uns, sondern auch Calton Hill und das Castle. Weit hinten der Firth of Forth, aus dessen Richtung immer wieder große, dunkle Wolkenfelder vom Wind über uns hinweggetrieben werden.

Oben auf dem Gipfel herrscht nicht nur ein ziemlicher Betrieb, sondern fast schon ein Sturm, der manche Gipfelbesteiger bei besonders heftigen Böen sogar niederknien lässt, um nicht umgeworfen zu werden. Die Gipfelrast fällt daher nicht allzu lange aus und in nicht mehr als einer halben Stunde sind wir wieder unten.

Auf dem Rückweg zum Hostel statten wir noch St. Gile's einen Besuch ab, der altehrwürdigen Kathedrale an der Royal Mile. Während uns auf Arthur's Seat noch der Wind umtoste, umfängt uns hier sanfter Chorgesang, zeitweise mit Orgelbegleitung. Wir setzen uns in die Stuhlreihen und lassen uns von dieser Musik gefangen nehmen. Dem einen oder anderen von uns macht es etwas Mühe, sich nach den kleinen Anstrengungen des Bergaufstiegs nicht ungewollt in ein kleines Nickerchen wiegen zu lassen. Nachdem es dann zumindest bei Florian doch fast passiert wäre, verlassen wir beeindruckt die Kathedrale und schlendern letztlich zurück zum Hostel.

Etwas Aufwärmen ist angesagt, etwas Erholen von einem sauerstoffreichen Tag mit einigen Höhenmetern. Das Ende des Tages kann das aber noch nicht gewesen sein, in Edinburgh kann man nicht schon um 20 Uhr ins Bett gehen, auch wenn die Glieder bereits etwas matt sind und die Augen brennen.

Wir haben Glück und finden kurz nach 21 Uhr doch noch ein Restaurant, dessen Küche noch geöffnet ist, und anschließend sogar noch einen Pub mit Livemusik. Aber mehr als zwei Pints werden es auch heute Abend nicht und in einem ganz leichten Nieselregen trotten wir gegen Mitternacht zurück zum Hostel.

Basti hofft jetzt auf eine ruhige Nacht, in der letzten hat neben seinem Zimmer eine kleine Party stattgefunden.

18. April 2016

Fähre mit Verspätung

Heute Morgen erreicht uns die Bestätigung von Northlink Ferries auf die Mailnachricht von gestern Abend, in der man uns mitteilte, dass sich aufgrund der Wetterlage (starker Wind und demzufolge hoher Wellengang) das Ablegen der Fähre aus dem Hafen von Aberdeen in Richtung Shetlands verzögert. Geplante Abfahrt wäre jetzt gegen Mitternacht, Ankunft in Lerwick gegen Mittag am Dienstag. Eigentlich ist das eine ganz gute Nachricht, bedeutet sie doch, dass wir an Bord schön ausschlafen können, bevor die Shetlands in Sicht kommen. WENN wir schlafen können! Hoher Wellengang, ein rollendes Schiff, Innenkabine, mhm..., speziell Basti wird etwas blass um die Nase bei diesen Aussichten.

Nach unserem Frühstück in der Selbstversorgerküche checken wir aus und machen uns auf zum Bahnhof Waverley. Die von mir online gebuchten Fahrkarten für den Zug nach Aberdeen ziehen wir uns aus der Selfservice-Ticket-Machine in der großen Wartehalle und sitzen wenig später im Zug. Wieder ist es nicht so einfach, meinen Wheelie in Sitzplatznähe zu verstauen, aber letztendlich funktioniert es dann natürlich doch. Aber nur weil ich Hilfe habe, denn durch den Mittelgang passt er nicht. Zu zweit müssen wir ihn hochstemmen und über einige Sitzreihen hinwegtragen, bis er am Ende des Waggons in einer kleinen Ecke seinen Platz findet.

Über zwei Stunden hinweg geht jetzt die Fahrt nach Aberdeen. Wir überqueren den Firth of Forth über die mächtige Stahlkonstruktion der Railroad Bridge und nehmen von da an eine Strecke, der ich in einigen Wochen wieder begegnen werde. Einige Zeit lang geht es in unmittelbarer Nähe zur Küste entlang, ich lese an den Bahnhöfen Schilder mit den Namen von Städten, in denen ich in ein paar Wochen übernachten werde. Ich sehe Abschnitte, die recht flach aussehen, aber auch andere, die mich ordentlich Schweiß kosten werden. Vielleicht werde ich in einigen Abschnitten von einer gnädigen Sonne beschienen, in anderen mit ausgiebigem Wasser von oben beschüttet. Ich sehe große Städte wie Dundee oder Stonehaven und kleine Dörfer, die sich mit ihren grauen Steinhäusern in Küstennähe gegen den Nordseewind stemmen. Wenn ich hier entlangwandere, werde ich den größten Teil meiner Strecke aber bereits hinter mir haben.

Um kurz vor 14 Uhr fahren wir in Aberdeen ein. Direkt hinter dem Bahnhof leuchtet uns die Schrift von Northlink Ferries an einem flachen Zweckbau im Hafengelände entgegen, dem Terminal des Unternehmens, welches mit ihren Fähren das schottische Festland mit den Orkneys und den Shetlands verbindet. Hinter dem Terminal erkennen wir auch die blau-weiße "Hrossey", unsere Fähre. Die Sonne scheint, im Gegensatz zu Edinburgh haben wir das Gefühl, dass es ein paar Grade milder ist, die "Hrossey" liegt irgendwie zufrieden in den relativ ruhigen Wassern des Hafenbeckens - hohe Wellengänge können wir uns kaum vorstellen. Ist diese Abfahrtszeit-Verschiebung wirklich notwendig gewesen?

Wir wollen noch in die Stadt hinein. Weniger zu einer Sightseeingtour (dafür gibt Aberdeen nicht gerade viel her), sondern für einen notwendigen Einkauf. Lebensmittel müssen beschafft werden, gerade auch für das morgendliche Frühstück auf der Fähre. Anni und Niels brauchen noch Brennspiritus für ihren Kocher, denn im Flieger hätten sie das Zeug wohl kaum mitnehmen können. Am Terminal ergibt sich die Möglichkeit, unser Gepäck zu lagern, eine nicht unerhebliche Erleichterung. Wir können damit sogar direkt durch den Sicherheits-Check, was sich mit meinem Wheelie mal wieder nicht als so einfach darstellt. Irgendwie geht es dann aber doch und wir ziehen im wahrsten Sinne des Wortes "erleichtert" hoch in die Stadt.

Es finden sich die Lebensmittel, es findet sich der Spiritus, wir gönnen uns eine kleine Mahlzeit, um uns später die happigen Preise an Bord zu ersparen und sind pünktlich um 17 Uhr zum Check-in wieder zurück am Terminal. Als Fußgänger sind wir so ziemlich die ersten, die an Bord gehen. Viele Reisende werden es sowieso nicht. Touristen gibt es um diese Jahreszeit noch nicht in größeren Mengen und die meisten Menschen an Bord sehen sowieso aus wie Shetländer, die nach ein paar Tagen auf dem Festland wieder auf ihre Inseln zurückfahren.

Nach dem Einrichten in unseren beiden Kabinen und einem kurzen Bordrundgang ziehen sich Anni, Kati, Niels und Flo in ihre Kabine zurück, ich setze mich in eine Ecke des Selbstbedienungsrestaurants und schreibe all die Zeilen, zu denen ich in den letzten beiden Tagen nicht gekommen bin. Basti, der mir noch zwei Stunden Gesellschaft geleistet hat, verabschiedet sich dann auch ("Vielleicht schlafe ich ja ein, bevor mir richtig schlecht wird!").

Wenige Minuten nach 23 Uhr heißt es auf der Hrossey "Leinen los und Maschinen volle Kraft voraus!" Langsam bewegt sich die Fähre aus dem Hafenbecken hinaus und die Lichter von Aberdeen werden kleiner und kleiner.

19. April 2016

Harter Kampf an Bord

Die Nacht war gar nicht so richtig lustig. Mir fehlen ein paar Stunden Schlaf. In der Nacht liege ich kaum in meinem Kabinenbett, als es langsam beginnt. Während Basti in der Koje über mir bereits fest schläft (er hat also Erfolg mit seiner Taktik), merke ich von Minute zu Minute mehr, wie die Fähre ins Rollen gerät. Je weiter sie sich von Aberdeen entfernt, desto mehr beginnen die Wellen mit ihr zu spielen. Sie hebt und senkt sich nach vorne und hinten, nach links und rechts. Misstrauisch höre ich in mich hinein, ob sich eventuell aufkeimende Übelkeit breitmacht, doch glücklicherweise rührt sich nichts. Jetzt nur schnell schlafen, sage ich mir, bei Basti hat das ja auch geklappt.

Tatsächlich gelingt es mir, wenn auch nur für zwei Stunden. Der Rest der Nacht ist ein beständiger Wechsel zwischen dem Gefühl einer tosenden Achterbahnfahrt, dem zwanghaften Versuch, immer wieder ganz schnell einzuschlafen und einem darauffolgenden kurzen Nickerchen. Der obligatorische Gang zur drei Meter entfernten Toilette gleicht dem Heimweg von einem Riesenbesäufnis. Ich stoße links und rechts an die Kabinenwände, verliere den Halt unter meinen Füßen, wenn die Fähre sich mal wieder auf den Weg von einem Wellenberg in ein tiefes Wellental macht und knalle ungewollt und mit Schmackes auf die Toilettenbrille. Es ist irgendwie ein rauschhafter Zustand, nur ohne konsumierte Drogen. Immer wieder denke ich, jetzt müsse die Übelkeit doch einsetzen, doch in dieser Hinsicht bleibt alles ruhig. Basti über mir gibt keinen Ton von sich, auch bei ihm scheint alles gutzugehen.

Als die Fähre mal wieder mit einem lauten Knall aufs Wasser klatscht und ich dadurch erneut - trotz Ohrenstöpsel - aus dem Schlaf hochfahre, habe ich es satt und schaue auf meine Handyuhr. 7.45 Uhr! Da es kein Kabinenfenster gibt, habe ich noch gar nicht mit dieser Uhrzeit gerechnet. Umso erleichterter bin ich. Endlich kann ich aufstehen. Als ich zum Anziehen eine kleine Lampe anmache, rührt sich auch Basti und riskiert ein Auge in meine Richtung. Auf meine Frage, wie es ihm gehe, kommt ein kurzes "Ganz gut!", aber ich möge doch bitte wieder das Licht ausmachen. Ich ziehe mich schnell an, lösche wieder das Licht und verlasse die Kabine.

Fürchterlich hin und her schwankend stolpere ich den langen Kabinengang entlang und erreiche nach einiger Zeit mit Mühe das Schnellrestaurant, wo gerade dem einzigen Frühstücksgast ein Teller mit Rührei vom Buffet über den Tablettrand rutscht und auf den Boden knallt. Ich pruste fast los vor Lachen, kann mich aber noch zurückhalten und verschwinde durch zwei Türen aufs Raucherdeck an die frische Luft. Diese ist, wahrscheinlich weil die Raucher alle noch schlafen, mehr als frisch. Der Sturm pfeift, die Wellen türmen sich und ich halte mich in respektvollem Abstand zur Reling. Bis zu den Shetlands sind es noch gute drei Stunden und dieses Auf und Nieder der Wellen hört nicht auf.

Eine halbe Stunde nachdem ich Basti verlassen habe, bin ich wieder zurück in der Kabine. Er ist mittlerweile aus seiner oberen Koje in meiner unteren gelandet - und möchte im Moment eigentlich nur noch sterben. Eine Tüte samt Inhalt steht neben dem Bett und im Verlauf der nächsten halben Stunde sollen noch zwei weitere hinzukommen. Der arme Junge ist vollkommen durch, unfähig sich groß zu bewegen, geschweige denn aufzustehen. Schüttelfrost durchzieht ihn, sein Gesicht gleicht einem Kalkeimer mit Dreitagebart, Schweißtropfen stehen ihm auf der Stirn - ich habe ihn seit Kindertagen nicht mehr so elend gesehen. Ein Frühstück verbietet er sich. Auch bei Kati stellt sich dazu nicht der richtige Appetit ein, als wir gegen 9.30 Uhr - ohne Basti - am Tisch im Schnellrestaurant sitzen und unsere Morgenmahlzeit einnehmen.

Eine Stunde später kommen die Shetlands in Sicht. Die See wird ruhiger, immer mehr lässt sich die Sonne blicken und langsam aber stetig nähern wir uns dem Hafen von Lerwick. Endlich kehren auch bei Basti die Lebensgeister zurück, und als er mit uns allen kurz nach 11 Uhr von Bord geht, sind wir gemeinsam um eine besondere Erfahrung reicher.

Die Viking Bus Station von Lerwick, von wo aus uns ein Bus etwa drei Stunden später weiter nach Norden bringen soll, liegt etwa 500 m vom Northlink Ferries - Terminal entfernt und immer noch leicht schwankend (ein ulkiges Gefühl) erreichen wir sie bald. Doch was macht man mit fast drei Stunden Wartezeit? Die Antwort ist schnell gefunden. Ganz in der Nähe der Busstation liegt das Shetland Museum nebst Café. Passt! Der Eintritt ist kostenlos, das Museum interessant und lehrreich und die leichte kleine Mahlzeit im Café kommt genau zur richtigen Zeit.

Um 14.35 Uhr verlässt der Bus Nr. 24 mit uns die Viking Bus Station in Lerwick und beginnt seine Fahrt Richtung "Northern Isles". Je weiter wir Lerwick hinter uns lassen, desto geringer wird der Verkehr auf den Straßen. Baumlose Hügel kommen in den Blick, sumpfige Niederungen, teilweise mit Torfabstichen, kleine graue Häuser und Höfe, Ruinen und Hütten und Schafe... Schafe... Schafe... Sie weiden oder ruhen weit in der Ferne in den Mooren oder auf den Wiesen oder auch direkt am Straßenrand. Weite Blicke auf Seen und Buchten tun sich auf, Menschen sieht man kaum.

Von der Hauptinsel aus fahren wir mit einer Autofähre hinüber nach Yell, die Straßen werden enger, der Verkehr noch weniger und die Moorlandschaften noch größer. Eine nächste, diesmal etwas kleinere Fähre bringt uns hinüber nach Unst, der nördlichsten Insel der Shetlands. Noch schmalere Straßen, noch weniger Verkehr, kleine Streusiedlungen nahe der Meeresbuchten, immer mehr Shetlandponys.

Eine dieser Streusiedlungen ist Baltasound und in Baltasound liegt das "Baltasound Hotel", unser heutiges Ziel. Zum Hotel gehören einige Holzhütten, jede mit drei Doppelzimmern. Die Hütte in der schönen Farbe Pink ist unsere. Wir sind begeistert von unserer ersten Unterkunft auf den Shetlands und machen uns in unseren Zimmern breit. Eine Stunde später ist für uns in der Bar das vorbestellte Essen fertig. Nur Anni und Niels leben wieder aus dem eigenen Kochtopf. Das Essen schmeckt, das Bier auch, aber recht trinkfreudig sind wir heute Abend nicht. Flo und Niels spielen noch eine Partie Poolbillard, dann geht's wieder auf die Zimmer. Die letzte Nacht steckt uns allen noch in den Knochen und Busfahren kann manchmal sogar anstrengend sein. Basti liegt kaum im Bett, da schläft er auch schon. Mir fallen beim Schreiben auch bald die Augen zu.

Morgen wird endlich gewandert!

20. April 2016

Kleine, niedliche Clowns

Hermaness Circle - Heroldswick (20 km)

Als ich morgens die Gardinen beiseiteschiebe, sehe ich dunkle, graue Wolken und eine feuchte Veranda. Weniger schön für einen ersten Wandertag, denke ich mir. Aber es könnte ja auch regnen. Also Nerven bewahren, man sagt ja, dass sich das Wetter auf den Shetlands alle Viertelstunde ändert. Gefrühstückt wird bei Kati und Flo im Zimmer. Hocker und kleine Sessel müssen aus den anderen Zimmern mitgebracht werden, ebenfalls die Tassen. Während wir uns Marmelade, Leberwurst und Camembert auf Toast und Vollkornbrot schmieren, wird Rat gehalten. Ich schlage vor, sich nach einem Transport nach Hermaness (Bus oder Taxi) zu erkundigen, denn der ganze Weg nach Hermaness hin und zurück und der Rundweg im dortigen Naturschutzgebiet, scheint mir für den ersten Tag, und vor allem für unsere Wanderanfänger Basti und Kati, etwas happig. Nach der Rezeption erhalten wir nach dem Frühstück die Information, dass möglicherweise bei der "garage" was zu machen sei. Und wenn nicht, dann nicht!

Mit leichtem Gepäck starten wir. Verpflegung, Regenhosen, Regenschirme - mehr brauchen wir heute nicht. Auf dem Weg zur "garage" kommen wir an einer der größten "Sehenswürdigkeiten" der Shetlands vorbei: Bobby's Bus Station. Ganz einsam steht sie da außerhalb des Ortes, ein kleines Buswartehäuschen, kleiner als das in Helpenstell für die Schulbuskinder. Seinen Namen, seine Attraktivität und seinen hohen Bekanntheitsgrad hat dieses kleine Bushäuschen eben solch einem Schulbuskind zu verdanken.

Vor einigen Jahren wurde der Vorgängerbau wegen Altersschwäche abgerissen und zunächst kein neuer errichtet. Künftig mussten die Schulkinder dort bei Wind und Wetter ungeschützt auf den Bus warten. Völlig abgenervt darüber verfasste daraufhin der kleine Bobby ein Schreiben an die zuständigen Stellen, bei der er sich über die Verhältnisse beschwert und ein neues Wartehäuschen einfordert. Und das Wunder geschieht! Tatsächlich wird eine neue Bushaltestelle gebaut. Aber nicht nur das. Bald beginnen Leute im Dorf sie mit einem Sofa, mit einem Teppich und einem Tisch auszustatten, Gardinen und bunte Bilder kommen hinzu, Bücher werden ausgelegt, irgendwann stehen sogar eine Mikrowelle, ein Fernseher und ein Computer da (natürlich ohne Strom und nur zu Dekozwecken). Zur Weihnachtszeit wird sie festlich mit Lichterketten geschmückt und jedes Jahr steht der Schmuck unter einem neuen Motto (z.B. Thronjubiläum der Queen, Farbe Pink, Nelson Mandela). Für dieses Jahr hat man sich wohl das Thema "Reisen" ausgedacht, denn eine Weltkarte und Poster hängen an den Wänden, in der Ecke steht ein Bücherregal mit vielen Reisebüchern und draußen im Freien sitzt ein großer künstlicher Papageientaucher. Wir erfreuen uns an diesem Häuschen und tragen uns in das ausliegende Gästebuch ein.

Bei der "garage" haben wir Erfolg. Der Chef hinter der Theke des dazugehörigen Shops verspricht uns, in 10 Minuten mit einem Kleinbus bereitzustehen, und nicht nur das, wir klären jetzt schon, was wir nach unserer Hermaness-Wanderung alles an Lebensmitteln einkaufen wollen, u.a. ein paar Flaschen der verschiedensten Sorten von Schottlands nördlichster Brauerei "Valhalla Brewerie".

Einmal ins Büsschen eingestiegen, sind wir auch schon bald am Startpunkt des Hermaness Circle, einer etwa acht Kilometer langen Rundtour am nördlichsten Zipfel der Shetlands und damit auch Großbritanniens. Am Anfang führt der Weg über einen langen Bohlenweg an den Klippenrand, und als wir dort ankommen, halten wir nahezu den Atem an. Steil fallen die Klippen ab und vor uns erstreckt sich der Atlantik. Genau in diesem Moment hat die Sonne die schweren Wolken vertrieben, der Himmel ist blau und in derselben Farbe schimmert demzufolge das Wasser. Schafe spazieren überall herum, für meinen Geschmack viel zu nah an der Abbruchkante.

Und dann kommt der Moment, auf den die meisten Shetlandurlauber große Hoffnungen setzen: Nur wenige Schritte von uns entfernt entdecken wir die ersten putzigen Puffins, uns eher bekannt als Papageientaucher. Sie hocken vor ihren Bauen, alleine, zu zweit oder in Gruppen, stolzieren in ihrem Watschelgang umeinander herum, schnäbeln miteinander, schlagen aufgeregt mit den Flügeln oder fliegen mal kurz für eine Runde davon. Manchen von ihnen nähern wir uns auf drei Meter, was sie aber überhaupt nicht zu stören scheint. Wir können uns an diesen kleinen Clowns gar nicht sattsehen und meine Kamera und die Handys der jungen Leute laufen förmlich heiß vom Fotografieren. Eine lange Strecke begleitet uns auf unserem Weg diese größte Papageientaucherkolonie Großbritanniens und sorgt für viel Kurzweil.

Immer nahe am Klippenrand gehen wir weiter, haben weichen, teils moorigen Wiesenboden unter den Füßen, der uns das Gefühl gibt, als wären wir auf einem flauschigen Teppich unterwegs. Wandergenuss pur! Ein weiteres Highlight sind die großen Kolonien der Basstölpel (Gannets). Diese Seevögel sind dafür bekannt, dass sie wie keine andere Art ganz eng, praktisch "in Tuchfühlung", nebeneinander brüten. Sie kleben dann förmlich wie eine weiße Masse an den steil abfallenden Felsen und man kann sich nur wundern, dass sie sich dort samt ihrem Gelege überhaupt halten können. Oft brüten sie auch auf vorgelagerten Felsformationen, dann sehen diese wegen der weißen Farbe der Vögel und aufgrund der weißen Ausscheidungen aus wie Zuckerhüte. Besonders schön sehen wir solche Gebilde von Brutkolonien vor uns, als wir uns der Spitze von Hermaness nähern und vor uns Muckle Flugga, die Felsengruppe mit dem nördlichsten Leuchtturm Großbritanniens, erblicken. Weiß sind die Felsen überzogen mit Tausenden von Basstölpeln und über ihnen fliegen nochmal Hunderte von ihnen mit lautem Geschrei in der Luft herum.

Den Rückweg von diesem nördlichsten Punkt unserer Wanderung nehmen wir über den Hermaness Hill, einem Berg mit weiten Hochmoorbereichen. Hier brüten gerade die Raubmöwen (Skuas) und wir sind gut beraten, nicht von unserem Pfad abzuweichen. Wer ihrem Bodengelege zu nahe kommt, der hat mit Scheinangriffen dieser großen Vögel zu rechnen, die einem Angst machen können. Ich habe dies selbst schon mal erlebt. Zwei von ihnen erheben sich auch ganz in unserer Nähe in die Luft und haben uns wohl fest im Auge. Sie fliegen mit Abstand über uns hinweg - eine erste Warnung.

Auf dem richtigen Pfad zu bleiben fällt uns gar nicht so leicht. Sehr oft ist er gar nicht zu erkennen und manchmal stehen wir in kleinen Sackgassen, bei denen dann nur ein großer Sprung über sumpfige Stellen hinweghilft. Am hilfreichsten ist es, kleine Holzbrücken zu finden und fest im Auge zu behalten, sie helfen, auf dem rechten Weg zu bleiben.

Nach drei Stunden ist der Hermaness Circle von uns abgewandert, aber unsere Tageswanderung für heute noch nicht beendet. Über weitere etwa 10 Kilometer geht es nun über schmale Straßen (Single Track Roads) wieder zurück Richtung Baltasound. An der "garage" halten wir wieder, kaufen unsere Lebensmittel ein und vergessen natürlich nicht unsere fünf Flaschen Bier aus dem Angebot der Valhalla Brewerie.

Zurück im Baltasound Hotel kehrt schnell Müdigkeit ein. Die abendliche Nahrungsaufnahme erfolgt wieder aus dem eigenen Kochtopf (bei Anni und Niels) oder durch das vorbestellte Essen in der Bar (für Flo, Kati, Basti und mich), und nun kommt zur Wandermüdigkeit auch noch die Verdauungsmüdigkeit. Das Bier-Tasting wird irgendwie recht zügig abgewickelt. Die Produkte der Valhalla Brewerie überzeugen uns nicht völlig, aber wir haben jedenfalls guten Willen gezeigt und etwas Einheimisches ausprobiert. Doch eins steht fest: Ein gutes Kölsch schmeckt uns besser - und ist wohl auch billiger!

21. April 2016

Wandern heißt auch beißen!

Heroldswick - Belmont Circle - Uyeasound (16 km)

Heute ist Straße angesagt, viiiel Straße. Und Wind ist angesagt, viiiel Wind. Und der Wind treibt viiiele dunkle Wolken heran. Wir marschieren los und hoffen, dass uns nicht zuuu viiiel Regen erwischt. Denn vor ihm gäbe es kein Entrinnen. Kein Schirm würde uns bei dem Wind helfen, wegfliegen würde er, weit weg. Und da der Regen bei diesem Wind waagrecht kommt, wäre man sowieso ab Oberschenkel abwärts nass. Wir sind uns alle einig, wenn es regnen sollte, bringen wir die Schirme erst gar nicht in Einsatz. Außerdem haben wir die Erfahrung gemacht, dass sich das Wetter nach kurzer Zeit ändert. Daher lassen wir auch unsere Regenhosen in den Rucksäcken. Wenn unsere Wanderhosen nass sind, werden anschließend Wind und Sonne sie auch wieder schnell trocknen. Wir halten es ebenso wie die Hausfrauen der Shetlands. Sie hängen draußen ihr Wäsche auf und lassen sie auch hängen, wenn es regnet. Wind und Sonne werden es schon wieder richten.

Bei einer uns endlos erscheinenden Steigungsstrecke geht es dann auch los. Es beginnt zu regnen, es beginnt zu hageln, wir stemmen uns gegen den Wind, Böen schubsen uns mal nach rechts, mal nach links. Obenherum schützen uns unsere Hightech-Anoraks, die Hosen sind schnell ziemlich durch. Der Schirm meiner Kapuze hält den Regen kaum von meiner Brille fern und bald sehe ich alles verschwommen. Dazu eine gefühlte Kälte, die fast um den Gefrierpunkt liegen dürfte. Jeder stampft in seinem Tempo die Steigung hoch, die Abstände zwischen uns vergrößern sich.

Nach einer halben Stunde ist der Regen- und Hagelspuk tatsächlich vorüber, es tun sich wieder blaue Lücken in den Wolken auf, zwischen denen ab und zu die Sonne hervorblitzt. Nach einer weiteren halben Stunde sind Anorak und Hose wahrhaftig wieder trocken und ich kann auch wieder was durch die Brille sehen. Nur die Straße ist noch lange nicht zu Ende. Sie ziiieeeht sich und ziiieeht sich, und da die Landschaft in dieser Phase auch nicht vor Abwechslung strotzt, wird dieser Abschnitt später wohl nicht zu den Highlights unserer Shetland-Wanderung gezählt werden.

Gegen Mittag kommen wir nach zwölf Kilometern zum kleinen Gardiesfauld Hostel in Uyeasound. Da wir es bei Sonnenschein erreichen, es in schöner Lage direkt am Wasser liegt und ein kleiner Wintergarten einen wunderschönen Blick auf die Uyeasound-Bucht eröffnet, ist die Laune bei allen direkt wieder besser. Ich bin allerdings sicher, dass in diesem Moment die meisten den heutigen Wandertag damit auch am liebsten beschließen würden. Von wegen!

Ich habe den Belmont Circle geplant und der wird jetzt auch gegangen! Immerhin können wir unser gesamtes Gepäck im Hostel lassen, also eine Tour unter sehr erleichterten Bedingungen. Dennoch geht Niels mit etwas Bedenken in die Verlängerung. Sein Knie, seit einigen Jahren schon seine Schwachstelle, bereitet ihm Probleme, aber aufgeben... geht gaaar nicht! Wieder gehen wir auf der Straße weiter, die einmal der Länge nach durch ganz Unst führt, und nähern uns der Fähranlegestelle von Belmont, wo der Belmont Circle seinen Anfang nimmt. Nach einem Blick auf meine Karte empfehle ich Niels, eine Abkürzung zu nehmen, um sein Knie zu schonen. Er will erst nicht so recht, will beim Rudel bleiben, dann siegt aber die Vernunft. Wir vereinbaren für unterwegs einen Treffpunkt und unsere Wege trennen sich. Anni geht natürlich aus Solidarität (und Liebe) mit ihm.

Der Breckon Circle ist ein schöner Rundweg, zunächst nah am Küstenstreifen entlang, dann durchs Landesinnere. Es ist kaum zu schaffen, mal nicht in die Hinterlassenschaften von Schafen und Kaninchen zu treten. Muscheln liegen überall herum, die von stürmischen Winden oder von Seevögeln an Land geworfen worden sind, teilweise sumpfiges Gelände macht es immer notwendig, genau zu schauen, wo man hintritt, wieder geht es durch Gatter hindurch und wo es sie nicht gibt, klettern wir vorsichtig über Schafszäune mit einem obersten Strang aus Stacheldraht. Wir kommen an kleinen Lochs und Ruinen von ehemaligen Häusern und Schafsställen vorbei, die sich je nach Lage recht stimmungsvoll in der Landschaft ausmachen. Irgendwann tauchen auf einmal auch Anni und Niels hinter uns auf und das Rudel ist wieder komplett.

Obwohl der gesamte Rundweg so gut wie nicht (mehr) markiert ist, finden wir uns dank Karte, Handynavis und etwas Orientierungssinn ganz gut zurecht und sehen in der Ferne bald die Ruine der vollkommen einsam gelegenen und uralten St. Olafs Church mitsamt seinem kleinen Friedhof vor uns. Als wir dort ankommen, stellen wir zu unserer Verwunderung fest, dass die Kirchenruine zwar baufällig und deshalb abgesperrt ist, auf dem Friedhof allerdings bis in jüngster Zeit Tote ihre letzte und wahrhaft friedliche Ruhestätte gefunden haben. Aus welchem Einzugsgebiet werden hier noch die Toten beerdigt?

Von der St. Olafs Church aus folgen wir nun wieder einer schmalen Straße, die uns wieder zurück auf die Hauptdurchgangsstraße bringt. Spätestens hier kommen so einige meiner Mitwanderer allmählich an ihre Grenzen. Jetzt schon war es ein langer

Wandertag und immer noch liegen ein paar nervige Straßenkilometer vor uns. Jetzt heißt es beißen! Vor allem bei Basti sind plötzlich ein paar Muskeln zu kurz und ein eingelegter Schongang lässt ihn erst recht verkrampfen. So wird er auf den letzten drei Kilometern immer langsamer und seine Gesichtszüge werden verspannter.

Doch irgendwann haben er, wie auch wir anderen, es dann doch geschafft. Ich bin sehr stolz auf meine Truppe! Anni und Flo sind ja in der Vergangenheit schon so einige Kilometer mit mir gegangen, sie wussten, worauf sie sich einließen. Aber meine Wandernovizen haben auch durchgehalten, ohne lautes Stöhnen, ohne mit Gejammer und schlechter Laune die Moral der Truppe zu versauen. Meinen großen Respekt an Kati, Niels und Basti! Und dennoch hängen abends im Wintergarten alle in den Seilen. Doch der Blick durch die Fenster auf die Bucht von Uyeasound, über der es nun langsam dunkel wird, entschädigt ein wenig für die abgeleisteten Mühen.

22. April 2016

Nettes Post Office

Breckon Circle (17 km)

Schon gestern Abend hatten wir geklärt, dass uns am Morgen ein Kleinbus am Gardiesfauld Hostel abholt, um uns an den Pier der Belmont Ferry zu bringen. Den Weg vom Hostel bis dorthin sind wir gestern bereits gegangen, das brauchen wir heute nicht nochmal. Während wir vor der Tür auf den Bus warten, werde ich ein wenig nervös. Wenn er sich zu sehr verspätet, bekommen wir die Fähre nach Yell nicht mehr und dort soll heute gewandert werden. Schließlich kommt er doch noch ausreichend früh genug und wir schaffen die Fähre. Wir schaffen sie sogar zusammen mit dem Bus, denn wir können mit dem Fahrer eine weitere Vereinbarung treffen. Er setzt sogar zusammen mit uns mit der Fähre über, lässt uns kurz hinter dem Pier von Gutcher, dem nördlichen kleinen Fährhafen von Yell, bei unserer Unterkunft für heute, dem B&B Old Post Office, raus, damit wir unser Gepäck abladen können und fährt uns dann im Anschluss direkt hoch nach Breckon, dem Startpunkt unseres heutigen Rundwegs, dem Breckon Circle.

Das Wetter ist heute direkt ungewohnt: kein starker Wind, sondern eher eine säuselnde Brise. Aber kalt ist es. Für das Wochenende ist arktische Kaltluft mit Schnee vorhergesagt. Die arktische Kaltluft haben wir schon mal, aber auch immer wieder mal Sonnenschein. Mit beidem von Petrus versorgt geht es also auf den Breckon Circle.

Wir können uns Zeit lassen, denn erst um 16.40 Uhr fährt ein Bus von Callivoe, dem Ziel unserer heutigen Tour, zurück nach Gutcher. Es wird also eher ein ausgedehnter Spaziergang als eine Wanderung.

Über acht Kilometer geht es nun an schroffen Felsenküsten entlang und an Klippen, in denen Eissturmvögel (Fulmars) brüten. Sie hocken nicht so eng wie die Basstölpel (Gannets) zusammen, sondern etwas verstreuter in holder Pärchenzweisamkeit. Bald nach den Klippen führt uns der markierte Pfad auf einen malerischen Strand, Breckon Sands, mit seinen hohen Dünen. Nichts ist los an diesem Strand, kein Mensch ist außer uns hier, nur die Wellen rollen unaufhörlich auf den Sand. Vom Strand geht es wieder hinauf auf die Wiesenflächen, wir übersteigen Schafszäune, öffnen Gatter und schließen sie auch wieder brav. Oft bleiben wir stehen und schauen auf den Atlantik hinaus. Basti wählt oft eine andere Variante: Er wirft sich einfach flach auf den Boden und schaut in den Himmel. Das ist seine Art von Entspannung.

Schließlich weisen uns die Markierungen eine Anhöhe hinauf, auf deren Spitze wir ein kleines Gebäude erkennen können. Als wir oben sind, erschrecke ich etwas. Hinter den Fenstern sitzt ein Mann und schaut aufs Meer hinaus, vor ihm auf einer Ablage eine große Signallampe, ein Fernglas, ein Schreibblock und ein Stift. Nein... Moment mal... das ist gar kein Mann... das ist eine große Puppe! Was soll sie dem Wanderer sagen? Irgendwann, wir sind nach einer kleinen Rast bei diesem merkwürdigen Gebäude schon wieder unterwegs, fällt mir eine Erklärung dazu ein: Während eines Sturms im Sommer 1881 fanden 58 Männer aus dem nahegelegenen Ort Gloup, die mit ihren Fischerbooten auf hoher See waren, den Tod. Die gesamte männliche Population der Umgebung war ausgelöscht. 34 Witwen und 85 Kinder blieben allein zurück. Eine fürchterliche Tragödie. Saßen in diesem Häuschen oben auf dem höchsten Punkt nahe der Küste früher Männer, die hinausschauten, um nach den Booten zu sehen, um vielleicht den Frauen Bescheid zu geben, wenn ihre Männer nach einem Fang wieder den Hafen anliefen? Gaben sie Lichtzeichen, um den Fischern bei schlechten Sichtverhältnissen wieder den Weg in den heimatlichen Hafen zu weisen? Musste einer dieser Beobachtungsposten damals den Frauen mitteilen, was er Schreckliches beobachtet hatte? Ich möchte mir diesen Tag in Gloup nicht vorstellen.

Von Gloup aus entfernen wir uns vom unmittelbaren Küstenbereich und gehen auf einer kleinen Straße wieder zurück nach Breckon und von dort noch zwei Kilometer weiter bis nach Callivoe. Hier ergibt sich die Möglichkeit, unsere Lebensmittelvorräte wieder aufzufrischen. Das Wo und Was und Wieviel bei der Vorratsbeschaffung muss immer sehr genau überlegt sein, denn die Lebensmittelläden sind auf den Shetlands, zumindest auf den nördlichen Inseln, sehr dünn gesät. Auf ganz Unst gibt es z.B. nur einen Laden, in Baltasound, hier auf Yell sind es zwar fünf, aber nur der hier in Callivoe liegt für uns in erreichbarer Nähe. Also nochmal etwas Brot, Käse, Wurst, Süßigkeiten (jawohl, muss auch sein!), einen kleinen Kuchen (jawoll, auch!) und einen Fertigsalat zum Sofortverzehr vor der Ladentür.

So! Wanderung abgeschlossen, Einkauf erledigt, der Blick auf die Uhr sagt uns: Bis zur Abfahrt des Busses zurück nach Gutcher sind es noch über zwei Stunden. Es ist kalt, bis Gutcher sind es fünf bis sechs Kilometer. Ich entscheide für mich, nicht weiter in diesem kleinen Nest von Cullivoe rumzuhängen, sondern bis Gutcher durchzulaufen. Basti, Flo und Kati können sich nicht sofort dazu durchringen und bleiben noch auf der Holzbank vor dem Laden sitzen, Anni und Niels schließen sich mir an. Nach einer weiteren Stunde sind wir im Old Post Office. Zehn Minuten später trudeln die andern Drei ein, sie haben sich dann doch noch auf den Weg gemacht.

Anne und Pete, unsere Gastgeber, begrüßen uns überaus freundlich. Dieser Umstand übertüncht etwas die Tatsache, dass die Zimmer etwas "special" sind. Zunächst sind alle anfangs ungeheizt, also schon allein in dieser Hinsicht nicht gerade behaglich. Die Einzelzimmer von Basti und mir sind mehr als eng geschnitten, das jeweilige Bett nimmt fast den gesamten Raum ein. Von der Größe her also eher Besenkammern. Flos und Katis Zimmer ist der eigentliche Wohnraum eines Appartements, dessen dazugehöriger Schlafraum jetzt Annis und Niels' Zimmer ist. Damit ist Katis und Flos Raum also ein Durchgangszimmer. Außerdem wurden dort die Couch ausgezogen und mit einer zusätzlichen Matratze versehen und die anderen Möbel aus Platzgründen zusammengeschoben. Es sieht hier also etwas so aus wie in einem Caritas-Möbellager. Aber wie gesagt, Anne und Pete, ein älteres englisches Ehepaar, das es irgendwann mal auf die Shetlands verschlagen hat, sind überaus nett und zuvorkommend. Und ich sehe das bei den Unterkünften ja sowieso nicht so eng. Anne und Pete sind aber nicht die einzigen Netten beim Old Post Office: Es gibt drei nette Hunde und eine nette Katze, auf der Wiese neben dem Haus zwei nette Schafe, Eric und Sven, und eine Schar netter Riesengänse vor dem Haus, die Niels mit ihrem lauten Geschrei und einem Anflug von Angriff einen Riesenschreck versetzt, als er nochmal kurz zur Tür raus will und er diese darob blitzschnell wieder zuschlägt. Von diesem Moment an laufen die Gänse draußen Patrouille und haben Niels durch das Fenster fest im Blick.

Nach einem leckeren Abendessen, liebevoll serviert von Anne und Pete, verkriechen wir uns alle recht bald in etwas klamme Betten. Nachts hören Flo und Kati außer den tippelnden Schritten der Hunde im Stockwerk über ihnen noch weitere Geräusche, die sie vermuten lassen, dass es im Haus, wenn nicht sogar in ihrem Zimmer, noch andere Tierchen gibt, die Kati wahrscheinlich gar nicht nett findet. Aber um die kümmert sich ja vielleicht bald die nette Katze.

23. April 2016

Helden und Hilfeschreie

Gutcher - West Sandwick (20 km)

Am Morgen werde ich nicht von einem vorbeirauschenden Verkehr oder einem schnarchenden Mitschläfer geweckt, sondern von den lieben Hausgänsen, die draußen vor meinem Fenster einen Höllenspektakel veranstalten. Aber die Zeit ist genau richtig: 7.15 Uhr. Heute ist etwas früheres Aufstehen und Frühstücken angesagt, denn wir müssen uns von Basti verabschieden, der heute seine Heimreise antritt. Ich ziehe die Gardinen beiseite - und bin ein wenig verblüfft. Draußen jagen Schneeflocken nahezu waagerecht vorbei und die kleine Weide von Sven und Eric, den beiden Hausschafen, ist weiß überzuckert. Obwohl genau dies ja so vorhergesagt war, ist meine erste Reaktion doch ein "Na toll!"

Was bisher nie vorgekommen ist: Basti ist bereits fix und fertig, als ich ins Bad gehe. Wahrscheinlich hat ihn das Rückreisefieber gepackt. Möglicherweise trägt er aber auch gewaltige Bedenken gegenüber der Fährfahrt hinüber nach Aberdeen. Wird es ihn wieder so umwerfen? Wer das einmal miterlebt hat, will so eine Erfahrung nicht unbedingt ein zweites Mal machen. Bisher hat er aber noch keine Nachricht bekommen, dass sich der Abfahrttermin wegen widriger Wetterverhältnisse verzögert. Vielleicht wird es ja diesmal gar nicht schlimm.

Pete und Anne fahren zum Frühstück schwer auf - Full Scottish Breakfast, das volle Brett! Würstchen, Rühreier, gebratener Schinken, Pilze, Tomaten, Bohnen. Nicht jeder isst seine zwei Würstchen, Tomaten werden gegen Pilze getauscht, Basti stochert etwas herum. Aber das kennt man von ihm, er hätte lieber gegen ein großes Glas Marmelade und ein Schokobrötchen getauscht. Oder denkt er schon an die Fähre und dass es vielleicht gar nicht lohnt, etwas zu sich zu nehmen?

Als wir zu gegebener Zeit aus dem Haus gehen, um uns vor der Tür zu verabschieden, habe ich jedenfalls prompt einen Frosch im Hals. Ich hätte Basti gerne bei uns behalten, einer fehlt jetzt im Rudel. Auf seinem Weg zum Bus schaue ich ihm nach und mein Hals wird immer dicker. Ich mag solche Abschiede immer weniger.

Bei unserem Abschied vom Old Post Office kommen Pete und Anne mit vor die Tür. Bei dieser Gelegenheit entschuldigt sich Pete für die etwas ramponiert und schmutzig wirkende alte, typisch englische, rote Telefonzelle vor seinem Haus. Sie sei ein "listed building", also so eine Art von denkmalgeschützt, und niemand würde sich um sie kümmern oder zumindest mal putzen. Ach, Pete, in einer Mußestunde vielleicht selbst mal einen Schwamm nehmen...?

Nach einem Erinnerungsfoto mit Hund machen wir uns auf den Weg... oder besser gesagt auf die Straße. Doch nicht nur Basti ist heute nicht mehr dabei, auch Niels hat sich für die heutige Strecke einen Krankenschein genommen. Sein Knie! ("Lieber heute mal eine Pause, dann wieder Attacke!") Recht hat er ja. Eine Wanderung muss ja nicht zur Bußwallfahrt werden! Also nimmt er gleich den nächsten Bus und wird irgendwann fröhlich winkend an uns vorbeirauschen.

Standen in den letzten Tagen auf Teilstrecken auch mal abwechslungsreiche Küstenpfade und imposante Felsen- und Klippenlandschaften an, so wird es heute den ganzen Tag lang die Hauptverkehrsstraße durchs Hinterland sein, die uns beschäftigt. Ich selbst habe mit solchen Streckenabschnitten null Probleme, fürchte nur, dass es bei den anderen zu kleinen Wanderkollererscheinungen kommen könnte. Doch alle schreiten munter voran, selbst als der Wind wieder ordentlich auffrischt und uns von der Seite ein ordentlicher Hagel-Schneeschauer erwischt. Ich bin jedenfalls froh, heute Morgen meine lange Funktionsunterhose aus dem Wheelie gekramt zu haben. Ich marschiere gutgelaunt einige Schritte voran und höre mit Freude, dass es dem Restrudel offensichtlich gut geht. Sie quatschen und lachen, so hat Papa es gern.

Nach 13 Kilometern machen wir Rast an einer der typischen, immer gleich aussehenden Bushaltestellen irgendwo im Nirgendwo. Die etwa 1x3m große Plexiglaskonstruktion, zur Hälfte auf drei Seiten vom Plexiglas als Windschutz umschlossen, mit einem Sitzbalken und (in diesem Falle) zusätzlich mit einem alten Bürostuhl als Sitzgelegenheit ausgestattet, kommt gerade zur richtigen Zeit. Ein länger anhaltendes Wolkenloch mit einer herausstrahlenden Sonne sorgt für einen minimalen Treibhauseffekt und angenehme Temperaturen, Anni kocht uns zu ihrer eigenen Erbauung und unserer großen Dankbarkeit und Freude heißen Tee bzw. Kaffee - das Leben kann so herrlich sein! Nicht zu verachten ist auch der Umstand, dass ganz in der Nähe drei Autos parken, in deren Sicht- und Windschatten man/frau sich zurückziehen kann, um etwas loszuwerden, was sich unterwegs angestaut hat und seit einiger Zeit bereits nach draußen drängt.

Als ein Blick auf meine Karte uns offenbart, dass wir bereits Zweidrittel des heutigen Weges hinter uns haben, wird die Laune noch besser und wir ziehen wieder munter weiter. Wir erfreuen uns immer wieder an den fast unzähligen putzigen Lämmern, die über die kargen Flächen hoppeln oder an ihre Mamas angelehnt Schutz vor dem Wind suchen. Manchmal befinden sich die Pullovertiere hinter Drahtzäunen, oft liegen sie im Straßengraben oder wechseln in aller Seelenruhe von einer Straßenseite auf die andere. Autofahrer scheinen damit hier Erfahrung zu haben, denn sie gehen immer etwas vom Gaspedal, wenn unmittelbar vor ihnen Schafe kreuzen. Immer, vor allem vielleicht nachts, scheint das nicht zu klappen. Traurige Reste sieht man dann im Graben liegen.

Nach kurzer Zeit sehen wir auf einer Anhöhe die Ruine von Windhouse vor uns liegen. Ich hatte gelesen, dass es dort spuken soll. Damit war für Anni natürlich klar, dass wir da rauf müssen. Wir öffnen ein großes Gatter und steigen an einer kleinen Kuhherde, die hinter einem Zaun steht und uns relativ verständnislos nachgafft, vorbei die Anhöhe hinauf. Als wir bei der Ruine ankommen, müssen wir durch ein Warnschild leider feststellen, dass die Ruine wegen Einsturzgefahr nicht zugänglich ist. Etwas enttäuscht drehen wir wieder um - und sehen keine zehn Meter von uns entfernt die gesamte Kuhherde mitten auf dem Weg stehen und uns den Weg versperren. "Kuhherde" war wohl der falsch gewählte Begriff. Bei näherem Hinsehen müssen wir zugestehen, dass es sich wohl um Jungbullen in der Adoleszenz handelt, die da etwas lauernd vor uns stehen. Kati zieht sich dezent hinter Anni zurück, Florian zieht sein Handy und beginnt zu filmen und ich stehe erstmal blöd und überlege. Schließlich stoße ich irgendwelche Laute aus, klatsche in die Hände, springe etwas wie Rumpelstilzchen herum - und schaffe es so tatsächlich, dass die Viecher sich, wenn auch sehr zögerlich, auf ihre Weide zurückziehen. Als wahrer Held führe ich die Meinen nun endgültig in Sicherheit und hinter das große Gatter zurück.

Wenig später werden zwei andere von uns zu kleinen Helden. Als wir so einträchtig die Straße entlangmarschieren, kommt auf einmal ein Schaf blökend zu uns an den Zaun gelaufen. Von den Shetlandponys, diesen niedlichen Spielzeugpferden, kannten wir das in den letzten Tagen. Bei den Schafen haben wir nur immer ein ausgeprägtes Fluchtverhalten festgestellt und nicht, dass sie einem an den Zaun entgegenlaufen. Im gleichen Moment hören wir ein ganz junges Lamm förmlich schreien und ich erkenne auf einmal ein kleines, weißes Wollknäuel zusammengekauert in einer Erdmulde jenseits des Straßengrabens sitzen, durch den Zaun getrennt von seiner Mutter. Irgendwie scheint es den Weg aus der Umfriedung gefunden zu haben und jetzt kommt es nicht mehr zurück. Wie Hilferufe klingen seine Schreie zu uns herüber. Anni und Flo queren sofort den Graben, arbeiten sich langsam an das Kleine heran und tatsächlich gelingt es Flo, den niedlichen Wollstrumpf zu ergreifen. Schnell legt er Anni das Gerettete für einen kleinen Schmuser in den Arm, Kati darf auch nochmal streicheln und dann legt ihn Anni auf der anderen Seite des Zauns wieder ab. So schnell er kann rennt der Winzling zu seiner Mutter und wird nach längerem Beschnuppern wieder in die kleine Herde aufgenommen. Auf die Aufregung muss er natürlich sofort bei der Mama erstmal "einen trinken".

An vielen Torfstichen vorbei geht es nun auf West Sandwick zu. Je mehr wir uns dieser Ansammlung von Häusern ("Dorf" kann man gar nicht dazu sagen) nähern, desto mehr beginnt es zu schneien. Immer dicker werden die Flocken. Sie klatschen uns von rechts förmlich ins Gesicht, lassen unsere rechte Körperhälfte immer weißer werden. Als es so langsam unangenehm wird, taucht vor uns das Hinweisschild zum Quam B&B auf, unserer Unterkunft für heute. Wir biegen von der Straße ab, gehen die letzten Meter eine Zufahrt hinunter, werden dabei von drei Shetlandponys und einem Hund begrüßt und sind angekommen.

Niels begrüßt uns ebenfalls freudig. Am meisten freut er sich natürlich über das Wiedersehen mit seiner Anni. Ach jaaa...

24. April 2016

Kaum was los

West Sandwick - Ulsta Pier (11 km)

Es gibt Tage, da häufen sich die Ereignisse, über die man mehr oder weniger ausführlich berichten kann. Dann gibt es Tage, da sollte man einen Bericht nicht künstlich in die Länge ziehen, wenn kaum was los war. Der Tag heute gehört zur zweiten Kategorie.

Zunächst mal ist er nur ein halber Wandertag. Von West Sandwick geht es nur bis zum Ulsta Ferry Terminal, dort wo die Fähre von Ulsta auf Yell nach Toft auf Mainland übersetzt. Wegen Schwierigkeiten bei der Unterkunftsfindung in einer wandertauglichen Distanz werden wir Fünf anschließend wieder zurück müssen nach West Sandwick, um eine zweite Nacht im Quam B&B zu schlafen. Das Problem ist nur, dass am heutigen Sonntag auf den gesamten Shetlands keine Linienbusse fahren und es somit zwei Möglichkeiten gibt: Entweder wir gehen denselben Weg bzw. dieselbe Straße wieder zurück oder wir lassen uns von einem Taxidienst zurücktransportieren. Wir entscheiden uns für die letzte Variante, lassen uns von unserer freundlichen Gastgeberin eine Telefonnummer geben, die wir bei Ankunft in Ulsta anrufen sollen und ziehen los.

Der Wind ist heute erheblich weniger aktiv als an manch anderen Tagen, aber trotzdem ist es immer noch kalt genug. Die arktische Kaltluft weht weiterhin über uns und soll uns bzw. mich auch in den nächsten Tagen nicht verlassen. Die Wolken sind heute zwar dichter als sonst und ziehen langsamer über uns hinweg, machen dafür aber auch leider der Sonne seltener Platz. Sehr positiv aber: Es schneit oder regnet kein einziges Mal. So tippeln wir denn auf der Straße entlang, mit geringem Auf und Ab, aber immer mit einem herrlichen Ausblick auf die See und das gegenüberliegende Mainland.

Ein wenig gehe ich wieder voraus, ähnlich einem Wanderführer, der ich aber doch eigentlich im Moment gar nicht sein möchte. Ich freue mich über die Nachricht von Basti, dass er ohne jede Schwierigkeiten die Fährfahrt nach Aberdeen geschafft hat (später auch gesund und munter mit dem Flieger in Düsseldorf landet) und über den Eintrag einer lieben Mitwanderin vom Jakobsweg 2013, Ricarda, im Gästebuch meines Blogs. Genauso freue ich mich über die vielen Menschen, die mich hier auf meiner Seite begleiten und natürlich besonders über die, die dies mit ihren Kommentaren dokumentieren. Vielen Dank an euch alle und bleibt mir weiterhin treu!

Außer der kargen Landschaft und der weiten See zu unserer Rechten sind immer wieder die lieben Schafe unsere ständigen Begleiter. Anni hatte mal den Plan, alle Schafe an einem Wandertag zu zählen, verwarf aber diesen Gedanken wieder, weil sie sich dann wahrscheinlich den Zorn von uns allen zugezogen und am Abend schlecht in den Schlaf gekommen wäre. Immer wieder herrlich und ein Blickfang: die Lämmer. In dieser Hinsicht ist die Zeit unserer Wanderung wohl gut gewählt. Zwei Wochen früher hätte es den größten Teil von ihnen noch gar nicht gegeben. Zwei Wochen später wären sie vielleicht nicht mehr so gigantisch niedlich.

Nach kaum drei Stunden Gehzeit kommen wir am Pier von Ulsta an, genau in dem Moment, als eine Fähre anlegt, ihren großen "Schnabel" öffnet und einige Autos und Wohnmobile ausspuckt. Dabei registriere ich, dass ich in diesem Moment die ersten Wohnmobile auf den Shetlands bewusst wahrnehme. Bisher war diese Form des Tourismus noch nicht vertreten, vielleicht fängt sie jetzt so langsam an. Nach kurzer Zeit ist die Fähre wieder aufnahmebereit und einige Autos warten auf dem großen Parkplatz bis es wieder heißt: "Roll on - roll off!" Morgen werde ich mein Wheelie an Bord rollen.

Wie vorgesehen rufe ich nun Jonny Nisbet an und bitte ihn, uns am Pier abzuholen und nach West Sandwick zurückzubringen. Seine Antwort ist kurz und knapp: "Gimmie ten minutes and I'll pick you up!" Klare Ansage! Es dauert wirklich nicht länger bis er eintrifft, uns in seinem Wagen Platz nehmen lässt und losfährt. Dann folgt wieder mal die Erfahrung: Für eine Strecke, die man drei Stunden lang mit den Füßen abmisst, braucht ein Auto keine zehn Minuten. Irgendwie ist das einfach etwas unfair!

Der Rest des Tages ist Relaxen. Wir alle nehmen eine kurze Auszeit bei einem Nickerchen, dann geht das Jungvolk zu einem Fußbad an den nahegelegenen Strand, während ich schreibe. Und jetzt habe ich schon wieder viel mehr geschrieben als ich eigentlich wollte...

25. April 2016

Ein wenig Blizzard

Toft - Brae (16 km)

In der Nacht schlägt ein starker Wind ums Haus. Mir schwant Schlimmes. Trotzdem schlafe ich unaufgeregt weiter. Der Blick morgens aus dem Fenster zeigt mir dann was los war. Die Wiesen und Hügel von West Sandwick sind weiß und immer noch hagelt es weiter. Aber vielleicht sieht ja alles schon ganz anders aus, wenn wir gleich Quam B&B verlassen.

Noch bevor sie uns das Full Scottish Breakfast serviert, ruft unsere Gastgeberin Ann den Busfahrer an, der uns gleich oben an der Straße vor dem Haus aufsammeln soll. "Hier auf Yell kennen wir uns alle untereinander, mit einigen bin ich ja sogar verwandt. Und Freddy macht das schon, da brauchen Sie nicht bis zur Bushaltestelle zu laufen." Wäre das auch geklärt!

Als wir uns verabschieden und zur Straße hochgehen, ist die Wetterlage nicht anders als sie wohl in der Nacht war. Es weht gewaltig, Hagelkörner knallen uns ins Gesicht und ich bedanke mich herzlich bei dem Ausrüster meines Hightech-Anoraks für eine gute Ware. Nachdem Ann uns dann noch Flos vergessenen Rucksackregenschutz mit dem Auto zur Straße hochgebracht hat, dauert es nicht mehr lange, bis der Bus neben uns hält. Der Busfahrer, der aussteigt, um uns beim Verstauen meines Wheelies zu helfen, ist niemand anderes als der von unserer Hinfahrt von Lerwick nach Gutcher.

Er lacht uns allen fröhlich zu, packt beim Wheelie mit an, wir alle entern den Bus, besetzt mit vielen offensichtlich Einheimischen, und Freddy legt den Gang ein.

Zusammen rollen wir auf die Fähre, erhoffen uns während der fünfzehnminütigen Überfahrt durchs Fenster vom Aufenthaltsraum an Bord noch einen Blick auf vorbeiziehende Delfine oder gar Wale zu erhaschen, die hier ohne weiteres vorkommen können, werden aber enttäuscht. Wir sehen nichts anderes als eine wilde See mit jeder Menge Schaumkronen auf den Wellenspitzen.

Auf der anderen Seite des Yell Sounds verlassen wir Fähre und Bus und stehen unvermittelt beim Toft Ferry Terminal (jetzt Mainland) im Wind. Noch sind wir guter Dinge. Noch regnet, hagelt oder schneit es nicht. Die ersten Kilometer erleben wir einen gnädigen und starken Rückenwind, der einem fast Flügel verleiht. Aber er ist auch lausig kalt. Die Buffs sind im Einsatz, um die Ohren und um den Mund gelegt, die Kapuzen der Anoraks sind festgezurrt, bei manchem sieht man nur noch Nase und Augen. Die Abstände zwischen uns vergrößern sich, jeder rennt mit einer anderen Schrittlänge vor diesem Wind davon, eine Unterhaltung ist durch die übergezogenen Kapuzen und den heulenden Wind sowieso kaum möglich.

Als die zunächst nordsüdliche Straßenführung in Richtung Westen schwenkt, wird es ungleich schwerer. Der Rückenwind wird zu einem bösen Seitenwind, gegen den wir uns mit einiger Anstrengung lehnen müssen. Trotzdem ist das irgendwie mein Wetter. Ich lache und schreie diesem Wind entgegen, mag er mich doch angreifen, mich wirft er nicht um.

Als wir uns dem Meeresarm des Sullom Voe nähern, schickt das Wetter seinen nächsten Kämpfer aus. Dunkle Wolken kriechen plötzlich über die Hügel, weiße Schleier rasen heran und ehe wir uns versehen stehen wir in einem regelrechten Blizzard. Ich weiß, die Menschen in den USA können anderes über Blizzards erzählen, aber ich finde ihn trotzdem schon ganz schön beeindruckend, auch wenn er vielleicht nur zehn Minuten über uns hinwegfegt. Kleinste Hagelkörner knallen uns wie Nadelspitzen ins Gesicht. Waagerechte weiße Striche sehen wir vor uns. Aber was heißt "sehen"? Wir sehen fast nichts, weil wir kaum die Augen aufhalten können. Herrlich!!! Ich renne, ich stampfe vor mich hin, ich schreie dem Blizzard ein "Ich bin Roald Amundsen!" entgegen und habe meinen Spaß. Als ich mich mal umdrehe, stelle ich fest, dass ich einen riesigen Abstand zwischen mich und die anderen gelegt habe.

Nach kurzer Zeit ist der Spuk vorbei und schemenhaft tauchen die Ölanlagen von Sullom Voe vor mir auf. Früher gab es an dieser Bucht zwischen North Mainland und der Halbinsel Northmavine einige Fischerei-Niederlassungen. Im Zweiten Weltkrieg wurde eine Basis der Royal Air Force eingerichtet, deren Flugboote sich von hier aus auf die Suche nach deutschen U-Booten machten. Zusätzlich wurde eine Fluglandebahn gebaut. Nach dem Krieg wurden die Basis und die Landebahn kaum noch benutzt - bis in den frühen 70er-Jahren sich etwas Großes vollzog: Erdöl wurde unter der Nordsee nordöstlich der Shetlands entdeckt. Der beste Weg, es auf die Weltmärkte zu bringen, war, es über Pipelines in einen geschützten Bereich zu pumpen und es dort auf Tanker zu verladen. Sullom Voe war ideal und wurde für zehn Jahre eine der größten Baustellen in Europa mit bis zu 6.000 Beschäftigten. Millionen von Gallonen Öl fließen nun jede Woche von den Ninian und Brent Ölfeldern nach Sullom Voe. Von hier werden sie auf oft bis zu 400 m lange Tanker umgeladen.

Weil ich so weit vorgerast bin, halte ich an einer Bushaltestelle, in Erwartung meiner Lieben, denen vielleicht der Sinn nach einer Pause steht. Doch Anni und Niels ziehen als erste an mir vorbei, dann auch Kati und Flo. Ich bin einigermaßen verblüfft, zockle dann aber hinter ihnen her. Immer noch bei starkem Seitenwind marschieren wir nun an den umfangreichen Pieranlagen der Tanker vorbei, an den Wohncontainern der Ölarbeiter und an dem Flugplatz, auf dem diese von zu Hause aus mit zweimotorigen Flugzeugen herangeschafft und mit Hubschraubern zu den Ölplattformen in der Nordsee verbracht werden. Und weil dieses Öl vor nunmehr über 40 Jahren dort gefunden worden ist und diese Männer dort unter außergewöhnlichen Umständen so hart an seiner Förderung arbeiten, haben wir - und erst recht alle Autofahrer - jetzt den Vorteil, die besten Straßen von ganz Schottland nutzen zu können.

So hasten wir denn auf einer dieser besten Straßen weiter voran. Ich bin dabei bester Laune, der Rest findet das alles gar nicht mehr so toll. Der Blizzard hat teilweise ihre Kleidung durchnässt, Pausenmöglichkeiten gibt es aus Mangel an Gelegenheiten nicht oder würden das Frieren nur noch verstärken, ich sehe vorne Niels neben Anni etwas herumhampeln, als wolle er sie etwas aufheitern, ich ahne aber irgendwie, dass ihm das nicht gelingt.

Die Tatsache, dass unsere Unterkunft am entgegengesetzten Ende des Ortes Brae liegt, trägt auch nicht gerade zur guten Laune bei, wo wir uns doch eigentlich schon am Ziel wähnen. Letztlich nur der Anblick von "Frankie's Fish&Chips"-Laden, preisgekrönt mit mehreren Awards für eine gute Fischküche, z.B. "Best of Scotland 2015", und die Aussicht darauf, heute Abend dort unser letztes gemeinsames Essen einzunehmen, hält die Kinder aufrecht. Ja, unser letztes gemeinsames Essen..., denn dieser 16-Kilometer-Durchmarsch war deren letzter Wandertag auf den Shetlands. Morgen treten sie wieder die Heimreise an. Ich darf gar nicht dran denken.

Irgendwann sind wir dann doch endlich in Burravoe, einem kleinen Bauernhof, an dem uns Andrew mit strahlendem Gesicht empfingt. Zusammen mit seiner Frau hat er dieses kleine Crofthouse nach einer Erbschaft renoviert und auf dem Gelände (warum auch immer) über 50 verschiedene Büsche und junge Bäume gepflanzt. Dazwischen laufen nun Unmengen der verschiedensten Hühner und Hähne herum und stehen zwei kleine, hölzerne Hütten ("Wigwams"), die Andrew und seine Frau für Übernachtungen vermieten.

Andrew fegt die Hühnerscheiße von der kleinen Veranda, öffnet die Tür und bittet uns hinein. Wir sind begeistert! Es wird zwar eng werden, aber kuschelig. Jetzt erstmal durchatmen, Heizkörper anwerfen, nasse Klamotten vom Körper, zum Trocknen aufhängen, duschen, einen heißen Tee oder Kaffee trinken - die Welt kommt so langsam wieder in Ordnung, auch wenn es mittlerweile im Wigwam so aussieht wie bei Woolworth auf dem Grabbeltisch beim Schlussverkauf.

Mich treibt der morgige Tag um. Nicht nur wegen des drohenden Abschieds, sondern auch wegen meiner Wanderplanung. Mein Vorhaben ist eigentlich, morgen früh mit dem Bus in den hohen Norden der Halbinsel Northmavine nach North Roe zu fahren, um von dort aus dann den Sandvoe Circle in Angriff zu nehmen, doch meine Recherchen im Internet hatten bereits ergeben, dass kein Linienbus nachmittags mehr zurückfährt. Ich gehe zum Crofthouse hinüber und Andrew bestätigt meine Befürchtung: "Von North Roe fahren nur morgens Busse, um Leute nach Lerwick oder ins Öl-Terminal nach Sullom Voe zu bringen. Nachmittags geht es dann nur noch wieder nach North Roe zurück und nicht mehr in die andere Richtung. Und bei einem Taxi bist du mit mindestens £50 dabei!" Ernüchtert lehne ich ab. Da er meine Enttäuschung sieht, macht er mir den Vorschlag, doch gegenüber, auf der Insel Muckle Roe zu wandern, sie sei sehr schön und allemal eine Wanderung wert. Ich lasse mich überzeugen, bedanke mich bei ihm für diesen Tipp und verabschiede mich.

Im Wigwam hat man sich inzwischen von den Strapazen erholt und ist bereit zum Abmarsch zu "Frankie's Fish&Chips". Die preisgekrönte Fischmahlzeit fügt dann wieder Leib und Seele zusammen und alles ist wieder gut. Das heißt..., für mich nicht. Der Abschied von den Kindern und die Tatsache, dass ich sie die nächsten zwei Monate nicht sehen werde, nagen an mir, aber ich will es nicht so zeigen.

Zurück im Wigwam steigt keine rauschende Abschiedsfete. Noch ein paar Sätze, dann steigt jeder auf seine Matratze. Der Tag war nicht ohne... Draußen auf der Veranda steht im Schneeregen mein Wheelie, ganz allein. Vielleicht ist ihm auch ein wenig zum Heulen zumute.

26. April 2016

Schon wieder Abschied - hach nää...!

Ruhetag

Gerade habe ich mich von den Kindern verabschiedet. Junge, Junge, das ist einfach nichts für mich. Ich habe keine Probleme damit zuzugeben, dass ich das ganz schnell machen musste, um nicht das Heulen anzufangen. Sie haben das gemerkt und sind zügig abgestiefelt. Jetzt sitze ich in meinem gefegten, aufgeräumten Wigwam, hier drinnen ist es fürchterlich ruhig und ich höre nur das Rauschen des immer noch lebhaften Windes in den Büschen und jungen Bäumen vor der Tür. Sechs Hühner scheißen mir draußen die kleine Veranda voll und schauen durch die Glastür hinein, als wollten sie sagen: "Stell dich nicht so an!"

Eigentlich wollte ich um diese Uhrzeit schon wieder auf Muckle Roe unterwegs sein, aber ich habe mich kurzfristig anders entschieden. Obwohl das Wetter wesentlich erträglicher ist als gestern, werde ich heute außer lesen, schreiben, Nahrungsaufnahme und schlafen nichts tun. Ich werde also einen Ruhetag einlegen! Das ist jetzt mein stiller Protest! So verarbeite ich den Umstand, dass jetzt alle weg sind. Ich will jetzt im Stillen leiden und dabei nicht von kahlen Hügeln, Meeresrauschen, Hagel oder Schafen abgelenkt werden. Man wird doch mal einfach so in Ruhe leiden dürfen! Bescheuert, oder? Aber ich habe mich einfach zu lange darauf gefreut, noch einmal in meinem Leben mit sage und schreibe dreien meiner Kinder durch die Welt zu ziehen. Wer weiß, ob das jemals nochmal passieren wird?

Anni, Niels, Kati, Flo, Basti - ich danke euch für diese schönen Tage. Vielleicht habt ihr auch ein wenig von dem erlebt, was mich immer wieder hinaustreibt. Und ihr habt wahrlich nicht nur Wanderglückseligkeit erlebt. Ihr wurdet vom Wind zerzaust, habt gefroren, habt auf Asphaltstraßen brennende Füße und harte Oberschenkel bekommen, die Landschaft auf den Shetlands war nicht immer sehr abwechslungsreich, sondern gleicht über weite Teile eher einer Mondlandschaft, und die Unterkünfte waren manchmal recht einfach. Körperlich erholt habt ihr euch wahrscheinlich nicht und manchmal habt ihr euch vielleicht über diesen inzwischen schrulligen alten Mann gewundert, der euer Vater bzw. im entferntesten Sinne euer "Schwiegervater" ist. Aber ihr habt durchgehalten, ohne wehzuleiden, ohne zu meckern, ohne zu maulen. Ich bin traurig, dass ihr jetzt weg seid, aber ich beneide euch nicht, dass nun für euch der Alltag wieder beginnt. Ich habe bis dahin noch Zeit, viel Zeit.

Ich fange jetzt mit dem verschärften Protest an und gehe wieder ins Bett und ziehe mir die Decke über den Kopf. Und wenn dieser Hahn weiter vor meiner Tür so laut rumkräht, drehe ich ihm gleich den Hals um!

So, Protestnickerchen rum! Mir geht's schon etwas besser.

Hier noch ein Nachtrag, während es draußen mal wieder Schnee regnet: Bereits gestern Abend bekam Kati auf ihr Handy die Nachricht, dass ihr gemeinsamer Flug für morgen ausfällt, VERDI streikt, Umbuchung auf Donnerstag möglich. Die Kinder nahmen das mit Fassung und doch trat hektische Betriebsamkeit ein. Meldung beim Arbeitgeber wegen verspäteter Rückkehr, Umbuchung des Fliegers (allerdings mit leichten Problemen, da der Zettel mit der Buchungsnummer verschwunden war), Buchung einer weiteren Übernachtung in einem Hostel in Edinburgh.

Aus Lerwick kommt von Anni dann gegen Mittag die Nachricht, dass sie nicht wissen, was sie bei dem Regen in Lerwick bis zum Einchecken auf die Fähre machen sollen. Ein paar Stunden später schickt mir Flo ein Foto, das ihn hinter einer Flasche Bier zeigt. Na also...!

Außerdem teilt mir Anni freudig (?) mit, dass Kati die Fähre für sich und Flo für den 26. JANUAR gebucht hat. Mir fährt ein Schreck durch die Glieder, aber ich denke, als Passagiere ohne Auto lässt sich das regeln.

Als ich bei Andrew die Übernachtung bezahle, erklärt er mir, dass er auf der Website von Northlink-Ferries von einer "delay" (Verspätung) gelesen hat. Oh nein, durchzuckt es mich, geht das schon wieder los? Doch Andrew ist sich nicht sicher, ob das eventuell nur für die Fähre in Gegenrichtung gilt. Aber eigentlich ist das doch egal. Es ist wieder schwere See, Punkt! Hoffentlich war das mit dem Bier nicht ein Fehler...! Mensch Kinder, kommt gut heim!

Gerade Meldung: Fähre hat abgelegt. Hach näää...!

27. April 2016

Grandiose Naturkulisse: Eshaness

Braewick - Eshaness Circle (20 km)

Meine erste Handlung nachdem ich meine Knöppe aufmache, ist der Griff zum Handy. Eine Nachricht von den Kindern? Bingo! "Heile und unbekotzt in Aberdeen angekommen und schon im Zug nach Edinburgh! Allet cool, allet easy! Gute Weiterreise, lonesome wulf!" Tse, tse, tse, diese Sprechweise der Jugend...! Aber ich bin ja so froh, dass sie drüben sind!

Noch während ich mein letztes Stück vom recht trockenen Baguette mit Marmelade verfrühstücke, versammelt sich draußen auf meiner Veranda eine ganze Armada von Hühnern, unter ihnen ein Riesenkabänes von Hahn, ein regelrechter Kampfhahn. Die Truppe scheint zu wissen, dass um diese Uhrzeit die Leute in den Wigwams frühstücken und erhofft sich wohl das ein oder andere Abfallprodukt. Der Kampfhahn pickt energisch gegen die Glastür, als wolle er sagen: "Hei, Alter, lass mal was rüberwachsen!" Brav fege ich meine Krümel zusammen und werfe sie zu der gackernden Versammlung raus - schließlich will ich ja gleich noch unbeschadet das Grundstück verlassen...

Zehn Minuten früher als notwendig stehe ich an der Bushaltestelle. Mit Bus 21 will ich in Richtung Hillswick fahren, bei Upper Urafirth aber bereits aussteigen, meinen Wheelie in meiner Amara B&B lagern und mich dann auf den Weg zum Eshaness Circle machen. Der Bus um 9.47 Uhr ist für heute der letzte, der dort hochfährt, ich möchte ihn ungern verpassen. Der Bus kommt pünktlich, ich bin der einzige Fahrgast, eine junge Frau ist die Fahrerin und wir unterhalten uns nett. Als ich sie bitte, mich auf Mavis Grind aufmerksam zu machen, sagt sie lächelnd: "Alles klar, ich halte dann an und Sie können aussteigen, um sich das mal anzusehen." Ich bin entzückt und nehme sie umgehend in die Liste meiner Sympathieträger auf.

Bei Mavis Grind beginnt die Halbinsel Northmavine - die aber eigentlich schon gar keine Halbinsel mehr ist. Nur - geographisch gesehen - Winzigkeiten trennen sie von einer selbstständigen Insel. Ein gerade mal 33 m breiter Isthmus, über den die Straße führt, trennt hier die St. Magnus Bay (Atlantik) vom Sullom Voe (Nordsee). Von Mavis Grind wird gesagt, dass er der einzige Ort Großbritanniens ist, wo man einen Stein von der Nordsee in den Atlantik werfen kann. Heute wechseln hier Otter gerne ihre Jagdgründe (von denen ich übrigens noch keinen gesehen habe, genauso wenig wie Delfine, Seehunde oder gar Wale), früher hätte man hier wahrscheinlich noch anderes beobachten können. Freiwillige aus der Umgebung halfen 1999 einem Forscherteam dabei, den originalgetreuen Nachbau eines Wikingerschiffes mit Menschenkraft über diesen schmalen Isthmus zu transportieren, um nachzuweisen, dass die lieben Hornträger schon seinerzeit diesen Weg gewählt haben, anstatt den viel weiteren und gefährlicheren um die Nordspitze herum. Bis 1950 sogar wurden Fischerboote über den Isthmus gezogen, um schneller die Fischgründe wechseln zu können.

Ich mache mein Foto, steige schnell wieder in den Bus ein und fahre dann einfach mal eben so mit ihm über diese besondere Stelle hinweg. "Welcome to Northmavine" steht in großen Lettern an einer Felswand. Och, wie nett! Die Landschaft, die nun an mir vorüberflitzt, gefällt mir deutlich mehr als die auf Unst oder Yell. Sie ist wesentlich bergiger (na sagen wir: hügeliger), nach links geht mein Blick über die große St. Magnus Bay und den Atlantik hinaus, voraus erhebt sich mit dem weiß überzuckerten Ronas Hill (450 m) der höchste Berg der Shetlands. Verstreute kleine Siedlungen, viele Seen, eine freundlich lächelnde Sonne und Schafe... Schafe... Schafe... runden das schöne Bild ab. Ich fotografiere und filme schon aus dem Bus heraus wie verrückt, wie soll das denn noch werden?

Wo die kleine Stichstraße von der Hauptstraße aus nach Upper Urafirth hinaufführt, öffnet mir meine liebe Busfahrerin die Tür, wünscht mir noch schöne Tage auf den Shetlands und ich habe mein erstes Ziel für heute, Almara B&B, fast erreicht. Als ich am Straßenrand stehe und mir den Wheelie anklemme, merke ich plötzlich, dass irgendwas auf den Shetlands heute ganz anders ist: Wo ist der Wind? Der Wind ist weg! Kein Hauch, nichts! Ich höre das Schreien der Seevögel viel lauter, ebenso das Blöken der Schafe. Ich habe das Gefühl, viel zu dick angezogen zu sein, überlege mir jetzt schon, den Anorak auszuziehen. Nun mal nicht übermütig werden, alter Mann, erstmal jetzt hoch zum B&B!

Gesagt - getan! Zehn Minuten später klingel ich an der Haustür meiner Unterkunft für die nächsten zwei Nächte. Nach einem kurzen Moment öffnet mir Marcia Williamson die Tür. "Mr. Wagner!" ruft sie mir strahlend entgegen und ich merke sofort, dass ich hier richtig bin. Ich stelle meinen Wheelie im geräumigen Flur ab, ein kurzer, aber herzlicher Wortwechsel, einige gute Ratschläge für unterwegs, ein fröhliches "Enjoy your day!" von Marcia und ich bin auch schon wieder draußen. Nach dem gestrigen Ruhetag und bei dem heutigen Sonnenschein juckt es mir in den Knochen. Ich will gehen!

Schnell stellt sich dieses Gefühl bei mir wieder ein, wenn die Landschaft mich begeistert, mein Blick weit geht, die Sonne scheint und es dabei fast frühlingshaft mild ist:

Jetzt könnte ich die Welt mal wieder aus den Angeln heben, neue Ideen, neue Einfälle, schöne Erinnerungen, alles scheint so leicht, so rosig, alles sprießt. Unter meinen Füßen scheinen die Kilometer wieder nur so zu verbrennen. Auch wenn sich die ersten Kilometer des Solo-Wanderns etwas seltsam anfühlen, das kann ich nicht aus der Welt lächeln. Aber wie heißt doch der schöne Spruch: "Nur die Raben fliegen in Schwärmen, der Adler kreist allein."

Die Straße hebt und senkt sich vor mir, schwingt in weit gezogenen Kurven eine Anhöhe hinauf, immer wieder werden, oben angekommen, andere Blicke frei. In der St. Magnus Bay ragen eins ums andere Mal besondere Felsformationen aus dem Wasser (eine sieht aus wie das riesige Pferd auf einer Kinderzeichnung, das aus dem Wasser trinkt), kleine Crofter-Häuser stehen irgendwo in den Wiesen oder an kleinen Seen. Die meisten sehen verlassen aus, bei anderen hängt noch die Wäsche an den Leinen. Einige Torfstiche sehen so aus, als wenn heute noch dort Brennmaterial gewonnen wird. Seevögel und verschiedene Wildgänsearten brüten in geschützten Winkeln und bei einem Bauernhof suhlen sich etliche Schweine einer alten Rasse in einem großen, matschigen Geviert.

Schneller als ich erwartet habe, taucht am Straßenrand das Schild "Lighthouse / Eshaness Cliffs" vor mir auf und weist mich nach rechts. Eine Viertelstunde später stehe ich vor dem Leuchtturm und damit auch am Klippenrand von Eshaness. Wie schon auf dem Hermaness Circle vor einer Woche, bleibt mir jetzt vor dieser grandiosen Natur erstmal der Mund offen stehen.

Vom Leuchtturm aus, der schon lange automatisiert ist und in dessen Leuchtturmwärterwohnung man seinen Urlaub verbringen kann, geht der Blick weit an der wild zerklüfteten Steilküste entlang. Durch die schwarzen, mehr als bedrohlich wirkenden Felsabfälle wirkt die ganze Szenerie mehr als spektakulär. Das Schwarze sind die geologischen Zeugen des Vulkanismus auf den Shetlands. Lage um Lage schwarzer vulkanischer Asche und Lavaströme sind in den Kliffs erkennbar, deutlich heben sich die weißen Seevögel vor ihnen ab, die hier in wilder Jagd oder in sanftem Gleitflug unterwegs sind oder beim Brüten an den senkrechten Felsen zu kleben scheinen. Und wenn sich dann bei Calder's Geo ein gigantischer schwarzer Spalt in der Küstenlinie auftut, so als wenn irgendein Wikingergott mit seiner Axt reingeschlagen hätte, und an den Rändern Raben sitzen und einen ankrähen, dann wird einem doch etwas anders und man sieht zu, dass man weiterkommt.

Staunend gehe ich eine Zeit lang an diesem Naturschauspiel entlang und kann mich kaum sattsehen. Fast bedaure ich in diesen Momenten, für diesen Gang entlang dieser Naturkulisse nicht höhere Windgeschwindigkeiten zu erleben. Denn wenn jetzt schon am Fuße der Klippen der Wellenschlag einen Höllentanz veranstaltet, wie mag das erst bei Stürmen sein!? So wild sich die Landschaft zu meiner Linken aufführt, so ruhig und friedlich sieht es zu meiner Rechten aus. Hügelige Schafsweidenflächen, von Drahtzäunen und Natursteinmauern begrenzt, die ich immer mal wieder über Leitern oder anderen Steighilfen überwinden muss, einige kleine Seen, wo bestimmt einige Fische auf den Angler warten und ein Hof, wo sich nichts regt.

Den Abschluss dieses besonderen Wandererlebnisses bildet "Grind o da Navir", ein gewaltiges Tor in einer senkrechten Lavawand. Hier hat die See mit ihrer ungeheuren Gewalt ein riesiges Loch gerissen und kolossale Gesteinsblöcke landeinwärts geschleudert, die sich mittlerweile zu einem regelrechten Damm auftürmen. Kaum vorstellbar, was hier abgehen kann...

Von hier aus wende ich mich landeinwärts, steige wieder über Zäune, durchquere etwas mooriges Gelände, erreiche den kleinen Hof und damit einen Zufahrtsweg, der mich nach einer halben Stunde wieder an die Straße bringt. Inzwischen sind doch wieder Wolken aufgezogen und schicken mir leichte Hagelschauer. Seit über vier Stunden bin ich jetzt ohne Pause unterwegs, einen Bus gibt es zu dieser nachmittäglichen Zeit zurück nicht. Also denselben Weg nochmal für zwei Stunden auf der Straße zurück? Nochmal nasse Klamotten kriegen? Wenn's geht - nein! Ich versuche es über den Daumen. Die Shetlands sind ja dafür bekannt, dass das damit ganz gut klappt. Kann aber nur klappen, wenn auch Autos fahren! Von denen ist aber die erste halbe Stunde nichts zu sehen. Dann kommen zwei hintereinander... die fahren vorbei. Dann kommt ein knallroter, verbeulter, dreckiger Rangerover... und hält! Ich kann mich verständlich machen, der Fahrer räumt seinen Beifahrersitz frei und lässt mich einsteigen. Seine Nase ist knallrot, sein Kopf verbeult und seine Klamotten sind dreckig, alles also fein abgestimmt mit seinem Auto. Eine Unterhaltung fällt schwer. Einen Shetlander zu verstehen, ist schon schwierig genug, aber bei einem Shetlander ohne Zähne im Mund ist eine Kommunikation nahezu unmöglich. Ich lächle weitgehend alles ab und bin froh, dass ich nach zehn Minuten aussteigen kann, keine 500 m von Almara B&B entfernt.

Marcia öffnet mir wieder genauso strahlend lächelnd wie heute Morgen die Tür. "Hope you enjoyed your day - now relax!" Sie zeigt mir mein Zimmer, ich fühl mich sofort wohl. Jetzt erstmal unter die Dusche!

28. April 2016

Wandern um das "Traubenbündel"

Upper Urafirth - Hillswick - Hillswick Circle (13 km)

Bevor ich mich den Rühreiern, Bohnen, Champignons etc. widme, stellt mir Marcia ihren zweiten Gast vor, der sich gerade durch die Riesenportion quält, die Marcia offensichtlich ihren Gästen vorsetzt. Es ist Barbara, eine zierliche ältere Dame aus Norfolk in England, Hobbyornithologin und Shetlandfan. Zweimal im Jahr kommt sie hierher, bewaffnet mit einer Riesentrumm von Kamera und fotografiert jeden Vogel, der ihr vor die Linse kommt. Dafür zieht sie einsam und allein durch die unwirtlichsten Gegenden und ist jeden Tag Stunden unterwegs. "Und abends bekomme ich die Fotos dann immer alle gezeigt", sagt Marcia hinter Barbaras Rücken und zieht dabei etwas die Augenbrauen hoch.

Vom Frühstücksraum aus blicke ich über den sonnenbeschienenen Urafirth bis hin zu Hillswick Ness, meinem heutigen Wandergebiet. Die Büsche im kleinen Garten vor dem Fenster bewegen sich nicht. Wieder kein Wind! Es sieht so einladend frühlingshaft draußen aus. "Täusche dich nicht, Reinhard, als ich heute Morgen um sechs Uhr aufgestanden bin, war alles weiß, nicht vom Schnee, vom Frost." Barbara erzählt von den Wiesenblumen, die im Frühling überall auf den Wiesen ihre Pracht entfalten. Ich sehe so gut wie keine davon und frage: "Wann ist denn hier Frühling?" - "Im Mai, Juni", antwortet Marcia lächelnd, "hier ist alles etwas später dran als bei dir zu Hause."

"Im Sommer wird es bei uns kaum dunkel, vielleicht für eine Stunde. Wenn zu mir Gäste mit Kindern kommen - und die kommen oft -, haben sie immer Probleme, die Kleinen abends in die Betten zu bekommen. Manche hängen dann dicke Decken vor die Fenster. Für dieses Jahr habe ich mir lichtundurchlässige Vorhänge angeschafft, damit dieses Problem eventuell mal aufhört. Dafür ist es im Winter auch schon immer gegen 13.30 Uhr wieder dunkel. Viele meinen, das wäre schlimm und man bekäme doch Depressionen davon. Ich kenne niemanden, bei dem das so ist", lacht sie und holt frischen Kaffee.

Da Marcia den Nachnamen Williamson hat, frage ich sie, nachdem sie uns Kaffee nachgeschüttet hat, ob sie nordische Vorfahren habe. Sie grinst breit und nickt heftig mit dem Kopf. "Oh ja, ich habe Wikingerblut in mir und mein Mann auch, und wir sind stolz darauf! Aber keine Angst, wir sind ganz harmlos. Heute sind wir einfach nur Shetlander!"

Bis der Bus mich gleich unten an der Straße aufpickt, um mich nach Hillswick zu fahren, habe ich noch etwas Zeit. Marcia gibt mir einen Wanderführer mit aufs Zimmer, der jeden "walk" in Northmavine ausführlich beschreibt, auch den Hillswick Circle. "Wenn du dir das durchgelesen hast, bist du heute gut vorbereitet." Dann zeigt sie mir auf meiner Karte noch zwei Stellen, wo ich vielleicht Ottern entdecken könnte und warnt mich vor sumpfigem Gelände, dem ich wohl besser ausweiche. Herrlich, diese Frau!

Ich stehe nur wenige Minuten an der Straße, da kommt der Bus den Hügel heruntergerauscht. Ich signalisiere meinen Haltewunsch, der Bus hält an und wer sitzt hinterm Steuer? Die nette Busfahrerin von gestern! Sie begrüßt mich mit lautem Hallo und lacht, als ich den Fahrpreis entrichten möchte. "Wären Sie an der regulären Haltestelle in Urafirth eingestiegen, hätten Sie eine Kleinigkeit bezahlen müssen, aber jetzt hier...? Das ist in meinem Apparat hier gar nicht mehr vorgesehen. Also nehmen Sie Platz, das kostet jetzt mal nichts!" Also... die Frau gefällt mir!

Ein paar Minuten später lässt sie mich im Zentrum von Hillswick raus. Vielleicht bis morgen früh, denke ich mir und lächle in mich hinein. "Zentrum" ist gut, Hillswick besteht aus ein paar Häusern, einer Kirche und einem irgendwie überdimensionierten und holzverkleideten Gebäude, dem St. Magnus Hotel. Das Hotel scheint die allerbesten Jahre hinter sich zu haben, auch wenn gerade im Moment die Zufahrt neu asphaltiert wird. Vielleicht der Beginn einer umfassenderen Renovierungsmaßnahme. Der Bau hat seine Geschichte:

Für die "Great Exhibition" in Glasgow 1896 wurde er in Norwegen vorfabriziert, erworben von der "North of Scotland Orkney and Shetland Steam Navigation Company" (die die meisten Fähren zwischen dem schottischen Festland und den Orkneys und Shetlands von 1875 bis 2002 betrieb, als Vorgänger der jetzigen NorthLink Ferries) und in Hillswick wieder eins zu eins aufgebaut. Aber warum gerade in dem alten Fischerdorf Hillswick? Die "North Company", wie sie gebräuchlicher genannt wurde, betrieb Hillswick als Anlaufstelle für seinen Fährverkehr auf der Westseite der Orkneys und der Shetlands. Von Scrabster auf dem schottischen Festland (heute noch Fährhafen zu den Orkneys) nach Stromness (Orkneys) und Scalloway (Shetlands) waren ihre Fähren im Einsatz und sind es zum Teil heute noch. Obwohl noch keine Straßen bis dato Hillswick erreicht hatten, war die Fährgesellschaft recht erfolgreich darin, Hillswick zu einem Urlaubsort zu machen. Noch heute beherrscht das Hotel optisch den Ort, vermietet immer noch 33 Zimmer und hat ein Restaurant, aber die Zeiten der "Westside steamer" sind lange vorbei.

Ein Fischerdorf war Hillswick seit Anfang des 18. Jahrhunderts. Ein grobsteiniger Strand wurde künstlich angelegt, um darauf den gefangenen Fisch zum Trocknen auszulegen. Dort wo die Boote anlegten, entstand "Da Böd", ein relativ großes Gebäude, in dem über 300 Jahre lang Handel betrieben wurde und das damit der älteste Handelsplatz auf den Shetlands ist. Als Handelsniederlassung der Hanse wurde es von deutschen Kaufleuten betrieben, der erste war Adolf Westermann aus Hamburg. Mit seinen Schiffen St. Johann und St. Peter verbrachte er jeden Sommer damit, zwischen den Bauern- und Fischerfamilien der Region um Hillswick und entfernteren Handelsplätzen zu agieren. "Da Böd" war Umschlagplatz von Web- und Strickwaren, Fischen, Särgen, Lebensmitteln, Poststation und Pub - ein buntes Spektrum.

Doch jetzt raus aus dem "Großstadtleben", rein in die Natur! Eine kurze Kletterpartie über einen Weidezaun und ich bin wieder drin. Hillswick Ness ist eine kleine Halbinsel, die - bei einem Blick auf die Karte - wie ein Weintraubenbündel in die St. Magnus Bay hinausragt, wobei Hillswick so etwas wie den Stiel bildet. Dieses Traubenbündel umlaufe ich jetzt im Uhrzeigersinn. Auch wenn die Halbinsel nicht groß ist, drei Stunden werde ich dafür schon brauchen.

Im nördlichen Teil geht es zunächst recht flach voran, immer eng am Ufer entlang, teilweise über einigermaßen morastigen Untergrund. Einen Weg gibt es nicht, höchstens ganz schmale, manchmal kaum zu erkennende Pfade, die aber wohl eher durch Schafsfüße entstanden sind als durch Wanderer. In kleinen Buchten mit ihren verstreuten Felsen und blankgeschliffenen Steinen dümpelt das Wasser dahin, von einem Wellenschlag kann heute keine Rede sein. Ich halte an einigen Stellen nach den in Aussicht gestellten Ottern Ausschau, aber entweder haben sie sich perfekt getarnt und sind einfach nicht vorhanden.

Ich kann mich mal wieder nicht daran sattsehen, obwohl die Aussicht eine Zeit lang ähnlich bleibt: Wiesen bis ans Ufer, das Wasser, die Felsen in der Bucht. Und dann sind es die Wolken, die dem Ganzen eine besondere Note verleihen. Das Gelände steigt merklich an. Böschungen werden zu Abhängen, Abhänge werden zu Klippen, erst klein, zum Ende dramatisch. Wieder und wieder höre ich die harten, auffordernden Schreie der Möwen. Je höher ich nicht weit vom Rand der Klippen emporsteige, desto mehr Seevögel sehe ich, die in ihnen brüten. Einige von ihnen steigen auf, sobald sie mich erblickt haben, schreien nicht, kreisen nur um mich herum als wollten sie sagen: "Wir akzeptieren dich auf deinem Weg, aber komm unseren Nestern nicht zu nahe!" Ich verspreche es ihnen ohne Wenn und Aber.

Zur Südspitze des "Traubenbündels" hin geht es immer höher. Ich puste, muss mal anhalten. Plötzlich ist es seltsam still um mich herum. Das hatte ich beim Gehen gar nicht bemerkt. An anderen Tagen sorgen die Wheeliereifen auf dem Asphalt und der bei meinem Schritttempo manchmal schon vernehmbare "Fahrtwind" selbst in autofreien Momenten für eine gewisse Geräuschkulisse. Bis vor Sekunden war es noch mein Atmen und meine Schritte. Aber jetzt, wo ich hier stehe: kein Wellenschlag, kein Vogel, kein Auto, kein Flugzeug, keine menschlichen Stimmen, kein Schafsblöken - nichts. Es ist total unwahrscheinlich, dass in der Natur hier draußen eine solche Stille entsteht, aber es ist tatsächlich nichts zu hören. Selbst der leichte Wind hält für einen Moment die Luft an. Diese Stille ist berauschend. Im selben Moment fällt mir auf: Wo sind hier eigentlich die Schafe? Auf der ganzen Strecke habe ich noch kein einziges Schaf gesehen. Merkwürdig.

Langsam nähere ich mich der Südspitze der Halbinsel. Manchmal erklimme ich einen steilen Hang - und muss oft abrupt stehenbleiben. Vor mir tun sich Abgründe auf und ich muss durchatmen und staunen zugleich. Amüsant sind dagegen wieder mal so einige besondere Felsformationen, in deren Gestalt man erneut Figuren hineininterpretieren kann. War es gestern noch ein gigantisches trinkendes Pferd, so ist es diesmal ein nicht minder gigantischer trinkender Elefant.

Nach ca. der halben Strecke stehe ich am kleinen Leuchtturm. Die letzten etwa 200 m bis dorthin führt der Pfad an einer Reihe von in den Boden geschlagenen Pfählen entlang, verbunden durch starke Seile. Früher für den Leuchtturmwärter so etwas wie eine Lebensversicherung. Nicht weit links und rechts vom Pfad fallen die Klippen senkrecht ab, bei dichtem Nebel ein gefährlicher Gang zum Arbeitsplatz. Weit geht der Blick über die St. Magnus Bay, hinüber nach Mainland, nach Eshaness, zu einigen Inseln. Inzwischen haben sich an einigen Stellen etwas mehr Wolken zusammengezogen. An verschieden Orten entladen sich die Wolken mit kleinen Schauern, durch vereinzelte Wolkenlöcher wirft die Sonne wie mit einer riesigen Taschenlampe Sonnenstrahlen hindurch und lässt das Wasser glitzern. Ein tolles Bild!

Die Klippen an der Westküste, an denen ich mich auf dem Rückweg nun entlangbewege, bleiben grandios. Immer wieder denke ich mir: Schade, dass die Kinder das nicht noch miterleben konnten, gestern auf Eshaness, jetzt hier. Aber wer kann das vorher alles so wissen und planen. Unterwegs dann, fast wie ein letzter Höhepunkt: Gordi Stack. Nochmal eine fast freistehende Felsnadel, gewaltig in ihren Ausmaßen. Wieder fantasiere ich: Könnte ein Seevogel sein, der seinen Schnabel hoch in den Himmel reckt. Oder sehe ich das nur?

Es sind wirklich gute drei Stunden vergangen, als ich wieder zurück in Hillswick bin. Drei Stunden für gerade mal acht Kilometer Weg. Doch stehen und staunen, fotografieren und filmen, durchatmen und pausieren braucht seine Zeit. Jetzt noch Lebensmittelvorräte im kleinen Shop auffrischen, dann an der Straße entlang wieder zurück ins B&B. Au nein! Vorher nochmal zur öffentlichen Toilette unten am ehemaligen Hafen. Als ich sie erreiche, bin ich einigermaßen baff. Die Toilette ist ein kleiner, grauer, mehr als unscheinbarer Bau. Aber die gepflegte Anlage davor ist... wie soll ich sagen... ungewöhnlich bis kreativ: Die Anlage ist geschmückt mit Kloschüsseln, Waschbecken und Bidets! Hat was!

29. April 2016

Lieder trällern beim Tippeln

Brae - Voe (8 km)

Der Platz neben mir am Frühstückstisch bleibt heute leer. Barbara ist bereits wieder mit ihrer Kamera unterwegs. Heute steht Otter-Shooting auf dem Programm. So habe ich Zeit, in aller Ruhe den Panorama-Ausblick auf den Urafirth zu genießen. Wieder scheint die Sonne auf ihn, er ist blau wie der Himmel und spiegelglatt. Nur hier oben am Hang flattert die kleine schottische Flagge etwas müde in einer sanften Brise.

In den Büschen, die den Garten einfrieden, fliegen aufgeregt einige Vögel hin und her. Minuten später weiß ich auch warum. Marcia geht mit einer Schüssel die Treppen zum Garten hinunter und verteilt daraus auf eine kleine Futterplattform - Porridge. Sie füttert die Vögel mit den Resten vom morgendlichen Frühstücksporridge! Wenn das jetzt keine typisch schottischen Vögel sind. "Um diese Zeit kommen sie immer nahezu in Schwärmen hier an. Die wissen wohl, wann Fütterungszeit ist", lacht Marcia und bringt die Schüssel wieder zurück in die Küche.

Ja, ja, Marcia ist um alle besorgt. Noch bevor ich mich an den Tisch setzte, bat ich sie darum, mir heute im Rahmen ihres Full Scottish Breakfast nur eine Scheibe Blackpudding (so etwas wie gebratene Blutwurst) zuzubereiten, da ich noch die Portionen an Rührei, Bacon, Beans usw. von gestern kannte. Marcia brachte mir tatsächlich nur eine Scheibe Blackpudding - dafür ersatzweise aber zwei Würstchen. Doch einen Vorteil hat das ja: Mit diesen Mengen komme ich immer bequem bis in den Abend.

Gern hätte ich von Marcia zum Abschied ein Foto gemacht, was sie aber entschieden ablehnt. "Davon würde deine Kamera kaputtgehen." Ok, jeder der kamerascheu ist, hat so seine Art, dies zu entschuldigen. Trotzdem fällt der Abschied besonders herzlich aus und ich muss versprechen, wieder bei ihr vorbeizuschauen, sollte ich nochmal auf die Shetlands kommen. Dies verspreche ich mit gutem Gewissen. Fast auf die Minute genau war ich jetzt 48 Stunden in Upper Urafirth und es waren eine der schönsten Stunden auf den Shetlands: Eine wunderschöne Landschaft, beeindruckende Wege vorgestern auf dem Eshaness Circle und gestern auf dem Hillswick Circle, herrliches Wetter und eine mütterlich treusorgende Gastgeberin im Almara B&B. Marcia winkt mir hinterher, als ich die kleine Straße zur Hauptstraße hinuntergehe.

Bald sehe ich den Bus von Hillswick aus herangefahren kommen. Wieder mein Handzeichen, der Bus setzt den Blinker, hält an - ja, und wieder ist es die Busfahrerin der letzten beiden Tage, die jetzt das dritte Mal das Vergnügen hat, mich zu transportieren. Eine Viertelstunde später bin ich in Brae - und die kürzeste Wanderung meines bisherigen Shetlandaufenthaltes beginnt. Kurz nicht etwa, weil ich zu faul zum Gehen bin, sondern weil es einfach von der Unterkunftsfrage her so am besten passt. Die nächsten Möglichkeiten, ein Bett in meiner gewünschten Richtung zu bekommen, hätten ein Tagespensum von fast 35 Kilometern notwendig gemacht. Außerdem steht in Voe das "Sail Loft", eine dieser wenigen, sehr preiswerten Unterkunftsmöglichkeiten (auch "Böds" genannt), die in ehemaligen alten Fischer- oder Bauernhäusern o.ä. eingerichtet worden sind, um Reisenden, die nicht viel Wert auf Komfort legen, etwas anzubieten. Grund genug also für mich, heute einen Gang zurückzuschalten.

So marschiere ich gut gelaunt entlang der Straße am Olnafirth vorbei, erwidere gutgelaunt den ein oder anderen Gruß eines Auto- oder LKW-Fahrers, lasse mich von blökenden Schafen anfeuern und trällere Lieder. Nicht irgendwelche Lieder, sondern einige von denen, die ich mir - sozusagen als "Hausaufgabe" - mit auf den Weg genommen habe. Lieder, die unsere "Band", bestehend aus Familienmitgliedern und Freunden (deshalb auch ihr sinniger Name "Family and Friends"), bereits kurz nach meiner Rückkehr bei einem ersten Konzert zum Besten geben will. Der Chef der Truppe, mein Freund Wolfgang (derselbe, der mich am Pfingstwochenende für drei Tage begleiten wird), hat mir die strengste Auflage gemacht, alle Lieder auswendig zu können und nix mit Text auf Notenständer und so. Was will ich also machen, wenn ich nicht aus der Band fliegen will...? Mir kommt sogar schleichend der Verdacht, dass der Pfingsten gar nicht unbedingt wandern will, der will mich nur kontrollieren! Und dann muss ich in den nächsten Wochen auch noch meinen Rollentext für das nächste Theaterstück lernen... Was soll ich denn noch alles machen? Aber eigentlich ist das ja die beste Gelegenheit zu alledem..., wenn man auf den Shetlands so am Straßenrand entlangtippelt.

Ich bin gerade mal knappe zwei Stunden on the road, als ich in Voe ankomme. Voe ist so etwas wie ein zentraler Punkt, ein Drehkreuz der Shetlands. Von hier führen zwei Hauptstraßen in den Norden: eine in Richtung Brae und Northmavine, die andere hoch zu den Inseln Yell und Unst. Andere führen von hier nach Scalloway und Lerwick in den Süden, kleinere Straßen, sog. "B-roads", nach Westmainland oder östlich in das Örtchen Vidlin. Recht alt ist die kleine Siedlung hier. Die erste Kirche, die ich jetzt nur noch als Ruine vor mir sehe, stammt von 1714. Der Teil des Ortes, durch den ich zuerst komme, ist neu. Fast alle Häuser, die hier stehen, sind Anfang der 70er-Jahre entstanden, am Beginn des Öl-Booms. Das traditionelle Zentrum aber liegt unten am südlichen Ufer des Olnafirths. Die Anlegestelle dort war das Herz der Heringstation, die Anfang des 19. Jahrhunderts gegründet wurde. Sogar eine Walfangstation gab es, betrieben von einer norwegischen Company. Und genau hier, im alten "Sail Loft", ist das Böd eingerichtet, mein heutiger Übernachtungsplatz.

Zur Zeit der Heringsfischerei wurden hier Salz gehortet, später Segel repariert und Masten und Takelagen während der Reparatur eingelagert. Dann war es eine Wollspinnerei, die vielen Menschen aus Voe und der Umgebung einen Arbeitsplatz gab. Sail Loft darf sich sogar rühmen, den Everest-Bezwinger Sir Edmund Hillary bei seiner Erstbesteigung mit einem hier gefertigten extraleichten Sweater ausgerüstet zu haben.

Als ich die Tür öffne, schlägt es mir direkt recht kalt entgegen. Hier wurde schon lange nicht mehr geheizt. Wahrscheinlich bin ich der erste Gast in diesem Jahr. Der erste Raum ist sehr groß. Stockbetten stehen an den Wänden, auf jedem liegen mit Plastikfolie überzogene Matratzen, sonst nichts. In der Mitte ein großer Tisch mit ein paar Stühlen. Daneben ein weiterer, kleinerer Raum. Ebenfalls Stockbetten an einer Wand mit blanken Matratzen, ein kleiner Tisch, Stühle gestapelt, zwei schwere Polstersessel - und ein Ofen! Daneben eine große Truhe mit Kleinholz und ein Sack mit getrocknetem Torf. Hier bin ich richtig!

Kurz verschnaufen, dann anstochen! Erstaunlicherweise gelingt mir das sofort, aber der Raum ist sehr hoch und bis die Wärme unten ankommt, wird es eine Weile dauern. Daher jetzt eine heiße Suppe, einen heißen Tee hinterher, dann in den Schlafsack, Augen zu, die Kälte wegpennen. Als ich wieder wach werde, ist die Wärme immer noch nicht unten angekommen, der Torf aber schon fast verglüht. Also nachlegen, noch einen Tee, im Schlafsack eingewickelt auf einen der Sessel gesetzt, auf den anderen kommen die Füße. Ich trällere Lieder, lerne ein wenig meine Rolle (arbeite also an meinen "Hausaufgaben"), lege weiter Torf nach, langsam wird es wärmer.

Ein kleiner Spaziergang kann auch nicht schaden. Ich gehe auf den Pier und schaue über den Olnafirth hinweg, in dem die Sonne glitzert. Der Wind frischt auf, in den nächsten Tagen soll es wieder stürmisch werden. Warum auch nicht, hatte ich ja lange nicht. Ich stelle mir vor, wie früher die einfachen Fischerboote hier anlegten nach langem Fischfang bis hin in die Fischgründe der Färöer Inseln oder Islands. Wochen waren sie manchmal unterwegs, oft bei dickstem Nebel oder Sturm. Nur vier, fünf Tage blieben die Boote angetäut, bis der Fang entladen und die Boote überholt und wieder bereit waren. Dann ging es wieder hinaus, für Wochen. Die Kinder kannten ihre Väter kaum.

Nachdenklich gehe ich wieder ins Sail Loft zurück, nachlegen, schreiben. Am Abend treibt es mich für eine Kleinigkeit in den Pub auf der gegenüberliegenden Straßenseite. An der Theke stehen (natürlich) nur Männer und nach einigen Pints sind sie nicht anders als die meisten ihrer Art überall auf der Welt: laut!

30. April 2016

Bibbern in der Kältekammer

Voe - Gott (20 km)

Viele Grüße von Gott! ... Äh... nicht falsch verstehen... ich bin dem alten Mann dort oben noch nicht soooo nahe gekommen, dass er Grüße ausrichten lässt. Ich bin in "Gott". So heißt das Örtchen, in dem ich heute übernachte. Aber alles der Reihe nach...

Die Nacht war kalt, lausig kalt! Aber ich wollte ja die mal etwas andere Unterkunft. Mein leichter Fleece-Schlafsack und meine komplette Bekleidung, die ich am Leibe behielt, kamen nicht gegen die Kälte an. Der getrocknete Torf schaffte es letztlich auch nicht, war schon tagsüber ohne durchschlagenden Erfolg recht zügig runtergebrannt und der Sack leerte sich. Außerdem wollte ich in der Nacht schlafen und nicht stundenweise nachlegen. Glücklicherweise fiel mir nachts in frierenden Minuten ein, dass ich in dem großen Raum nebenan gestern einen dickeren Schlafsack gesehen hatte. Also runter von der Matratze und zitternd hin. Mir war es jetzt egal, wer vorher darin geschlafen hatte, ich war ja durch meine Kleidung rundum isoliert. Zwar hatte dann der herbeigeschaffte Schlafsack auch keinen hohen Wärmewert, aber es war besser als vorher.

Der Erholungswert der Nacht war also nicht sonderlich hoch und morgens, bei einem Blick auf meinen Handywecker, schwanke ich mit mir. Nochmal rumdrehen, um doch noch etwas mehr Schlaf zu finden oder aufstehen und blitzschnell in Bewegung kommen, damit die immer noch eingefrorenen Gliedmaßen warm werden? Da mein innerer Motor angeschmissen ist und ich wahrscheinlich sowieso nicht mehr schlafen kann, entscheide ich mich für die zweite Variante. Das Wasser beim Waschen ist viel kälter als sonst, die Holzbank in der kleinen Selbstversorgerküche, wo ich mir immerhin einen heißen Kaffee machen kann, ist so kalt, dass ich mir mein Thermo-Sitzkissen unterschiebe und als ich in den Kaffee blase, bin ich mir nicht ganz sicher, ob ich Kaffeedampf vor meinen Augen sehe oder den eigenen Atem.

Noch nie habe ich so schnell meine Sachen zusammengepackt. Um 8 Uhr stehe ich auf der Straße vor dem Böd. Gnädig sendet mir die liebe Sonne ein paar Strahlen und selbst um diese frühe Morgenstunde auf den Shetlands ist es hier draußen jetzt schon wärmer als drinnen im Sail Loft. Wo früher Salz eingelagert wurde, könnte man jetzt doch Stangeneis reinpacken - das hält sich!

Ohne nochmal groß auf die Karte zu sehen, renne ich los. Da vorne wird es schon langgehen. Warm werden, warm werden...! Zügig geht es bergauf, richtig schön bergauf. Schneller als gedacht wird mir warm, richtig schön warm, alles an mir taut auf, ich dampfe. Mittlerweile kann ich von oben auf Voe hinabblicken, wie es da auf Meereshöhe an der Bucht des Olnafirths liegt. Jetzt müsste ich so langsam auf die Hauptstraße stoßen, die nach Lerwick führt. Aber immer noch bleibt die Straße, auf der ich weiter den Berg raufrenne, ein schmales Sträßchen ohne jeden Autoverkehr. Irgendwann kommen leichte Zweifel auf. Da stimmt doch was nicht! Jetzt endlich ein Blick auf die Karte. Verdammt! Mein Gehirn war beim Abmarsch wohl immer noch im Tiefkühlmodus! Ich renne gerade genau in die falsche Richtung! Also: Den ganzen Berg wieder runter! Ich fluche leise vor mich hin, muss aber eingestehen, dass doch genau das eingetreten ist, was ich wollte: wieder warm werden.

Ich ziehe mit einem leichten Grinsen am Sail Loft vorbei, verabschiede mich nochmal schnell vom Wirt des Pierhead Pubs, der gerade die Tür öffnet und sein Kneipenschild davorstellt, und bin keine zehn Minuten später auf der Hauptstraße nach Lerwick. In der Tat ist hier etwas mehr los. Da ändert wohl auch der heutige Samstag nichts dran. "Etwas mehr los" bedeutet allerdings im Durchschnitt höchstens ein Fahrzeug pro Minute, und das immerhin auf der wichtigsten und einzigen Nordsüdachse der Shetlands. Viele Lkw-Transporter sind dabei, die Waren (auch von Übersee) von Lerwick in den Norden schaffen oder von den nördlichen Inseln zur Vermarktung in diesen Hauptort der Shetlands.

Die Landschaft, durch die die A970 ohne große Höhenunterschiede Richtung Süden führt, ist zunächst sehr karg. Weite Strecken durch ein langgezogenes Tal, menschenleer, torfig und zum Teil mit Heidekraut bewachsen und von Erosionsrinnen und Bächen durchzogen. Immer wieder kleine oder auch größere Seen, auf denen vereinzelt Wildgänsepaare einträchtig nebeneinander dahinziehen. Manchmal hocken sie aber auch direkt am Straßenrand, schrecken urplötzlich hoch und ziehen laut schreiend im Tiefflug ihre Kreise. Hinter Zäunen, die riesige Areale ab- und eingrenzen, stehen oder laufen Schafe und schauen mich bei meinem Vorübergehen verdutzt bis panisch erschrocken an. Solch ein Wesen, das da an ihnen vorbeimarschiert, kennen sie nicht. Gegen die kleinen und großen Ungetüme, die auf vier oder mehr Rädern an ihnen vorbeirasen, sind sie immun. Gerade als mir bewusst wird, dass keines der Schafe auf der Strecke bisher Lämmer mit sich führt, hält vor einem großen Gatter im Zaun ein Geländefahrzeug mit Hänger. Zwei Männer steigen aus, öffnen das Gatter, fahren hinein und entladen fünf Mutterschafe mit acht winzigen Lämmern. Zu Hause im Stall wurden sie wohl vor wenigen Tagen erst geboren und jetzt geht es in die raue Wirklichkeit. Aber so ist anscheinend das Schafleben auf den Shetlands. Ich mag mir das gar nicht vorstellen: Für die nächsten Tage ist Regen angesagt, wieder mit stürmischen Winden. Die armen Dinger...

Ich genieße den Tag, auch wenn es wieder am Straßenrand ist. Diese Straße gehört genauso zu den Shetlands wie die Klippen, die Strände, die Moore. Auf dieser Straße, wie auch schon auf anderen Straßen zuvor, erfahre ich, welch freundlicher Menschenschlag die Shetlander sind. Kaum ein entgegenkommendes Auto, aus dem heraus man mich nicht anlacht (und ich nehme an, sie lachen mich an und nicht aus!), mir zuwinkt oder mal kurz gehupt wird. Ich freue mich jedes Mal darüber. Ich bin mir jetzt bereits wieder sicher, dass ich wieder einmal eine Geschichte von einem kleinen Glück erlebe, von Erlebnissen mit Menschen und von Anstrengungen des Unterwegsseins, vom Mitgerissenwerden und Streckemachen, vom Sich-Treiben-Lassen und In-Die-Wolken-Schauen.

Auf den letzten Kilometern sehe ich zu meiner Linken auch wieder die Nordsee. Ein Fischerboot fährt gerade in eine kleine, durch vorgelagerte kleine Inseln geschützte Bucht ein und geht in der Nähe eines Dorfes vor Anker. Mein "Ankerplatz" ist wenig später auch erreicht. Ich bin in Gott.

01. Mai 2016

Wasser satt!

Gott - Scalloway (8 km)

Bei einem ersten Blick aus dem Fenster sehe ich hauptsächlich die Farbe Grau. Erste Wassertropfen machen sich auf dem Fensterglas bemerkbar. Wenn das so bleibt, kannst du noch von Glück sprechen, denke ich mir. Vorhergesagt ist ganz was anderes. Unten im Frühstücksraum sind dann schon prasselnde Tropfen vernehmbar, Argument genug für mich, mir heute mal eine Regenhose anzuziehen. Als ich mein Valley B&B in Gott verlasse, bin ich sehr bald anscheinend von Gott verlassen.

Es regnet wie Sau! Wie hätte ich mir jetzt schönen Hagel gewünscht oder auch Schnee, die prallten so nett an meinem Anorak und an meiner Brille ab und störten mich nicht besonders. Aber dieser Regen hat jetzt eine andere Qualität. Außerdem kommt er von vorne, genau wie der Wind. Nix also mit Rückenwind, volles Brett von vorne! Ein paar Tage hat der himmlische Blasebalg sich zurückgehalten, jetzt hat er wieder das Sagen. Ich muss mich richtig ins Zeug legen, um gegen ihn anzukommen. Schnell weiß ich nicht, ob der Regen schon durch meinen Anorak gesickert ist oder ob ich vor Anstrengung so schwitze, dass mir das Wasser den Rücken runterläuft.

Nach nicht viel mehr als zwei Kilometern komme ich am nördlichen Ende des Loch of Tingwall an eine zunächst unscheinbare, historisch aber bedeutende Stelle. Im Namen Tingwall steckt es schon drin: Beratungsstätte. In vielen Regionen in ganz Skandinavien und auch hier auf den Shetlands gab es diese Beratungsstätten. Doch bei dieser hier, auf einer kleinen Halbinsel des Lochs, kamen seit der Wikingerzeit die Höchsten aus ganz Shetland regelmäßig zum "Lawting" zusammen, bei dem Gesetze beraten wurden, die für die gesamten Shetlands galten und in wenigen Fällen sogar heute noch gelten. Dies ging über ein paar hundert Jahre so. Ob die Oberwikinger auch bei solch einem Sch...wetter hier draußen getagt haben? Oder wurde dann vertagt?

Etwas oberhalb dieses besonderen Ortes sehe ich einen kleinen, unscheinbaren, viereckigen Bau, der erst auf den zweiten Blick eine Kirche erahnen lässt. Nur ihre Lage auf einem kleinen Friedhof lässt auf eine solche schließen. Und doch ist Tingwall Kirk die "Mother Church of Shetland", obwohl sie als Nachfolgerin der ehemaligen zerstörten St Magnus Church aus dem 11. Jahrhundert, von der kaum noch was zu sehen ist, bei weitem nicht die damaligen Ausmaße hat und sogar teilweise aus Steinen der ehemaligen Ruine entstanden ist. St Magnus war der Sitz des Erzbischofs von Tingwall, dem Oberhaupt der Kirche auf den Shetlands. Zwei ganz besondere Orte der Geschichte Shetlands also ganz nah beieinander. Ob sich hierhin die Oberwikinger bei Sauwetter zu ihren Beratungen zurückgezogen haben? Vermutet wird es.

Ich jedenfalls tue es. Nicht zur Beratung mit mir selbst, sondern nur um ein wenig Luft zu holen nach dem Anrennen gegen den windgepeitschten Regen. Und jetzt ist der glückliche Zufall wieder mein Wandergenosse. In der Kirche treffe ich auf den Reverent und auf zwei Frauen, die gerade damit beschäftigt sind, den immer am ersten Sonntag im Monat stattfindenden Frühstückskaffee-Gottesdienst vorzubereiten. Im Kirchenraum, in dem mir eine dreiseitige Empore und ein übergroßer Altarbereiche sofort auffallen, werden gerade Tische gedeckt. Es riecht bereits nach frischem Kaffee und ehe ich mich versehe, werde ich auf ein Käffchen eingeladen. Der Reverent nimmt sich Zeit, mir seine Kirche vorzustellen, blättert mit mir in einem Album, das die Renovierungsarbeiten vor einigen Jahren bis ins Kleinste zeigt, und lässt es sich auch nicht nehmen, mir in der kleinen Sakristei die Fotos all seiner Vorgänger im Amt während der letzten 150 Jahre zu zeigen. Als ich mich nach einer halben Stunde wieder zum Gehen bereitmache und die beiden Frauen mich wegen des Regens bedauern, sagt er nur verschmitzt: "Rain keeps the grass growing!", schüttelt mir lachend die Hand und lässt mich ziehen.

Draußen ist der Regen keinesfalls weniger geworden. Im Gegenteil! Wer sich jetzt fragt, warum ich denn einen großen Schirm dabei habe, wenn ich ihn nicht einsetze, dem kann ich nur sagen: Würde ich ja gerne, kann ich aber nicht! Das Ding würde mir entweder vom stürmischen Wind eingedrückt oder aus der Hand gerissen. Auf den Shetlands wandern mit Schirm? Der Zahn wurde mir gezogen. So zurre ich denn meine Kapuze so fest um meinen Kopf, dass nur noch Augen und Nase zu sehen sind. Ich stecke wie in einem Cocon und meine Sicht ist sehr eingeschränkt. Mein Blickfeld wird begrenzt durch einen Meter Grünstreifen rechts, einem Meter Straßenrand links und die weiße Seitenstreifenmarkierung in der Mitte. Irgendwann sehe ich auch das alles fast nicht mehr, denn über meine Brille rollen nicht nur die Regentropfen, sondern sie beschlägt auch vollkommen. Die Nase läuft, ich glaube, ich schwitze trotzdem, wahrscheinlich gebe ich ein fürchterlich trauriges Bild ab. Und tatsächlich halten zweimal Autofahrer an und bieten mir einen "Lift" an. Die würden mich samt Wheelie wahrhaftig mit in ihr Auto nehmen! Aber ich lehne ab. So'n bisschen Regen...

Am Wegesrand beobachte ich durch meine beschlagene Brille doch noch eine nette Begebenheit: Ein Reisebus steht auf einem kleinen Parkplatz. Etwa zwanzig seiner Insassen stehen vor einem Drahtzaun im Regen und Wind und lassen sich von einem älteren Herrn, der jenseits des Zaunes steht und etwa fünf Shetlandponys an der Leine hält, etwas über dieselben erzählen. Sooo interessant scheint das allerdings nicht zu sein, dass die Zuhörer trotz Regen und Wind wie gebannt an den Lippen des Ponyzüchters hängen. Einer nach dem andern dreht sich um und strebt wieder dem Bus zu, bis nur noch eine Person (vielleicht der Reiseleiter?) sich etwas erzählen lässt. Bei diesem Wetter ist eben das Leben doch kein Ponyhof.

Die Strecke nach Scalloway ist gottseidank nicht lang, nur etwa acht Kilometer. Meinen geplanten anschließenden Weg auf dem Scalloway Circle habe ich mir schon abgeschminkt. Ich würde da oben im Gelände wegschwimmen. Dann lieber die Zeit in Scalloway und danach in Lerwick verbringen. Als ich in Scalloway einlaufe, traue ich fast meinen Augen nicht: Der Regen wird weniger, hört ganz auf und ein Streifen blauen Himmels wird sichtbar. Doch ich fühle mich etwas angestrengt und nass, möchte mich jetzt hinsetzen und zwar ins Trockene. Warm wäre auch nicht schlecht. Vielleicht auch ein weiterer heißer Kaffee...

Und wie das Leben so spielt: In der ehemaligen "Hauptstadt" der Shetlands, die heutzutage nichts anderes ist als ein größeres Dorf, fällt der Blick zuerst auf die recht imposante Ruine von Scalloway Castle - und daneben steht das Scalloway Museum. Da jedes größere Museum auf den Shetlands ein kleines Café mit dabei hat, kann man hier also sitzen, sogar im Trockenen und Warmen, und kann Kaffee trinken. Gesagt, getan! Ich lege meine wassergetränkten Sachen ab - und hinterlasse dementsprechende Spuren. Der freundliche ältere Herr hinter der Kaffeetheke hilft mir mit einer Rolle Zewa-wisch-und-weg aus und wir tupfen gemeinsam die entstehenden Pfützen auf. In meiner Bauchtasche steht das Wasser, einiges aus dem Inhalt ist zum Wringen nass und als ich mich mal kurz aus meinem Schalen-Plastiksessel erhebe, um triefende Papierhandtücher zum Papierkorb zu bringen, hinterlasse ich dort einen kleinen See, der nach einem Malheurchen aussieht. Ich könnte mich wegschmeißen!

Inzwischen scheint draußen die Sonne. Ein Reisebus fährt vor. Der Reisebus vom etwas misslungenen Ponyvortrag! Menschen der gesetzten Senioren-Kategorie steigen aus. Einige rennen sofort mit ihren Fotoapparaten zu den zwei Shetlandponys, die (wahrscheinlich extra aus diesem Grund) sich dort in einem kleinen Paddock aufhalten (müssen), andere fotografieren das Castle, noch andere wiederum stürmen das Museum. Nicht aber, um sich die Themenbereiche und Exponate des Museums anzusehen, sondern um im Museumsshop zu stöbern. Hier gibt es Postkarten, diverse Textilien aus Shetlandwolle und Stoffspielzeugtiere in den Motiven Papageientaucher und - Shetlandpony.

Aber das Schönste ist: Alles spricht Deutsch! Dafür gibt es nur eine Erklärung: Im Hafen von Lerwick, kaum 10 Kilometer von hier entfernt, hat ein Kreuzfahrtschiff festgemacht und im Moment läuft das zehnstündige Landgangprogramm. Einigermaßen trockengerieben beobachte ich amüsiert bei meinem Kaffee das Geschehen. Nach zwanzig Minuten ist der Spuk vorbei und es kehrt wieder Ruhe ein im Museum.

Ich habe noch weit über eine Stunde Zeit bis mein Bus nach Lerwick fährt. Und ich kann von Glück sagen, dass er fährt. Von dem allgemeinen Busfahrverbot auf den Shetlands an Sonntagen ist die kurze Strecke zwischen den beiden Hauptorten Scalloway und Lerwick ausgenommen. So kann ich mir noch in aller Ruhe und als einziger Besucher das Museum mit der äußerst interessanten Geschichte von Scalloway ansehen. Vor allem die Zeit von 1941-45 spielt dabei eine herausragende Rolle. Dokumentiert wird die Geschichte vom "Shetland Bus".

Nach der Besetzung Norwegens durch die deutsche Wehrmacht während des II. Weltkriegs ging von den Shetlands (und gerade auch von Scalloway) eine Unterstützung des Widerstandes in Norwegen aus. Während der Nacht und gerade bei schlimmsten Wetterverhältnissen, die vor Verfolgung am ehesten schützten, wurden Waffen, Radioempfänger, Medizin, Agenten usw. mit Fischerbooten an verschiedene Stellen der norwegischen Küste gebracht und auf dem gefährlichen Rückweg Flüchtlinge mit auf die Shetlands genommen. An Freiwilligen für diese große Hilfsaktion hat es damals nicht gefehlt und alle Geflüchteten wurden mit Herzenswärme aufgenommen und manchmal jahrelang versorgt.

Als ich wieder in meinen Anorak steige, ist der noch etwas klamm, aber die nun von einem blauen Himmel herablachende Sonne vertreibt schnell dieses etwas unangenehme Gefühl. An einer bunten Häuserreihe und am Hafen vorbei, wo auch das "Shetland Bus"-Denkmal steht, komme ich zur zentralen Bushaltestelle und eine halbe Stunde später bin ich in Lerwick. Beim dortigen Hafen wird es zur Gewissheit: Nahezu doppelt so groß wie die danebenliegende Fähre, die mich und die Kinder vor einigen Tagen von Aberdeen hierher gebracht hat, liegt das Kreuzfahrtschiff da und es ist kein anderes - als die AIDA.

Ich verstaue schnell meine Sachen im Hostel und mache mich auf zu meinem "Landgang" durch Lerwick. Dass am heutigen Sonntag alle Läden der kleinen Einkaufsstraße von 10-17 Uhr geöffnet haben, wundert mich nun nicht. Auch das gehört zum AIDA-Programm: Shoppen auf den Shetlands. Und die Händler lassen sich dieses Geschäft natürlich nicht entgehen. Ich spreche ein älteres Ehepaar an und erfahre: Die Reise begann in Hamburg, dauert insgesamt 10 Tage. Bisher waren sie in Invergorden (Schottland) und Kirkwall (Orkneys). Von Lerwick aus geht es jetzt noch nach Bergen (Norwegen) hinüber und von dort wieder zurück nach Hamburg. Und was hat's gekostet? Blöde Frage! Das verraten sie mir natürlich nicht.

Von einem kleinen Musikladen am "Hauptplatz" von Lerwick klingt über einen Lautsprecher Musik an mein Ohr. Eine Ballade, Gitarrenmusik, eine schöne Männerstimme. Ich habe mein Souvenir. Ich gehe rein und frage nach der CD. Die Verkäuferin lächelt, als sie sie mir gibt und zeigt in eine kleine Ecke, wo ein Mann und drei Frauen in diesem Moment anfangen zu musizieren. "Das ist der Sänger auf Ihrer CD, Brian Nicholson. Er kommt aus Lerwick und spielt heute Abend auch auf dem Folk-Festival ", sagt sie und freut sich sichtlich, mir das mitteilen zu können. Die Musik, die ich von den Fünfen höre, lässt mich zehn Minuten wie gebannt zuhören. Erst als sie ihre Instrumente einpacken, verlasse ich fast ergriffen den Laden. Seit Donnerstag findet in Lerwick und in anderen Orten das große "Shetland Folk Festival" statt. Heute ist der letzte Tag und Karten sind schon längst ausverkauft. Ich habe mein kleines Festival gerade gehabt.

Als ich um kurz nach 18 Uhr beginne, meinen Tagesbericht zu schreiben, tutet das gewaltige Horn der AIDA dreimal. Alle Passagiere werden wieder an Bord gerufen. Ihr Landgang ist vorbei.

02. Mai 2016

Aussitzen lohnt sich

Lerwick - Quarff (11 km)

Ich will gar nicht nach draußen gucken. So schön wie es gestern Nachmittag und auch am Abend noch war, so schlimm ist jetzt die hässliche Gegenwart. Ergiebiger Regen peitscht über die Straße und noch sehe ich nicht die Aufhellung am Himmel, die Besserung verspricht. Das Wetterradar auf meinem Tablet zeigt schlimme Wolkenformationen, die im Moment und wohl auch noch für die nächsten drei Stunden über Lerwick und Umgebung hinwegziehen.

Glücklicherweise habe ich heute auch wieder nicht viele Kilometer zurückzulegen, also kann ich meinen Abmarsch hinauszögern. Hier im Islesburgh House Hostel muss ich bis um 10 Uhr ausgecheckt haben, aber nebenan im Community Center kann ich ein gutes Frühstück bekommen und mir die Zeit vertreiben.

Das gute Frühstück besteht dann nur aus einem Bacon and Cheese Roll und einem Becher Kaffee. Irgendwann muss mal Pause sein mit dem Full Scottish Breakfast. Dessen Gehalt kann ich ja unterwegs kaum abarbeiten. Das kleine Selbstbedienungsrestaurant im Community Center ist zunächst so gut wie leer, nur eine Mutter stillt gerade in einer Ecke ihr Baby, während sich ihr quirliges Kleinkind in der Spielecke belustigt. Dann aber strömen nach und nach Männer hinein, alle in grober Arbeitsmontur, meist dick gefüttert. Möglicherweise sind es alles örtliche Bedienstete, die kaum im Innenbereich arbeiten und erst recht nicht im Sitzen. Die Frauen hinter der Esstheke kennen sie alle und schaufeln schon mal etwas mehr auf die Teller als normal. Diese Jungs drücken was weg. Vom Wochenende gibt es anscheinend einiges zu erzählen. Alle unterhalten sich lautstark, oft wird brüllend gelacht und mit der Faust auf den Tisch geschlagen. Ihnen macht es wohl nichts aus, dass sie gleich wieder in den Regen müssen. Nach einer Dreiviertelstunde ist ihre Pause beendet und der Raum leert sich zügig. Ich hole mir eine zweite Tasse Kaffee, die ist nämlich umsonst.

Es ist mittlerweile 11 Uhr, als ich mich dann doch zum Gehen bereitmache. Der Regen ist nicht mehr ganz so schlimm, und da ich gestern den Regenmorgen überstanden habe, wird es mir heute auch gelingen. Und siehe da..., als ich das Community Center verlasse, sprüht mir nur noch wenig Wasser ins Gesicht. Jetzt bitte diese Tendenz beibehalten!

Bevor ich Lerwick ganz verlasse, muss ich unbedingt noch Lebensmittel einkaufen. Bis auf einen Apfel und eine kleine Tafel Nussschokolade habe ich nichts mehr. Das könnte sich heute und morgen Abend rächen, denn bei den nächsten Unterkünften gibt es außer einem Frühstück nichts (man stellt aber eine Mikrowelle in Aussicht) und Speiserestaurants erst recht nicht. Außerdem muss ja ein wenig gehaushaltet werden. Am Stadtrand von Lerwick stoße ich glücklicherweise auf TESCO und damit ist mein Versorgungsengpass ziemlich bald behoben. Was mich allerdings schon früher immer ganz madig gemacht hat, ist die Tatsache, dass man (anscheinend) nur in Deutschland vernünftiges Brot bekommt. Warum ist das so? Bei diesem fluffigen Toast oder anderen "Brot-Ersatzteilen" kann man sich doch die Zähne sparen.

Keine drei Steinwürfe weit von TESCO entfernt treffe ich auf den Clickimin Broch, dem ersten dieser Bauwerke, über deren Ruinen ich schon auf den Orkneys vor Jahren mal gestolpert bin und der jetzt bei meinem Shetlandaufenthalt noch nicht der letzte sein wird. Schon Menschen der Bronzezeit, also vor 3000 Jahren, besaßen das Können, die Brochs in dieser Art zu bauen, von denen es ca. 500 in Schottland und ca. 80 allein auf den Shetlands gab. Die unterschiedlich großen, aber immer gleichgestalteten Brochs waren bis zu 15 m hoch, rund und tailliert und mit einem ca. 1 x 1,20 m großen Eingang ausgestattet. Der Durchmesser eines Brochs betrug - je nach Größe - 6-12 m. Zwei konzentrische Wände hatten einen Abstand von ca. 1,20 m zueinander, so dass dort Räume, Gänge und Treppenaufgänge entstanden. Ein steinernes Dach gab es allerdings nicht. Woraus dieses Dach und überhaupt der Innenbereich bestand, gibt es keine gesicherten Erkenntnisse. Bei vielen gibt es Anzeichen von Verteidigungsanlagen auf dem oberen Rand. Viele Brochs standen am Ende einer Landzunge, wie hier auch Clickimin Broch, was ihnen durch das sie umgebende Wasser zusätzliche Sicherheit verschaffte. Jeder Broch enthielt je nach Größe 5-10.000 t Steinblöcke und war schon deshalb nur schwer zu zerstören. Dazu kam noch, dass es auf Shetland keine Bäume gab und somit keine Möglichkeit, Rammen zu bauen. Es ist auch nicht ganz klar, ob die Brochs immer denselben Bauzweck hatten. Waren sie errichtet worden, um gegenüber Abhängigen einen gewissen Machtanspruch zu signalisieren? Oder um sich bei Gefahr dorthin zurückziehen zu können? Waren sie eine Art von Verteidigungsanlage? Oder lebte man einfach nur mit einer oder mehreren Familien darin? Who knows?!

Für eine Viertelstunde streife ich auf dem Gelände des Clickimin Brochs herum, habe etwas Mühe, im Entengang überhaupt durch den niedrigen Eingang ins Innere zu kommen und versuche mir vorzustellen, wie es damals hier aussah und was so vor sich ging. Eins steht fest: Viel Tageslicht hatten die hier drin nicht.

Ab sofort bewege ich mich nach South Mainland hinein. Doch ich bewege mich mit Mühe! Der Regen hat zwar komplett aufgehört und genau wie in den letzten beiden Tagen setzt sich erfolgreich die Sonne durch. Die Temperaturen sind auch in Ordnung, sie kratzen so an die 10° C. Aber der Wind, der Wind... Wieder packt er mich von vorne, so, als wolle er mich nicht nach South Mainland hineinlassen. Mein bevorzugter Wetterdienst spricht von Windgeschwindigkeiten von 7 bft, in Böen auch 8 bft. Als Rückenwind wären die ja ok, aber immer volle Kanne von vorn... Doch ich will es mal wieder positiv sehen: Gegenwind im Sonnenschein ist besser als im Regen!

Auf der Höhe von Gulberwick verlasse ich die A970 und kann auf einer kleinen Straße weitergehen, die ich von nun an für etwa eine Stunde für mich alleine habe. Sie verschafft mir eine herrliche Aussicht auf den Ort Gulberwick und auf die Gulber Wick (Wick = Bucht) mit ihrem Sandstrand. Die weit verstreuten Häuser stehen wahrlich wie auf einer Sonnenterrasse und auf den Strand rollt die nie endende Brandung. Keines der Häuser sieht so aus, als wenn deren Besitzer die rote Telefonzelle am Ortsanfang noch nötig hätten, aber sie macht sich einfach in dieser schönen Kulisse so nett, dass ich sie fotografieren muss.

Während ich auf der A970 schon auf einer gewissen Höhe war, trägt es mich bei Gulberwick wieder fast bis auf Meereshöhe hinunter. Da ich aber hinter Gulberwick wieder zurück auf diese Durchgangsstraße muss, heißt es bald wieder steigen, steigen, steigen... Das bedeutet bei diesem Gegenwind, fast rückwärts zu laufen. Als ich wieder oben auf der Hauptstraße bin, rinnt mir der Schweiß. Bisschen blöd nur: Die A970 senkt sich wenig später auch wieder fast auf Normal Null, denn dort liegt Quarff, mein Etappenziel für heute.

Auf Old Norse bedeutet das Wort Quarff: "Portage". Das Dorf liegt an einer solch engen Stelle vom langgezogenen South Mainland, dass früher hier Waren und Boote mit Menschenkraft von der Ost- zur Westküste oder umgekehrt transportiert wurden, um einen weiteren 64 km langen Seeweg rund um Sumburgh Head im Süden zu vermeiden. Die Leute von Quarff konnten sich damit, zusätzlich zum kargen Einkommen als Fischer oder Kleinbauer, etwas hinzuverdienen.

Heutzutage verdienen sich Menschen wie David und Julia mit dem Betrieb eines B&B etwas hinzu. Jetzt fällt mir erstmal auf, dass sie ihr B&B sinnigerweise "Da Lia" benannt haben. Ein großes Hinweisschild weist von der A970 in Richtung Küste umd eine schmale Stichstraße führt mich zu den paar Häusern von Casho, was noch zu Quarff gehört. "Da Lia B&B" begeistert mich sofort. Selten habe ich an einem schöneren Ort übernachtet. Das Haus steht keine 100 m von der Uferlinie der Bucht entfernt, ich habe die gesamte Souterrain-Etage für mich, samt Küche und Bad mit Badewanne, alles vor kurzem wohl erst neu ausgebaut, und der Blick aus meinem Fenster ist fantastisch. Am Horizont die Steilküsten der Insel Bressay, links und rechts die bis an die Felsenküste abfallenden Wiesenhänge, in der Mitte die breite Meeresbucht, in der schäumende Wellen auf einen breiten Steinstrand zurollen umd über mir ein fast vollkommen blauer Himmel.

Für eine Weile stehe ich draußen auf "meiner" kleinen Terrasse und staune nur, duschen kann ich später.

03. Mai 2016

Ja wo isse denn...?

Quarff - Leebitten (14 km)

Ein Blick auf mein Handy. Erst kurz vor sechs. Aus dem Fenster sehe ich mit noch halb zugewachsenen Augen wie über Bressay die Sonne gerade aufgegangen ist. Ich rolle mich in die Decke ein. Noch ein bisschen schlafen. Nicht denken müssen, mich in einem gütigen Traum verstecken können. Aber keine Chance. Der Motor ist angeschmissen und beachtet nicht, dass mein Körper noch Schlafbereitschaft signalisiert. Ich stehe auf, gehe einfach aus Spaß unter die Dusche und lese mir anschließend nochmal meine Berichte der letzten Tage durch. Mann, Mann, wie viele kleine Situationen hatte ich schon vergessen...

Auf den Frühstückstisch scheint die Sonne, auf einer Anrichte stehen sechs verschiedene Müslisorten und der Blick aus dem Fenster auf die Bucht von Quarff ist umwerfend. Julia fragt nach meinen Wünschen für das Full Breakfast und nach meiner detaillierten Bestellung geht sie zur Küchenzeile im selben Raum und beginnt zu brutscheln. Das geht dann natürlich nicht kommunikationslos ab, und wir beiden halten ein Quätschchen. Mit Julia ist das nicht schwer, denn sie kommt aus England, genau wie ihr David. Sie kann ich wenigstens problemlos verstehen.

Beide hat es vor zehn Jahren beruflich auf die Shetlands verschlagen. Vorher lebten sie im Großraum Londons. Das hatte gewisse Annehmlichkeiten, aber heute wollen sie hier nicht mehr weg. "We love this spot", lächelt sie und schlägt die Rühreier. Sie hatten sich direkt ein kleines Bungalow gekauft und dann zu dem ausgebaut, was es heute ist. Schon früher hatte sie es sich gewünscht, ein B&B zu führen. Heute ist sie sehr glücklich damit, vor allem seit David im Ruhestand ist und ihr täglich bei der Arbeit hilft. Für das Full Breakfast aber ist sie zuständig. Nach einer Viertelstunde Quatschen und Kochen stellt sie mir einen dicht belegten Teller vor die Nase und jedesmal frage ich mich erneut, wie ich das alles runterkriegen soll. Und dann wird man noch gefragt, warum man denn vorweg nicht noch Müsli essen wolle, oder doch zumindest ein, zwei Scheiben Toast mit der leckeren selbstgemachten Marmelade.

Beim Kauen lässt sie mich nun alleine und widmet sich nebenan der Bügelwäsche. Draußen in der Schifffahrtsrinne des Bressay Sounds fährt gerade ein "Monsterschiff" vorbei. Zumindest sieht es danach aus. In Wirklichkeit ist es wohl eher sowas wie ein riesiges Containerschiff, welches aber statt Container einen gewaltigen Aufsatz für eine Ölplattform transportiert. David, der in diesem Moment hereinkommt und mich begrüßt, bestätigt mir dies. "In den letzten drei Wochen sind schon mehrere dieser Ungetüme hier vorbeigezogen. Ich glaube, die rüsten einige Plattformen gerade mit neuen Wohnmodulen für die Arbeiter aus." Auf meine Frage hin, wie weit die Plattformen denn von der Küste entfernt seien, meint er: "Das kommt drauf an, es gibt ja mehrere, aber alle liegen etwa 150 bis 180 Meilen weit weg. Die Arbeit dort ist wirklich hart, aber die Männer verdienen auch gut. Zu Tausenden hat es sie aus England, vom schottischen Festland, aber auch aus anderen Teilen Europas seit Anfang der 70er-Jahre hierher auf die Shetlands getrieben. Ganze Wohnbezirke sind in Lerwick, Scalloway, Brae und anderswo neu entstanden, um sie und ihre nachgezogenen Familien unterzubringen. Das hat die Bauindustrie hier auf den Shetlands gefördert, neue Straßen wurden gebaut, Schwimmbäder, Freizeithallen, mehr und größere Kindergärten und Schulen, Krankenhäuser. Der Boom war gewaltig. Auch der Tourismus hat seitdem erheblich zugelegt. Die Shetlands vor 50 Jahren und heute sind zwei ganz unterschiedliche Seiten derselben Medaille." Ich frage, ob dieser Boom nicht vielleicht auch mal ein Ende hat. "Das kann schon sein", meint er, "aber eine Weile wird es wohl noch gehen. Die Ölfelder, die man Anfang der 70er-Jahre entdeckt hat, sind zwar mittlerweile fast erschlossen, doch man sucht weiter und hat auch schon gefunden."

Während wir uns so unterhalten und dabei Richtung Osten zum "Monsterschiff" schauen, zieht plötzlich, für uns nicht vorherzusehen, eine dicke, dunkle Wolkenwand von Westen her auf. Innerhalb von Minuten peitscht Regen über die Bucht, und nach einem Blick aus der Haustür weiß ich, dass ich mir Zeit lassen kann. Das hört so schnell nicht auf. Ich vertraue aber voll auf meine Erkenntnisse, die ich bisher mit dem Wetter auf den Shetlands gewinnen konnte. Ich beende mein Frühstück und beginne in aller Ruhe zu packen. Nach einer Stunde regnet es immer noch. Das ist schon fast merkwürdig und gegen die Regel. Ich trete vor die Tür, gucke in den Himmel und packe nochmal ein wenig um. Danach trete ich vor die Tür, betrachte den Himmel, rede mit David. Und ziehe an meinem Wheelie die Schrauben nach und schneide mir die Fingernägel. Ich trete vor die Tür, versenke mich im Himmel, danke der Nacht, dass sie mich so gut hat schlafen lassen... und hab es jetzt satt. Ich gehe endlich los.

Vom Regen ist nach einer weiteren halben Stunde nichts mehr geblieben - außer dem Wind. In der ersten Shetland-Woche mit den Kindern kam er im Wesentlichen aus nördlicher Richtung, brachte polare Kaltluft mit und Hagel und Schnee. Jetzt kommt er aus Süd bis Südwest, hat Regen im Gepäck und bläst nur von vorn. Aber wie! Wenn man mich fragt, was mir die liebere Windrichtung ist, würde ich ganz klar sagen: der von hinten, meinetwegen auch der eiskalte, der mir Hagel an den Kopf schmeißt. Aber dieser Gegenwind... das ist, als wenn man ein starkes Gummiband um den Bauch gebunden hätte, welches einen ständig zurückzieht oder als wenn man einen dicken Stein hinter sich herzieht. Er könnte ruhig mal wieder drehen.

Mit der A970 habe ich heute nur wenig zu tun. Recht bald zweigt eine Straße ab nach Fladdabister, ein Ort, wie gestern schon Gumberwick, unten in Ufernähe. Nur die Häuser hier sind etwas, sagen wir mal, bescheidener. Und ein Teil des Ortes besteht nur noch aus den Ruinen dieser kleinen ehemaligen Crofter-Häuser. Erhalten sind nur noch die Wände und Giebel aus dicken Natursteinen, ein Dach aber schon lange nicht mehr. Drinnen wächst Gras oder lagert Müll, einige dieser Häuser haben sich Schafe als Unterschlupf ausgesucht. Eine große Info-Platte ein paar Meter entfernt zeigt auf einem Foto von 1938, wie es hier damals ausgesehen hat. Die meisten Häuser sind heute diese Ruinen, nur in dreien scheint auch heute noch Leben zu sein. Alle lebten sie hier von einer kleinen Landwirtschaft oder von der Fischerei. Auf den Fotos sieht man meist nur die Frauen hart arbeiten, wie sie sich zu dritt vor einen Pflug spannen, in großen Säcken Torf transportieren, Wolle verspinnen oder Kühe melken. Männer sehe ich nicht, sie sind wohl auf See.

Die Blicke bleiben jetzt ähnlich - wunderschön. Die weite, tief blaue Nordsee, die grünen Hänge bis heran an die schroffen Felsenküsten oder bis an die Strände, Möwen gleiten in geringer Höhe zu mir heran, beobachten mich einen Moment und drehen wieder ab. Auch die Geräusche ändern sich kaum: das Rauschen des Windes in meinen Ohren, meine reibenden Hosenbeine bei jedem Schritt, das wohlvertraute Schnurren meiner Wheelieräder, das Rattern der kleinen Windräder, von denen jede Besiedlung einige besitzt, oder das tiefe, kehlige oder helle Blöken der Schafe mit ihrer reichhaltigen Kinderstube.

Viel früher als erwartet bin ich am Ziel, in Leebitten. Auch die Straße meines B&B, die Park Road, fällt mir sofort ins Auge. Am dritten Haus steht mit eisernen Lettern "Solbrekke" an der Hauswand angeschlagen. Aber wo ist der B&B-Hinweis? Mhm... Ich klopfe an die Tür des verglasten Windfang-Vorbaus. Keine Reaktion. Ich drücke die Türklinke, die Tür geht auf. Die nächste, die eigentliche Haustür, steht einen Spaltbreit auf. Ich klopfe wieder. Keine Reaktion. "Hello?... Helloooo???" Keine Reaktion. Im Vorbau steht ein Sofa. Ich lege ab, setz mich hin, überlege. Ob das hier überhaupt nicht das B&B ist? Und ich bin hier kackfrech so eingedrungen? Kann ja nicht sein... Park Road, Solbrekke, stimmt doch alles! Trotzdem zücke ich mein Handy und rufe die mir vorliegende B&B-Nummer an. Das Klingelzeichen ertönt im Handy - und es bimmelt auch drinnen. Na also, ich muss richtig sein. Vielleicht ist Mrs. Stove auch nur mal außerhäusig. Ich bin ja auch sehr früh dran, sie rechnet einfach noch nicht mit mir. Also warten! Ich sitze doch eigentlich gut hier, warm ist es in dem Glaskasten auch.

Ich schaue meine Fotos durch, beginne mit dem Schreiben. Nach einer Stunde hole ich mir meinen Fluffitoast raus und belege mir drei Scheiben mit meinem sittenwidrig stinkenden Camembert. Wenn Mrs. Stove gleich nach Hause kommt, wird sie mich sofort lieben. Ich schreibe weiter an meinem Bericht. Nach zwei Stunden fange ich an, mir Sorgen zu machen. Bei so alten Frauen kann man ja nicht wissen, ob sie vielleicht... Ich gehe rüber zum Nachbarn "next door", frage mal vorsichtig nach - und werde beruhigt. Janette ist vor etwa drei Stunden in die Stadt gefahren, kommt bestimmt jeden Moment zurück. "Stadt" bedeutet in diesem Falle: Lerwick.

Nach vier Stunden kommt ein etwa 15jähriger Junge durchs Vorgartentörchen, sieht mich, stutzt, kommt durch die Windfang-Tür und schaut mich verlegen an. Ich schildere ihm mein Begehr, er schaut mich noch verlegener an. Zuerst die Beruhigung: Ja, das ist Granny's B&B. Granny ist aber in die Stadt zum Hairdresser gefahren. Na, einen Termin scheint sie aber nicht gehabt zu haben oder sie hat immens viele Haare auf dem Kopp. Grandsonny bittet mich herein und weist mir unsicher ein Zimmer zu. "But I'm not quite sure..." Ich setze mich auf einen Stuhl und schreibe weiter. Wenn das hier vielleicht doch nicht mein Zimmer ist, will ich mich lieber nicht ins Bett schmeißen. Nach einer weiteren halben Stunde mache ich mir mithilfe des obligatorischen Heißwasserkochers einen Kaffee und... siehe da... da kommt auch schon Granny, frisch gestylt, ganz Lady.

Als Janette mich sieht, wird sie etwas blasser um die blasse Nase und fängt ein wenig an zu stottern. Ich helfe ihr ein wenig aus der Verlegenheit, denn offensichtlich hat sie mich schlicht vergessen. Aber ich hatte doch alles, was ich brauchte: eine Sitzgelegenheit, etwas zu essen und ein warmes Umfeld. Ich bekomme ein schöneres, größeres Zimmer im oberen Stockwerk mit Blick auf die Insel Mousa und muss tief in mich hineingrinsen, als Janette mich mit einem Teller selbstgebackenen Kuchens verwöhnt. Na dafür habe ich doch gerne viereinhalb Stunden auf Granny gewartet.

04. Mai 2016

Himmel, Ar...!

Leebitten - Bigton (12 km)

Hach, Janette, du bist eine so herrlich unkomplizierte Frau - aber man muss das mögen. Der dicke Broschürenordner auf dem Board in meinem Zimmer, mit den vielen Info-Blättern über alles Wissenswerte über die Region, ist etwas abgegriffen und speckig. Generationen von Gästen müssen hier schon drin gewühlt haben. Die Tassen auf dem "Warm welcome"-Tischchen sind nicht ganz klinisch rein, man muss nacharbeiten. Der Warmwasserkocher funktioniert nicht mehr und mindestens zwei Steckdosen sind defekt. Im Flur steht alles voll engbepackten Kisten und Körben, ein Zimmer musste wegen Wasserschaden leergeräumt werden. Vor dem Frühstück deckt sie vor meinen Augen den Tisch und fasst dabei Messer und Gabel keinesfalls am Griff an. Kaffee kommt hochoffiziell aus dem großen Nescaféglas. Ich hatte Rühreier bestellt, aber ein verunglücktes Spiegelei wird mir vorgesetzt. Der Bacon ist fast ungenießbar salzig und die "hot tomatoes" sind kalt. Aber Janette ist bemüht, wahrlich liebenswert, etwas fahrig, aber ungemein stolz auf ihre beiden Enkelsöhne, von denen der eine schottischer Meister im Turnen ist, der andere auf dem besten Weg zum Profifußballer.

Heute will ich mir die für ihre Schönheit viel beworbene und beschriebene Insel Mousa ansehen, mit dem berühmten Mousa Broch. Wie schön, dass heute Mittwoch ist, denn nur mittwochs und freitags fährt unten vom Sandsyre Pier ein Boot hinüber. Die See ist zwar immer noch etwas unruhig, aber der Wind nicht mehr so schlimm wie gestern. Ich lasse meinen Wheelie mit Erlaubnis von Janette in meinem Zimmer, nach Rückkehr von Mousa am frühen Nachmittag werde ich ihn mir dort wieder abholen, um dann nach Bigton weiterzumarschieren. Janette ist dann auch ganz bestimmt zu Hause. Versprochen!

Steil führt der Weg von Janettes Haus zum Pier hinunter. Es ist kurz nach 9 Uhr, von einem Boot ist noch nichts zu sehen, aber es wird schon noch kommen. Ich bin bewusst etwas früher hier, denn in dem ehemaligen, vor kurzem renovierten Bootsschuppen gibt es eine kleine Ausstellung zur Geschichte des Piers, zum Fährbetrieb der letzten eineinhalb Jahrhunderte, der Kupfermine von Leebitten, der Insel Mousa und vom großen Broch. Ich widme mich dem allen mit Hingabe, riskiere aber immer mal einen Blick zum Pier in Erwartung des Bootes.

Das kommt aber nicht, wie gestern Janette! Ich werde wiedermal stutzig. Als um 10 Uhr, dem eigentlichen Abfahrtstermin, immer noch kein Boot um die Ecke kommt, zücke ich mein Handy und wähle die auf meiner kleinen Broschüre angegebene Nummer. Es tutet etwa sechs Mal, dann ist Ruhe im Handy. Zweiter und dritter Versuch, immer mit demselben Ergebnis. Inzwischen haben es sich einige Seehunde auf dem Pier bequem gemacht und - ich kann mir nicht helfen - irgendwie schauen die ein wenig spöttisch zu mir rüber. Ich mache zwar ein paar Fotos von ihnen, aber rechte Freude will nicht aufkommen. Mit krauser Stirn drücke ich nun ein paar andere Handyknöpfe, ich gehe im Internet auf die Seite des Bootunternehmens. Schnell ist die Verbindung hergestellt - und meine aufkeimende Befürchtung bestätigt. Die nächste Bootsfahrt nach Mousa findet - "weather permitted" - erst am Freitag statt. Himmel, Ar...!!!

In meinem Kopf beginnt es zu arbeiten. Ich will aber auf diese Insel! Da ich mich während der nächsten zwei Tage nicht weit von hier aufhalte (die nächsten zwei Nächte sogar im etwa nur 10 km entfernten Bigton), gibt es vielleicht per Bus die Gelegenheit, am Freitag nochmal hierhin zurückzukehren. Ich muss dann nur noch irgendwie meine Tagesplanungen etwas umgestalten. Irgendwie wird es sich fügen.

Zuversichtlich mache ich mich wieder den Berg hoch zu Janette. Sie ist tatsächlich zu Hause und vollkommen zerknirscht, als sie von meinem "Unglück" hört. "You are a poor guy! Yesterday me and now the boat..." Hach, Janette, ich könnt dich knuddeln! Ich hole mein Wheelie aus dem Zimmer, während Janette draußen vor ihrer Garage ihre gewaschene (immerhin!) Bettwäsche an die Leine hängt. Als ich sie beim Abschied um ein Foto bitte, ziert sie sich zunächst etwas, stellt sich dann aber in Positur. Im selben Moment frischt eine starke Böe auf und fegt das Bettlaken von der Leine auf die Garageneinfahrt, die nicht ganz frei von Möwendreck ist. Dort bleibt es erstmal liegen, bis wir uns ausreichend voneinander verabschiedet haben. Ob das Bettlaken nochmal gewaschen wird, will ich nicht wissen.

Was erst heute Nachmittag geschehen sollte, passiert eben jetzt: Ich marschiere nach Bigton. Erst auf kleiner Straße aus Leebitten hinaus, dann wieder für eine kleine Weile auf der A970. Vor Cunnerwick überschreite ich den 60. Breitengrad, der, wie ich irgendwo gelesen habe, auch Grönland und St Petersburg durchzieht, und komme zudem an einer etwas heruntergekommenen Bushaltestelle vorbei, in der aber immerhin ein gemütlicher Polstersessel für Wartende bereitsteht. Es gibt doch immer wieder Nettigkeiten am Wegesrand.

Als ich bald hinter Cunnerwick von der A970, die in den äußersten Süden bis Sumburgh weiterzieht, auf eine schmale Single Track Road Richtung Bigton abzweige, fällt mir mal wieder eine weitere Nettigkeit der Shetlander auf. Auf der schmalen Straße fahren sie natürlich langsamer als normalerweise. Sie sind darauf gefasst, dass immer wieder mal ein Schaf auf die Straße springen könnte - oder ein Wanderer mit seinem Wheelie dort entlangzieht, dem der Wind aber das Hören nach hinten schwermacht. Ganz langsam nähern sie sich an, vermeiden jedes Hupen (man will den Wanderer ja nicht erschrecken!) und erst, wenn er dann doch irgendwann bemerkt, dass sich hinter ihm irgendwas tut umd mit einem entschuldigenden Handwinken zur Seite tritt, fährt der Fahrer oder die Fahrerin gaaanz langsam, lächelnd und ebenfalls winkend an einem vorbei. Geschieht das in Deutschland so auch?

Bei meiner Ankunft in Bigton, einem kleinen Gemeinwesen an der Westküste von South Mainland unmittelbar bei der kleinen Insel St Ninian, beginnt es leicht zu nieseln. Den ganzen Morgen über war es bedeckt. Ich glaube, es war wirklich das erste Mal, seitdem ich auf den Shetlands bin, dass ich den ganzen Tag über auch nicht das kleinste Stückchen blauen Himmel gesehen habe. Meine Überlegung, meine Rundwanderung über St Ninian heute noch dranzuhängen, wird damit hinfällig. Warum soll ich mir heute bei schlechtem Wetter antun, was ich morgen bei Sonnenschein haben kann? Jedenfalls verspricht mir das so die Wettervorhersage.

Ich finde mein Hayhoull B&B schnell, werde mit offenen Armen empfangen, direkt mit einem Kännchen Kaffee verwöhnt. Die Räumlichkeiten sind wunderbar, mein Blick auf St Ninian ebenfalls und Mary, meine Gastgeberin, stellt mir für die nächsten beiden Tage alle ihre Hilfe in Aussicht, bis hin zu einem kostenlosen Shuttledienst nach Leebitten. Sagte ich es nicht? Alles wird sich fügen!

05. Mai 2016

Kleine, schöne St Ninian's Isle

Bigton - St Ninian´s Isle Circle - Dumrossness (19 km)

Beim Wachwerden knallt mir die Sonne ins Gesicht. Besser kann das Wetter nicht sein für St Ninian's Isle. Von meinem Fenster aus sehe ich einen Teil von ihr in der Sonne liegen und ich höre sie förmlich mir zurufen: "Nun komm schon, ich warte auf dich!"

Nur Minuten später bin ich parat und sitze am Frühstückstisch. Aus dem großen Panoramafenster sehe ich nicht eine Wolke am Himmel und freue mich auf dieses kleine Juwel unter Shetlands Inseln. Full Breakfast wird heute mal ersetzt durch Porridge und 4 Scheiben Toast mit selbstgemachter Marmelade. Ein kleiner Zuckerschock, aber auch damit müsste ich über den Tag kommen.

Der etwa zweistündige Rundgang über St Ninian's soll heute aber noch nicht alles gewesen sein. Ich muss noch "vorarbeiten". Da ich morgen ja unbedingt nochmal auf Mousa herumstreifen will umd ich daher nur noch einen halben Tag habe, um mich zu meiner nächsten Unterkunft Richtung Süden zu bewegen, werde ich heute auch noch weiter bis nach Dumrossness zum dortigen Crofter Museum marschieren. Mary, meine Gastgeberin vom Hayhoull B&B, war sofort bereit, mich von dort abzuholen, damit ich nochmal in ihrem Haus übernachten kann. Morgen Nachmittag, nach dem Mousa-Rundgang, fahre ich dann bis zum Museum und alles ist im Plan.

Mit leichtem Gepäck mache ich mich auf den Weg. Mein Wheelie hat mal wieder einen Tag Pause und ich hab's leichter. Zehn Minuten später sehe ich den (bei Shetlandfreunden) bekannten Tombolo vor mir, eine langgezogene Sandbank, die South Mainland mit St Ninian's Isle verbindet. Welch ein Anblick! Von zwei Seiten laufen mächtige Wellenbögen auf die Sandbank auf: von der nördlichen Bigton Wick und der südlichen St Ninian's Bay. Keine Welle will der von der anderen Seite nachstehen. Eine kleine Straße führt zu einem Parkplatz hinab, auf der kein Auto steht. Die Asphaltspur geht über in einen breiten Sandweg, von dem dicke Treckerspuren durch mehrere Dünen auf die Sandbank übergehen. Später erfahre ich, dass Bauern auf die Sandbank fahren, um angeschwemmtes "Kelp" (Seetang) als Zusatzfutter für ihre Rinder in Hängern abzufahren.

Mit etwas Mühe stampfe ich auf der Sandbank jetzt St Ninian's entgegen und bin sehr zufrieden damit, dass ich jetzt nicht meinen Wheelie hinter mir herziehen muss. So kann ich mich in diesem beeindruckenden Stück Natur frei bewegen und sie in aller Ruhe genießen. Aber was heißt "Ruhe"? Die Wellen vollführen einen heißen Tanz. Wie bei einem Stereoempfang höre ich sie herangerauscht kommen, um Sekunden später sich mit Donnergetöse zu überschlagen, eine Gischtfahne hinter sich herziehend, und mir dann von beiden Seiten entgegenzurollen. Der Abstand zwischen den auslaufenden Wellen zu beiden Seiten ist gar nicht so groß. Auf Fotos war er mir größer vorgekommen. Auf einmal durchzuckt es mich ein wenig. Mir ist vollkommen aus dem Blick geraten, dass hier ja nun mal die Gezeiten herrschen. Und bei Sturmtiden kann das Wasser schon mal den Tombolo überdecken. Na bravo!

Aber dann beruhige ich mich. Der Wind ist zwar wiedermal (oder immer noch) sehr heftig, als Sturm geht er für mich jedoch noch nicht durch. Als sich dann aber nach zwei besonders großen Wellenbergen hinter mir das von beiden Seiten auflaufende Wasser "küsst", werde ich doch etwas schneller. Auf der anderen Seite geht es durch Dünen wieder aufwärts. Ein bisschen wie Robinson Crusoe setze ich meine Füße nun auf St Ninian's Isle, deren Name von St Ninian stammt, dem ersten Bischof, welcher nach Überlieferungen von Irland nach Schottland gekommen sein soll, aber definitiv nie auf den Shetlands war. Obwohl ich die gesamte Insel nicht überblicken kann, bin ich mir sicher, dass ich für die nächsten nicht ganz zwei Stunden mit Schafen, Kaninchen und Seevögeln alleine sein werde. Ein besonderes, aber kein bedrohliches Gefühl.

Ich gehe völlig lautlos über die Wiesen, wie über einen dicken Teppich, immer darauf achtend, nicht in die für mich fast schon überproportionierten Hinterlassenschaften der Schafe zu tappen. Doch dies wäre das geringste Problem. Beeindruckender (oder schon fast beängstigender) ist für mich die Tatsache, dass ich wirklich aufpassen muss. Manchmal, wenn ich nach Besteigen eines anscheinend kleinen Hügels einen sich anschließenden sanften Abstieg erwarte, stehe ich auf einmal unvermittelt vor einem Abgrund. Wellen brüllen mir dann entgegen, eine regelrechte "Hexenküche" tut sich vor mir auf und ich schnappe für einen Moment nach Luft. Doch dann nimmt mich diese Kulisse sofort wieder gefangen, ich bewundere diese Küsten- und Klippenlandschaft, wie mehrere Meter hohe Wellen immer wieder und wieder gegen die Felsen branden, sie mit weißer Gischt bedecken, Möwen kreischend durch die Luft segeln oder in ganzen Schwärmen im Auf und Ab auf dem Wasser förmlich tanzen. Hinter jedem Hügel, hinter jeder Kurve tun sich andere Blicke auf, dazu die grünen Wiesenmatten, der blaue Himmel und das noch blauere Meer. Es ist der Atlantik, der sich da vor mir ausbreitet, die Nordsee tobt sich auf der anderen Seite von South Mainland aus, keine vier Kilometer von hier entfernt.

Fast habe ich die Insel umrundet, sehe den Tombolo bereits wieder vor mir, als ich auf eine von einem Zaun eingegrenzte Grundmauer stoße. Sie ist der Rest der alten St Ninian's Chapel, die 1958 eine gewisse Berühmtheit erlangte, als ein Schuljunge, der einem Team von Archäologen bei Ausgrabungen in den Kapellenüberresten geholfen hatte, einen Silberschatz mit 28 Einzelstücken fand, bestehend u.a. aus mehreren silbernen Schalen und Schmuckstücken, die mit piktischen Symbolen verziert waren. Noch heute weist ein kleiner aufrecht stehender Stein auf die Stelle mitten in der Kapelle, wo der Junge fündig geworden ist.

Zu meiner gewissen Erleichterung ist die Sandbank auf meinem Rückweg nun um einiges breiter als noch vor zwei Stunden. Das Wasser geht also offensichtlich wieder zurück. Ich kann meinen Weg unbekümmert fortsetzen. Ich verabschiede mich leise von dieser Insel, die auf der Rangliste meiner Shetland-Sehenswürdigkeiten ganz oben angesiedelt sein wird. Sie war einfach nur... schön!

Hinter Bigton geht es nun drei Kilometer wie auf einem Aussichtsbalkon entlang. Ich sehe die Bay of Scousburgh unten liegen, amüsiere mich über mindestens 50 Seehunde, die auf dem breiten Strand bei Rerwick nebeneinander im Sand liegen und sich ihre Speckbäuche von der Sonne erwärmen lassen, erblicke als nächstes einen weiteren Traumstrand, der fast wieder einem Tombolo gleicht, aber nur die Scousburgh Bay vom Loch Spiggie trennt. Beim Loch Spiggie sind im Moment die Ornithologen ganz aus dem Häuschen. Seit 100 Jahren hat sich am Ufer des Sees wieder ein Höckerschwanenpaar zum Brüten angesiedelt. Alle 50 m weisen eingeschweißte Blätter an Zaunpfosten darauf hin, sich dem Paar doch bitte nicht weiter zu nähern. Hatte ich aber sowieso nicht vor.

Kurz vor 14 Uhr bin ich am "Shetlands Crofter Museum", nicht weit abseits der A970 bei den weit verstreut liegenden Häusern des Gemeinwesens von Dumrossness. Unmittelbar in Nachbarschaft zu mehr oder weniger neuen Häusern liegt es da am Hang, aus dicken Steinen gebaut, strohbedeckt, mit der Schmalseite dem Meer zugewandt und irgendwie weit entfernt von der heutigen Zeit. Das Museum ist nicht künstlich hier errichtet, nicht von anderswo hierher verpflanzt. Dieses Crofter-Haus stand tatsächlich hier, vor über 100 Jahren bereits. Es erinnert mich in seiner äußeren Erscheinung an die Blackhouses (wegen der Rußschwärze im Inneren) auf den Äußeren Hebriden, von seiner Einrichtung her aber auch an die vielen Heimatmuseen in Skandinavien oder auch bei uns in Deutschland: niedrige Türen und nur zwei niedrige Wohnräume, festgetretener Lehmboden, Bettkästen, die kleine hölzerne Kinderwiege, das Spinnrad, das Kaminfeuer, in dem der getrocknete Torf brennt und den typischen Geruch verbreitet, eine Fiedel an der Wand und schwere ausgetretene Schuhe neben der Tür, als hätte der Crofter sie gerade erst ausgezogen, um sich nun in seinen Holzsessel neben das Feuer zu setzen. Links und rechts der Wohnräume sind - zum Schutz gegen Wind und Kälte - Stall und Lagerschuppen angebaut. Nicht viel mehr als zwanzig Quadratmeter waren es als Wohnraum und Großeltern, Eltern und manchmal bis zu zehn Kindern lebten unter diesem einen Dach. Und auch wenn die männlichen Bewohner oft wochenlang auf See waren, war es immer noch eng genug. "Die gute, alte Zeit"? Wohl kaum. Die meisten von uns können es sich nicht mehr vorstellen, sich durchs Leben schlagen zu müssen.

Mary hält Wort. Nach einem schnellen Anruf holt sie mich vom Museum ab und kocht mir "zu Hause" sofort eine Kanne Kaffee. Welch ein schöner Tag! Und abgerundet wird er durch einen stimmungsvollen Sonnenuntergang.

06. Mai 2016

Dicker Turm und kalte Füße

Mousa Circle / Dumrossness - Scatness (11 km)

Ich war ja von Anfang an sehr optimistisch, dass mein am Mittwoch ausgefallener Rundgang über die Insel Mousa nachholbar sein wird. Irgendwie wird es sich fügen, dachte ich mir. Und es fügte sich sehr einfach und angenehm. Ein langjähriger Gast von Mary in ihrem B&B ist eine Deutsche, Claudia. Sie hat schon vieles von den Shetlands gesehen, gehört bei Mary fast mit zur Familie, war aber noch die auf Mousa. Eigentlich hatte ihr immer das Wetter einen Strich durch die Rechnung gemacht. Aber heute, wo das Wetter endlich passt und auch das Bootunternehmen auf ihrer Homepage mitteilt, dass gefahren wird, will sie Mousa endlich "machen". Claudia bewegt sich auf den Shetlands immer mit einem Mietwagen und bietet sich sofort an, mich mitzunehmen. Wie könnte ich nein sagen...

Um kurz nach 9 Uhr fahren wir von Bigton aus los und wofür ich am Mittwoch vier Stunden gebraucht habe, braucht Claudia mit ihrem kleinen geliehenen Auto mal gerade 20 Minuten. Auf dem Pier bei Leebitten liegen wieder die Seehunde und ich sehe genau, wie einer von ihnen einem anderen grinsend zuflüstert "Der war doch vor kurzem schon mal hier!" und sich dann genüsslich auf den Rücken rollt und mit der Schwanzflosse kurz mal aufs Pier klatscht. Als dann aber das Boot um die Buchtecke herangetuckert kommt, schnellen alle Seehundsköpfe hoch, blicken in Richtung Boot, ein ärgerliches Bellen und die ganze Truppe gleitet lautlos ins Wasser.

Inzwischen haben sich zwölf weitere Menschen am Pier versammelt und besteigen mit Claudia und mir das Boot, viel mehr passen auch nicht drauf. Auch wenn die See heute relativ ruhig ist ("We'll have a smooth journey"), gibt uns der dickbauchige Kapitän, wie es wohl die Vorschrift verlangt, zunächst einmal eine Einweisung im Gebrauch der Rettungswesten. Das beruhigt. Dann zeigt er uns auf einer Karte, wo wir auf der Insel laufen dürfen und wo aus Naturschutzgründen nicht, gibt uns dafür drei Stunden Zeit und bittet um pünktliche Rückkehr zum Boot. Ay ay, Captain, wir haben verstanden!

Zwanzig Minuten braucht das Boot für eine leicht schaukelnde Überfahrt. Dann legt es an einem winzigen Pier an. Ohne Absprache teilen wir Inselbesucher uns zu fast gleichen Teilen auf, der eine beginnt im Uhrzeigersinn seinen etwa vier Kilometer langen Rundweg, der andere entgegengesetzt.

Auf Mousa gibt es einige geschützte Bereiche, die kein Wanderer betreten sollte und die auch als Schutzgebiete kenntlichgemacht sind. Dies gilt besonders für Areale einiger Bodenbrüter und für kleine Seebuchten, die als natürliche Aufzugsgebiete von verschiedenen Robben- und Seehundearten gelten. Der potentielle Störer ist nun mal der Mensch. Umherwandernde Schafe, die vielleicht auch mal Eier am Boden zertrampeln oder junge Robben nerven, sind da kaum in Schranken zu weisen. Claudia und ich lassen uns viel Zeit, halten hier, schauen da, erfreuen uns mal wieder an den Brutkolonien in den Klippen, auch wenn diese hier auf Mousa bei weitem nicht so spektakulär daherkommen, wie bei manch anderer Insel. Wir beobachten Kormorane, wie sie mit fächelnden Bewegungen ihre Flügel zu trocknen versuchen, erblicken die in sicherer Entfernung vom Rundweg auf dem Boden brütenden dicken Raubmöwen (hier auch Skuas oder Bronxies genannt), die auch Menschen sofort angreifen, wenn diese sich ihren Nestern nähern. Seehunde räkeln sich auf breiten Felsen und junge Lämmer flitzen übermütig über Wiesen oder kleine Strände, um sich dann aber sofort wieder hinter ihren Mamas zu verstecken.

Für diejenigen Inselbesucher, die im Uhrzeigersinn unterwegs sind, wie Claudia und ich, kommt der Höhepunkt des Weges ziemlich gegen Schluss: der mächtige Mousa Broch. Zu den Brochs auf den Shetlands im Allgemeinen hatte ich mich ja schon mal beim Clickimin Broch von Lerwick geäußert. Beim Mousa Broch muss ergänzt werden, dass er der größte und der besterhaltene von allen ist. Noch heute rätselt man, warum er nicht, wie viele andere, in späteren Zeiten als eine Art Steinbruch für andere Bauten herhalten musste. Sein Anblick ist schon beeindruckend und ein wenig befremdlich zugleich, erinnert er mich in seiner Form doch irgendwie auch an den Kühlturm eines Kraftwerks. Doch nicht nur seine Größe hat den Broch zu einer Berühmtheit gemacht. Die Natur wollte es so, dass die kleine Vogelart der Storm Petrels (Sturmschwalben) von außen in den kleinen Ritzen der Mauersteine nisten. Tagsüber suchen sie über dem Meer nach Nahrung, aber spät abends kehren sie in Schwärmen zurück und bevölkern dann den Broch. Zu diesem sich abspielenden Naturspektakel werden sogar abendliche Bootsfahrten angeboten.

Claudia und ich betreten den Broch durch den niedrigen Eingang und sind auch von innen beeindruckt. Hatte er noch von außen einen Durchmesser von 12 m, sind es von innen nur noch 6 m. Also kann man sich ungefähr ausrechnen, wie dick die beiden konzentrischen Mauerwände sind, die sich gleichzeitig auch noch 15 m in die Höhe erheben. Innerhalb der Wände gehen wir beide eine steile Treppe hoch, über die die früheren Bewohner verschiedene Stockwerke erreichten, wir aber nun einen fast vollständig umlaufenden Ausguck, von dem aus man sich auch schon in früheren Zeiten nach ungebetenen Gästen umsah.

Als wir wieder beim Boot eintrudeln, sind wir fast die letzten. Bei dem kleinen Haus am Pier haben die Bootsbetreiber ihren Fahrgästen kleine Bänke und Klappstühle bereitgestellt und alles sitzt in der Sonne. Eine Viertelstunde früher als es auf dem Fahrplan steht (aber auf wen soll man denn auch noch warten?) legt das Boot wieder von Mousa ab.

Eine halbe Stunde später sind wir wieder in Bigton. Obwohl ich eigentlich nur noch hier bin, um mein Wheelie abzuholen und auf den Bus zu warten, der mich in zwei Stunden zum Crofter Museum nach Dumrossness bringen soll, erlebe ich nochmal ein Stück herzlicher Gastfreundschaft. Ob ich nicht eine Suppe in der Küche mitessen wolle und ein Kaffee wäre doch auch nicht schlecht. Natürlich lasse ich mich gerne überreden. Doch Suppe und Kaffee alleine sind es nicht, die mich daran so erfreuen, es sind auch die netten Gespräche mit Menschen, die ich erst vor zwei Tagen kennengelernt habe und mir jetzt schon so vertraut sind. Es gibt Orte auf einer Reise, zu denen man nochmal gerne zurückkommen möchte. Das Hayhoull B&B in Bigton ist solch einer.

Als ich meinen Wheelie direkt vor Marys Haustür mithilfe der Busfahrerin in den Bus hieve und hinterherklettere, winken Claudia und Mary mir nach und mich beschleicht das Gefühl, dass ich zumindest noch eine Nacht hier in Bigton hätte bleiben sollen.

Dort, wo ich gestern meinen Weg Richtung Süden beendet hatte, am Crofter Museum in Dunrossness, steige ich wieder aus dem Bus aus und setze ihn, für eine Stunde nur, fort. Lustig für mich wird es, als ich den größten Flughafen der Shetlands, Sumburgh Airport, vor mir sehe und kurz darauf - und das ist kein Scherz - die Hauptlandebahn mit meinem Wheelie überquere. Ich glaube, das gibt es in ganz Europa nicht nochmal! Eine Hauptverkehrsstraße überquert eine Flughafenlandebahn! Nur eine Ampel und eine Schranke (mit Schrankenwärter) könnten mich gegebenenfalls daran hindern. Passiert aber nicht.

Bevor ich morgen während eines weiteren Rundwegs an der südlichsten Spitze der Shetlands ankomme, ist heute nochmal eine Übernachtung in einem Böd geplant, genauer gesagt im "Betty Mouat's Böd" bei Scatness, unmittelbar am Flughafen der Shetlands.

Betty Mouat wurde 1825 nicht weit von hier geboren und war eine ausgebildete Spinnerin und Weberin. Berühmt wurde sie 1886, als sie mit einem Boot, der Columbine, von dem kleinen Hafen von Grutness aus nach Lerwick fahren wollte, um dort ihre Ware zu verkaufen. Drei Meilen nach Abfahrt gerieten sie und die kleine Mannschaft des Bootes in schwere See. Der Kapitän des Bootes und ein Maat gingen über Bord. Während der Maat sich zurück an Bord retten konnte und noch versuchte, zusammen mit einem weiteren Mannschaftsmitglied in einem kleinen Beiboot den Kapitän zu retten, versank dieser aber in den Wellen. Verzweifelt machten sie alle Anstrengungen, um zur Colombine mit der armen Betty zu gelangen, doch das Boot war inzwischen uneinholbar abgetrieben. Sie gaben auf, retteten sich ans Ufer und schlugen Alarm. Aber alle Bemühungen, die Colombine zu lokalisieren, blieben erfolglos. Nach acht Tagen und Nächten trieb Betty Mouat mit dem Boot schließlich auf einen Felsen bei dem Ort Lepsoy, in der Nähe der Lofoten in Norwegen, an und wurde von einem Fischer unter Mithilfe anderer gerettet. Die Menschen der Shetlands waren heftig berührt vom Schicksal Bettys, die noch Jahre lang von Leuten Besuch bekam, die ihre Geschichte hören wollten. Im Februar 1918 starb sie friedlich in ihrem Haus.

Dieses Haus ist nun mein Übernachtungsplatz. Bis auf eine Informationstafel erinnert im Inneren des kleinen Hauses aber nichts mehr an Betty, nur noch der Kamin vielleicht, dessen offene Feuerstelle jetzt durch einen kleinen Ofen ersetzt ist. Ansonsten beherrschen drei Doppelstockbetten den Raum und - welch Luxus - eine schwere Polstergarnitur, offensichtlich nach langjährigem Gebrauch im Privatbesitz wiederverwendet. Nebenan die kleine Küche: kleiner Elektroofen, Mikrowelle, Heißwasserkocher und Kühlschrank, Töpfe, Teller, Tassen, Besteck, aber alles weit davon entfernt, als hygienisch einwandfrei zu gelten. Mit alldem kann ich kurzfristig leben, aber es ist mal wieder saukalt.

Ich bin etwas geschwitzt von den letzten Kilometern, draußen war es unvorstellbar heiß, 12 °C, dazu fast windstill, jetzt diese Kälte hier drinnen. Ich ziehe mir so schnell es geht in mehreren Schichten trockene Sachen an und will mir einen heißen Tee machen, doch alle Elektrogeräte funktionieren nicht. Dann eben schnell den Ofen anmachen! Dazu brauche ich Feuerzeug, Papier, etwas Holz und Peat. Das Feuerzeug habe ich im Tagesrucksack, Säcke mit Peat liegen vor der Haustür in einer großen Truhe, aber woher jetzt Papier und Kleinholz nehmen? Von beidem ist weder drinnen noch draußen was zu finden. Ich kann ja schlecht meine Wanderkarten verbrennen oder draußen die Zaunpfähle abreißen. Am Pinnbord hängt die Telefonnummer der zuständigen Böd-Betreuerin und ich rufe an. Sie bedauert alles sehr, teilt mir aber etwas zähneknirschend mit, dass sie im Moment von einer Geburtstagsfeier eine halbe Stunde mit dem Auto fahren müsste, um mir vor Ort zu helfen. Dies will ich ihr nun nicht zumuten und wünsche ihr noch einen schönen Abend.

Ich habe mich schon fast in meinem Kühlschrank eingerichtet, als ich ein Auto vor der Tür halten höre. Die Tür geht auf und es schallt mir ein fröhliches "Der Reparatur- und Ofendienst ist da!" entgegen. Die Hüttenwartin nebst erwachsener Tochter rücken an. Welch ein Segen! Mutter löst mit einer neuen Sicherung das Elektroproblem, Tochter eilt zum Ofen, um ihn anzustochen. Letzteres scheint sich aber doch als Problem darzustellen, denn außer viel Rauch und wenig Glut kommt erstmal nicht viel dabei heraus. Trotz mehrerer Versuche ist Papier und Holz verbrannt, bevor der getrocknete Torf ausreichend Glut entwickeln kann. Mit etwas Schulterzucken streichen Tochter und später auch Mutter die Segel und schlagen mir vor, es doch selbst nochmal zu versuchen. Wie ich das aber ohne das bereits verbrannte Papier und Holz tun soll, können sie mir auch nicht sagen. Dann sch... auf Ofen!

Jedenfalls kann ich mir jetzt einen heißen Tee und ein paar Nudeln kochen - und eine (Plastik)-Wärmflasche fürs Bett ist vielleicht auch noch drin!

07. Mai 2016

Zeitreise

Scatness - Sumburgh Head (7 km)

Also ich hatte schon mal bessere Nächte! Wie bin ich eigentlich auf die Wahnsinnsidee gekommen, auf die Tour nur meinen DJH-Leinenschlafsack und so'n Fleece-Inlet-Teil mitzunehmen?! Die Quittung bekomme ich jetzt. Ich dachte, ich könnte aus Gewichtsgründen den dicken Schlafsack zu Hause lassen, für die zwei, drei Mal, wo ich überhaupt einen Schlafsack brauche. Außerdem hatte ich mit warmen Peatfeuern in den Böds gerechnet, aber Pustekuchen. Die Kälte kroch jedenfalls in der Nacht durch alle Schlafsäcke und durch alle Kleidungsschichten und die Plastikflasche mit dem zunächst heißen Wasser entwickelte sich innerhalb einer halben Stunde von einer Wärmflasche zu einem Kühlpack. Wissen eigentlich alle, wie gut ein heißer Kaffee am Morgen tut?

Um 10 Uhr erst, nachdem alle Extremitäten wieder aufgetaut sind, klicke ich mir den Wheelie an und mache mich auf die mittlerweile etwas durchlöcherten Strümpfe. Ich werde beide Böds, die in Voe (Sail Loft) und die in Scatness (Betty Mouat's Böd) in Erinnerung behalten, nur wie ich sie letztendlich bewerte, muss ich noch abwarten.

Die Ausgrabungsstelle von Scatness, unmittelbar in Nachbarschaft zum Böd gelegen, ist verwaist, das kleine Visiter Center geschlossen. Macht nichts, gleich komme ich nach Jarlshof, einem Ausgrabungsgelände, das sowieso viel umfangreicher ist. Ich marschiere stramm an der Landebahn des Flugplatzes entlang, mir muss warm werden, noch etwas wärmer. Ein donnerndes Brüllen nähert sich, eine zweimotorige Propellermaschine landet neben mir, wahrscheinlich kommt sie von irgendeiner der größeren bewohnten Inseln. Dann kommt das stattliche Sumburgh Hotel in Sicht, ein alter viktorianischer Bau. Vom Parkplatz des Hotels führt ein Wiesenweg zum Eingang von Jarlshof.

Jarlshof ist wohl eine der größten archäologischen Sehenswürdigkeiten Schottlands. Man könnte meinen, jemand hätte vor 4500 Jahren ein Stück Land dazu auserkoren und reserviert, zukünftigen Generationen auf engem Raum Siedlungsplätze von Jahrhunderten zu bewahren und ihnen zu zeigen, wie Menschen in verschiedenen Perioden hier lebten. Das Ergebnis sind eng aneinander liegende oder auch sich teilweise überdeckende Bauwerke aus der Steinzeit, der Bronzezeit, der Eisenzeit, den Zeitaltern der Pikten und der Wikinger, dem Mittelalter und bis hin zum 17. Jahrhundert. Ein Konglomerat der Zeitgeschichte.

Im späten 19. Jahrhundert spülte ein schwerer Sturm einen Teil der hier recht niedrigen Klippen weg und legte dabei erste Spuren alter Siedlungsformen frei. Gezielte Ausgrabungen begannen aber erst 1925. Wer sich dieses Gelände hier ansieht, macht nichts anderes als einen Spaziergang durch die Geschichte. Mich begeistert sowas. Reste einer steinzeitlichen Hütte von vor etwa 4500 Jahren, eines eisenzeitlichen Brochs und von piktischen sogenannten "Wheelhouses", von ehemaligen Langhäusern eines Wikingerdorfes, von einem Bauernhof aus dem Mittelalter. All das war im 17. Jahrhundert überdeckt von dem inzwischen schottischen Landbesitz und Herrenhaus der mächtigen Earls of Stewart, den im Volk der Shetlands und Orkneys verhassten Nachfahren des Schottenkönigs James V. Auch von diesem "Old House of Sumburgh" stehen nur noch Ruinen.

Ich streife mal wieder überall herum, begebe mich in die Wheelhouses, zwänge mich durch den niedrigen Eingang des ehemaligen Brochs, betrete den Boden des alten Langhauses. Wie gerne würde ich mal Zeitsprünge machen können, mal - ganz kurz nur - in vergangene Zeiten hineingucken, mich einfach mal weg- und wieder zurückbeamen. So viele Maschinen wurden mittlerweile erfunden, mit der Zeitmaschine hat es noch nicht geklappt.

Nach einer Stunde Spaziergang durch ein Stück europäischer Siedlungsgeschichte, mache ich mich auf die letzten zwei Kilometer meiner Wanderung durch die Shetlands in Nordsüdrichtung. Seit gestern sehe ich bereits den Felsen von Sumburgh Head permanent vor mir, wie er sich ganz zum südlichen Ende des Archipels nochmal in die Höhe streckt mit dem Leuchtturm an seiner Spitze. Er ist das Erste und Letzte, was man von den Shetlands sieht, wenn man mit der Fähre an- oder abreist. Auch ich werde ihm bei meinem Abschied von den Shetlands am Montag nochmal zuwinken. Doch jetzt will er, dass ich nochmal 100 Höhenmeter erklimme, von Jarlshof oder dem Flughafen in Meereshöhe bis zu ihm hinauf. Vom Abzweig bei Grutness, von wo aus die arme (oder doch glückliche?) Betty Mouat zu ihrer unheilvollen Fahrt aufbrach, geht es zunächst recht gemächlich bergauf. Erst wo die kleine Zufahrtsstraße endet und die Autofahrer ihre Wagen abstellen müssen, beginnt der richtig steile, aber kurze Aufstieg.

Doch ich werde unterhalten. Klippenabstürze tun sich wieder auf, Blicke über die Steinmauer enden nach wenigen Metern schon bei den Nestern so mancher Brutvögel oder ganz unten auf den Uferfelsen, wo sich die Kormorane tummeln. Und dann schließt sich irgendwie der Kreis. Wie meine Shetland-Durchquerung begonnen hat, so endet sie auch: mit den Puffins. Wie schon ganz im Norden auf Hermaness, hocken sie auch hier nur wenige Meter von mir entfernt an der Klippenkante, watscheln wie nur sie es können hin und her, drehen den Kopf aufgeregt nach vorn und hinten, schlagen mit den Flügeln, putzen ihr Gefieder oder träumen einfach nur vor ihren Bruthöhlen vor sich hin.

Ich könnte ihnen ewig zusehen - wenn es nicht noch anderes zu sehen gäbe: den Leuchtturm selbst, das Maschinenhaus, das riesige Nebelhorn, die alten Radarstationen aus Zeiten des II. Weltkriegs, eine Ausstellung zum Leben der Leuchtturmwärter und ihrer Familien während der letzten 150 Jahre, eine andere zum maritimen Leben in den Meeresgewässern rund um die Shetlands.

Die Zeit, mir das alles anzusehen, reicht so gerade. Ich muss sogar in einen leichten Galopp verfallen, um rechtzeitig bei der Bushaltestelle am Sumburgh Hotel zu sein, wo ich den Bus nach Lerwick erreichen will. Aber es klappt.

Die Rückfahrt kratzt an meinem Gemüt. Ich werde fast ein wenig wehmütig, als Orte, durch die ich in den letzten Tagen ging, wo ich Pause machte oder die mich durch ihre besondere Schönheit faszinierten, Streckenabschnitte, die mir leichtfielen, wo ich schwitzte oder fröstelte, wo ich vom Wind gebeutelt oder vom Regen nass wurde, an mir vorbeifliegen. Doch langsam, noch bin ich zwei Tage hier.

Im Islesburgh House Hostel begrüßt man mich freundlich. "Na, wieder zurück?"

08. Mai 2016

Gigantisches Schauspiel

Bressay - Noss Circle (15 km)

Das Wetter weiß heute erstmal nicht, wie es sich entscheiden soll. Grau ist der Himmel, aber es sieht nicht nach Regen aus. Vielleicht Hochnebel? Für meine endgültig letzte Wanderung auf den Shetlands, die eigentlich so eine Art Nachschlag ist, da erst morgen meine Fähre geht, hätte ich doch gerne nochmal annehmbares Wetter.

Doch erst muss ich, leider, was anderes erledigen. Von meinem allein genutzten Zweibettzimmer muss ich umziehen in ein Dorm und mir dort die Atemluft mit fünf anderen teilen. Ich habe zwar lieber meine Privatsphäre, aber für eine Nacht geht das auch mal. Dann geht es runter zum Hafen, wo die kleine Autofähre nach Bressay ablegt.

Die Insel Bressay liegt nur knappe zehn Fährenminuten jenseits des Bressay Sounds. Nur dieser Insel hat es Lerwick zu verdanken, dass es der Hauptort der Shetlands geworden ist. Geschützt durch die vorgelagerte Insel konnten Fischerei- und Handelsschiffe von altersher hier vor Anker gehen. Schon die Wikinger haben sich dies zunutze gemacht. In Zeiten der großen Heringsfischerei in der Mitte des 17. Jahrhunderts landeten vor allem unzählige holländische Fischerboote bei Lerwick an, aber auch auf der anderen Seite des Bressay Sounds, an der Westküste von Bressay. Man sagt, dass es bis zu 1.500 Boote zeitweise gewesen sein sollen und dass man damals fast nach Bressay hätte gelangen können, wenn man nur von einem Boot ins andere stieg. Die Einheimischen zogen zunächst aus dem Großaufgebot an Fremden ihren Nutzen. Sie bauten Hütten am Ufer, ließen sich als Arbeiter bei der Fischverarbeitung anheuern, eröffneten kleine Kneipen, auch das älteste Gewerbe hatte sein Betätigungsfeld, es war richtig was los im und in der Nähe vom Hafen. Als aber die Holländer ein immer einnehmenderes Wesen zeigten und immer höhere Ansprüche stellten, zogen die, die was zu sagen hatten, die Reißleine und schmissen die Holländer in einer kriegerischen Auseinandersetzung raus. Das ist jetzt mal sehr vereinfacht ausgedrückt, aber im Wesentlichen war es so. Wegen seiner besonderen Lage behielt Lerwick aber seine Bedeutung und wurde Hauptort der Shetlands (vorher Scalloway). Die Baustruktur des Gebietes um den Hafen herum, mit den kleinen, verwinkelten Gassen, zeugt heute noch von dem damaligen Hüttenviertel. Auf der anderen Seite des Sounds, auf Bressay, hat sich nichts Derartiges erhalten. Zwar leben noch etwa 350 Menschen auf der Insel, die allermeisten auch an der Lerwick zugewandten Seite, aber alle weit verteilt. Je weiter man ins Inselinnere kommt, desto dünnbesiedelter wird es.

Als die Fähre ablegt, wundere ich mich erstmal, dass ich nur ein Pfund bezahlen muss. Doch schnell wird mir klar, dass für die Bressay-Bewohner die Fähre nichts anderes ist als ihr "Bus in die Stadt", und wenn ich bedenke, wie preiswert das Busfahren "in die Stadt", also nach Lerwick, für die Shetlander ist, wundert mich das jetzt doch nicht mehr. Vom Fähranleger marschiere ich los. Einmal quer über die Insel muss ich, um an den Ausgangspunkt meiner heutigen Querfeldein-Tour zu gelangen. Sobald ich den Küstenstreifen hinter mir habe, wird es einsam. Noch das ein oder andere Haus, dann gibt es nur noch weite, moorige Heideflächen, eine Senke mit drei unterschiedlich großen Lochs, ganz selten Abzweigungen von der schmalen Straße, die zu ganz vereinzelten Bauernhöfen führen. Irgendwo an den Hängen auch mal Ruinen, die vielleicht mal Crofterhäuser waren, bevor man ihre Bewohner vertrieb, um Platz für noch mehr Schafe zu haben.

Das Wetter hat sich in der letzten Stunde nicht zum Positiven entwickelt. Was heute Morgen noch Hochnebel war, wird immer mehr zum "Tiefnebel". Na bravo, dann bekomme ich diese Wettervariante wenigstens auch noch mit. Immer tiefer senkt sich diese milchigweiße Decke herab, hüllt schon völlig den Wart of Bressay, die höchste Erhebung der Insel, ein und schafft irgendwie eine eigenartige Mischung. So ein bisschen wie: "Oh schaurig ist's übers Moor zu geh'n..."

Nach einer Dreiviertelstunde meine ich, wieder das Meer (besser: die Nordsee) vor mir zu sehen, dann sogar einen Bruchteil der nächsten Insel, Noss. Noss ist schon lange unbewohnt - von Menschen. Doch über 100.000 Seevögelpaare leben hier, und Schafe. Ein "National Nature Reserve", betreut vom "Scottish Natural Heritage". Diese Natur- und Umweltbehörde hat saisonale "wardens" angestellt, bei uns heißen diese Menschen in den Naturparks heute "Ranger". Nur mit Hilfe dieser Wardens kann der interessierte Wanderer, Naturfreund oder Ornithologe überhaupt auf diese Insel gelangen, und das auch nur von Ende April bis September. Dann sitzen sie zu zweit drüben auf Noss in oder vor einem alten, kleinen Haus, welches heute ein kleines Visitor Center beherbergt, setzen auf Wunsch mit einem Schlauchboot Zuwinkende über, geben Ratschläge zu Touren auf der Insel oder bieten sich als Führer an. Wenn wetterbedingt ein Übersetzen nicht möglich ist, wird eine rote Fahne gehisst.

Als ich noch 50 m von der Anlegestelle entfernt bin, weht drüben keine rote Fahne. Aber lohnt sich ein Besuch auf Noss bei Nebel? Auf der anderen Seite... über dem Berg, aus Richtung Lerwick, wird es heller. Hat jetzt der Nebel seine Absinkphase beendet und beginnt wieder zu steigen? Ich bin unentschlossen. Ich könnte ja auch einen Rundkurs hier auf Bressay machen...

Da wird mir die Entscheidung abgenommen. Wahrscheinlich hatte man mich schon im Blick, jedenfalls biegt gerade mit einem Affenzahn ein motorgetriebenes Schlauchboot aus einer Bucht heraus um die Ecke und legt kurz darauf an der Anlegestelle an. Ein junger Mann, offensichtlich einer der Warden, grinst mir breit zu, als wollte er sagen: "Und jetzt? Kommste mit?" Was soll ich darauf noch antworten? Ich frage nur schüchtern: "Lohnt sich das denn bei dem Nebel?" Weiter grinsend zeigt er nur hinter mich, wo sich der helle Streifen sichtlich vergrößert hat und sagt nur: "Noss lohnt sich immer! Das ist eine wunderbare Insel!" Ok, dann weiß ich das auch!

Er zieht mich mehr ins Boot als dass ich einsteige, wirft mir eine Rettungsweste zu und ab geht die wilde Fahrt nach Noss. Drüben in der Bucht am Strand springt er aus dem Boot, landet bis an den Knien im Wasser und zieht das Boot auf den Sand. Auf dem Weg zu seinem kleinen Refugium hält er einen Blitzvortrag über die Insel und über seine Arbeit, gibt mir Tipps zu verschiedenen Wegalternativen, zeigt mir stolz die winzige Ausstellung, kassiert für das Übersetzen £1,50 und wünscht mir eine gute Zeit auf Noss. "Sie werden sehen, gleich wandern Sie in der Sonne!"

Und Recht hat er! Je länger ich unterwegs bin, desto mehr kommt die Sonne raus. Als Wind möchte ich es schon gar nicht mehr benennen, was mir da um den Kopf säuselt und es wird richtig warm. Langsam bringt es mich immer höher die Klippen hinauf. Vom Bressay Sound her höre ich Nebelhörner von noch im Nebel stochernden Schiffen. Wieder die Bronxies, etwas vom Weg ab nistend auf den Wiesen, umherwieselnde Oystercatcher, kreischende Möwen. Die Klippen neben mir werden immer spektakulärer, die ersten Brutvögel kleben förmlich an den Felsen, die Fulmars, Kittiwakes, Razorbills. Puffins kommen hinzu, ziehen mich wieder in ihren Bann, scheinen mein Interesse an ihnen zu erwidern. Schafe sind kaum zu sehen. Die meiste Zeit des Jahres dürfen sie nach Herzenslust umherwandern. Das ändert sich mit Beginn der

Lammsaison, wenn sie auf das hochwertigere Land im Inselinneren, innerhalb der Feldsteinmauern, verfrachtet werden.

Dann kommt eine Stelle, da sehe ich sie auftauchen, die Spitze von "Noup of Noss", der höchsten Erhebung der Insel, dort, wo eine Klippenwand 180 m tief senkrecht abfällt. Ich ahne, was da abgeht. Immer mehr Seevögel sehe ich kreisen, abtauchen, aufsteigen, segeln, flattern. Immer höher steige ich auf, immer dramatischer werden neben mir die Klippen, immer intensiver die Geräusche, inzwischen auch die Gerüche.

Dann halte ich den Atem an. Eine Riesenwand erhebt sich vor mir aus dem Wasser, weiß von den Ausscheidungen der Vögel. Ihr Geschrei, das von der gigantischen Wand und den angrenzenden Klippen widerhallt, macht einen Höllenlärm. Drei Schritte noch und ich könnte selbst fliegen - wenn ich könnte. Ich lege mich auf den Bauch, rutsche etwas näher an die Kante, sehe links an der Wand, fast zum Greifen nahe, brütende Gannets mit ihren gelben Köpfen und langen, spitzen Schnäbeln. Ihre jeweiligen Partner segeln immer wieder ihrer Nester an und bringen Nahrung. Warum eigentlich heißen diese Vögel auf Deutsch: Basstölpel? Diesen Namen haben sie nicht verdient. Keine der hiesigen Vögel gleiten so elegant durch die Lüfte wie sie.

Ich bleibe eine Stunde an diesem Ort, kann mich nicht trennen von dem Schauspiel, was mir hier geboten wird. Kein Foto, kein Video kann das einfangen. Ich bin hin und weg. Dann aber drängt sich die Abfahrtszeit der Fähre in Erinnerung und ich mache mich wieder auf den Rückweg. Kurz vor Erreichen der Warden-Unterkunft lässt mich ein ulkiger Anblick nochmal innehalten: Zwei Seehunde schauen neugierig aus dem Wasser zu mir hinüber. Und wenn Seehunde neugierig aus dem Wasser gucken, sieht das ja immer so aus, als würde ein kleines U-Boot gerade sein Sehrohr ausfahren. Ich könnte mich jedes Mal neu wegschmeißen. Sie gucken neugierig, tauchen wieder ab, tauchen etwas näher wieder auf, aber nur mit dem halben Kopf, sind wieder weg, dann kommen fast nur noch zwei Augen aus dem Wasser. Irgendwann scheint einer von ihnen auf einem vom Wasser überspülten Stein Platz genommen zu haben, erhebt sich in seiner fast ganzen Schönheit und bellt kurz zu mir hinüber. "Ich hoffe, du hattest eine schöne Zeit auf Noss, jetzt verschwinde aber wieder und lass uns hier in Frieden!"

Ich tue ihm den Gefallen, bin eine halbe Stunde später wieder bei meinem Warden, der gerade im Hof Holz für seinen Kamin hackt. Er freut sich sichtlich, dass es mir auf Noss gefallen hat, geleitet mich wieder zu seinem Boot, hilft mir beim Einsteigen und bringt mich auf die andere Seite hinüber nach Bressay. Ich bin noch keine zwanzig Meter gegangen, kommt mir der Zufall zu Hilfe. Ich müsste jetzt denselben Weg wieder zurückgehen und sowas mache ich überhaupt nicht gerne. Da sehe ich vor mir, wie ein junger Mann ein Lamm auf dem Arm trägt, es in seinen Rover verlädt und gerade in seinen Wagen einsteigen will. Ich frage ihn, ob er mich vielleicht ein Stück mitnehmen könnte. "Wollen Sie zur Fähre? Ich kann Sie hinbringen!" So fügt sich mal wieder alles.

Es war der letzte Wandertag auf den Shetlands. Ich werde ihn zu einen meiner Höhepunkte zählen.

09. Mai 2016

Shetlands farewell!

Ruhetag

Die Nacht im Dorm war ruhig, hatte ich aber auch dank Ohropax nicht anders erwartet. Um sage und schreibe 8.30 Uhr erst stehe ich auf. Damit bin ich aber noch nicht der Letzte. Warum soll ich eher aufstehen? Nichts treibt mich heute, erst um 17.30 Uhr legt die Fähre ab. Außer in aller Ruhe nochmal durch Lerwick zu spazieren bleibt mir nichts. Aber ich freue mich drauf.

Nebenan im Community Center frühstücke ich wieder. Es kommen dieselben Männer, mit denselben Monturen, derselben guten Laune. Wie ich drücken sie sich bei einer Tasse Kaffee ihre Bacon Rolls rein, den zweiten Kaffee gibt es wieder gratis dazu. Der große Unterschied zum letzten Mal: Vor einer Woche hatte es geregnet, heute scheint die Sonne. Nicht nur das! Die Temperaturen klettern in ungeahnte Höhen, die 15 °C-Marke wird geknackt. Wind findet so gut wie nicht statt. So kann es ruhig noch ein wenig bleiben.

Bis ich heute Nachmittag zum Fährterminal gehe, bleibt mein Wheelie wohlverwahrt im Hostel. Alle Papiere, die sich auf die Shetlands bezogen, Karten, Broschüren, Beschreibungen, ruhen jetzt in ihm ganz unten. Jetzt liegen die der Orkneys obenauf. Und nachdem vor ein paar Tagen die lange Unterhose ebenfalls weiter unten ihren Platz gefunden hat, zünde ich jetzt die nächste Stufe der "Marscherleichterung": Die Fleecejacke landet im Tagesrucksack, zwar immer noch griffbereit, aber immerhin. Mal sehen, wie lange nur der Anorak ausreicht.

Als ich zu meinem abschließenden Lerwick-Bummel aufbreche, möchte ich mir den Anorak auch fast vom Leib reißen und im Hemd weitergehen. Ich lasse es aber, weil ich ein vernünftiger Mensch bin. Die Shetlander sind da ganz anders gestrickt. Für sie ist T-Shirt-Wetter! Endlich kommen die Tattoos wieder zum Vorschein, die Nachfolger der Wikinger können ihren Bizeps zeigen, die Mädels wieder blanken Bauch. Der Softeis-Verkäufer in seinem bunt bemalten VW-Bus hat Hochkonjunktur und Erwachsene und Kinder stehen hier genauso brav in der Schlange an wie bei einer Bushaltestelle.

Bei solch einem Wetter lässt es sich mit einem Dauerlächeln gut bummeln. Mich treibt es hierhin und dorthin, durchs Hafengelände, an den Kais mit seinen Segelschiffen entlang, durch die engen Gassen und die breitere Commercial Road mit ihren Läden, auf den Victoria Pier, wo in früheren Zeiten die großen Dampfer anlegten, ins älteste Viertel zu den Lodberries, jenen Fischerhäusern direkt am Ufer mit ihren eigenen kleinen Piers und Bootslagern. Schon am letzten Wochenende bin ich an einigen Stellen hier gewesen, aber heute sehe ich mehr. Weil ich mir mehr Zeit nehme? Weil die Sonne mehr draufscheint? Weil ich einfach nochmal die letzten Eindrücke Shetlands in mich aufsauge und auf mich wirken lassen möchte? Alles stimmt.

Nach einem Sandwich und einer Tasse Kaffee in der Sonne vor einem kleinen Hafenimbiss gehe ich etwas wehmütig zum Hostel zurück, hole mein Wheelie aus den Lagerraum, sortiere mich nochmal und mache mich dann auf zum Terminal. Unterwegs erinnere ich mich, wie ich vor fast auf den Tag genau vor drei Wochen diesen Weg mit den Kindern gegangen bin, nur in entgegengesetzter Richtung. Damals lag das kleine "Abenteuer Shetlands" noch vor uns. Für die Kinder war es früher zu Ende, für mich endet es heute.

Am Terminal rutsche ich schnell durch die Sicherheitskontrolle. Die Fähre ist heute die "Hjaltland", das Schwesterschiff der "Hrossey" vom Hinweg, absolut baugleiches Modell. Lange Erkundungen können also entfallen, ich setze mich direkt in die gleiche Ecke im Selbstbedienungsrestaurant und mache "Büroarbeit". Um 17.15 Uhr beginnt die Fähre zu vibrieren, die Schiffsmotoren wurden angeworfen, pünktlich um 17.30 Uhr setzt sie sich langsam in Bewegung. Ich mich auch und gehe hinauf aufs Sonnendeck, das heute seinen Namen wirklich verdient. Einige Menschen stehen schon dort an der Reling und verfolgen das Ablegemanöver. Meter für Meter setzt die Fähre zurück, dreht sich in Fahrtrichtung und nimmt Fahrt auf.

Lerwick zieht nochmal an mir vorbei: Das Shetland Museum, das ich noch am ersten Tag mit den Kindern besucht habe, bevor uns Busse und kleine Fähren in den äußersten Norden brachten, der Hafen mit dem Victoria Pier, auf dem Hügel das Rathaus, von wo es nur ein Steinwurf bis zum Hostel ist, die Lodberries. Auf der anderen Seite zieht Bressay vorbei, schnell haben wir den Leuchtturm an der Südspitze der Insel passiert, der den Weg in den Bressay Sound weist. Langsam verschwindet Lerwick im Dunst.

Was wird mir in Zukunft in den Sinn kommen, wenn ich an die Shetlands denke? Zuerst der Wind, der mich immer begleitende Wind, der mich manchmal kämpfen ließ. Dann die Begleitung durch die Kinder. Auch wenn es nur kurz war, es war ein Geschenk. Die Straßentippelei und das Gehen wie über Teppiche auf den Wiesenpfaden. Die grandiosen Klippenlandschaften und die Wucht der Wellen. Das Blau von Atlantik und Nordsee und die gelben Strände. Die Puffins, die anderen Seevögel, die Seehunde und die Schafe mit ihren gerade geborenen Lämmern. Die weiten Moorlandschaften und die einsamen Lochs. Die kleinen Fähren und die preisgünstigen Busse. Die Feldsteinruinen und Feldsteinmauern. Hermaness und Eshaness. Noss und St Ninian's Isle. Die Böds und die vielen lieben Gastgeberinnen in den verschiedenen B&Bs. Shetlands, ihr wart mehr als eine Reise wert.

Gerade verschwindet Sumburgh Head mit seinem Leuchtturm am Horizont. Jetzt liegt auch der letzte Flecken der Shetlands weit hinter mir. Noch vier Stunden, dann werde ich auf den Orkneys sein.

10. Mai 2016

Guter Anfang auf den Orkneys

Kirkwall - St Mary´s (11 km)

Pünktlich um 23.00 Uhr legte die Fähre gestern Abend in Kirkwall an. D.h. nicht ganz in Kirkwall, denn der Hafen des Hauptortes der Orkneys ist schon lange nicht mehr groß genug für Fähren dieses Kalibers. Die Fahrt von den Shetlands zu den Orkneys hätte ruhiger kaum verlaufen können. Wenn ich da an die Hinfahrt denke... In der Fleecejacke konnte ich draußen an der Reling stehen, die Fair Isles vorüberziehen und die Sonne untergehen sehen.

Als ich die Fähre verlasse, geht kein Windhauch, die See liegt so glatt vor mir, dass sich sogar die Sichel des Mondes in ihr spiegelt. In einiger Entfernung sehe ich Lichter leuchten. Dort muss ich hin, da liegt das beschauliche Kirkwall. Direkt beim Terminal wartet an der Straße ein kleiner Bus, der X10. Er fährt nach Kirkwall hinein. Ich bin der einzige, der ihn benutzt. Alle anderen, die die Fähre hier verlassen, bevor sie in Richtung Aberdeen weiterfährt, rollen mit ihren Autos von Bord. Der Busfahrer verspricht mir, mich am Hostel, das ganz am Anfang Kirkwalls liegen soll, abzusetzen.

Und das tut er auch. Nichts rührt sich auf der Straße, kein Auto, kein Mensch. Ich suche den Eingang des Hostels, finde ihn auch nach einiger Zeit bei einer winzigen Tür in einem kleinen Hof. "Reception" steht an der Tür, aber da ist keine. Geradeaus geht es in eine kleine Küche, links und rechts in zwei Zimmer. Auch hier rührt sich nichts, kein Ton. Bitte jetzt nicht... nicht um 23.30 Uhr! Ich bin müde und will ins Bett! Dann sehe ich an der Wand ein Telefon. Anrufen soll man, wenn man Fragen hat. Ich hätte da mal eine Frage... Ich drücke bei "Push here" und - welche Freude - eine etwas verschlafene Frauenstimme meldet sich auf der anderen Seite der Leitung. Ergebnis der Unterhaltung: Ich stehe nicht in ihrem Buch, das Hostel ist noch in einer Art Winterschlaf, - mein Puls steigt und ich halte die Luft an - aber da sie anscheinend einen Fehler gemacht hat, holt sie mich jetzt ab und ich könnte in ihrem B&B etwas außerhalb zum gleichen Preis übernachten. Ich atme langsam und bedächtig aus und lächle. So geht's halt...

Fünfzehn Minute später biegt ein Auto um die Ecke, das gottseidank groß genug ist, um auch mein Wheelie zu transportieren. Das hätte jetzt auch noch gefehlt... Madame sieht verschlafen aus, ist aber sehr freundlich. Nach kurzer Fahrt stehen wir vor ihrem "Royal Oak B&B" auf einer Anhöhe oberhalb Kirkwalls, sie zeigt mir mein Zimmer und ich bezahle schnell die £20,- Hostelkosten, bevor sie es sich anders überlegt. Einmal im Zimmer sehe ich sofort: Hier näht Muttern noch selbst. Wie sollte ich mir sonst erklären, dass Fenstervorhang und Bettoberdecke dasselbe Design haben. Es ist Punkt 00.00 Uhr, als ich ins Bett steige. Orkneys, ich bin angekommen!

Am Morgen sehe ich auf der Karte, wo ich überhaupt bin. Und wie es der Zufall will, bin ich genau richtig. Das Royal Oak B&B liegt exakt an der Straße, die mich nachher aus Kirkwall hinaus in Richtung St Mary's bringen wird. Das bedeutet auch, dass ich meinen Wheelie solange hier parken kann, bis ich meinen kleinen Rundgang durch Kirkwalll hinter mir habe. Vor einigen Jahren habe ich während eines längeren Orkney-Urlaubs bereits mehrere Stunden hier verbracht, da wird jetzt ein kürzerer Rundgang reichen. So nach dem Motto: Mal gucken, ob noch alles steht.

Tatsächlich steht noch alles. Damals aber war ich im Sommer hier, wesentlich mehr Touristen bevölkerten den Ort. Im Moment ist es wesentlich ruhiger. Die Kirkwaller sind noch unter sich. Ich ziehe an den Hafenkais entlang, biege dann in die kleine

Fußgängerzone ein und komme zum Wahrzeichen der Stadt, der St Magnus Cathedral.

Seit über 850 Jahren erinnert die Kathedrale an den heiligen Magnus von Orkney. Sie ist zudem die nördlichste Großbritanniens - und eine besondere dazu, weist sie doch einige Eigenheiten auf. Zwar ist St Magnus eher eine kleine Kathedrale, gemessen an den anderen britischen Bauten dieser Art. Der verwendete Sandstein in zwei Farben macht das Aussehen des Gemäuers aber einzigartig. Dazu nutzten die Bauherren zwei Sandsteinarten - einen gelben, der von der Insel Eday etwas weiter nördlich stammt, und einen roten, der in der Nähe Kirkwalls abgebaut wurde. Da die Fenster der Kirche klein sind, ist es im Innenraum recht düster. Am meisten berührt mich eine Gedenktafel. Sie erinnert an die Opfer des U-Boot-Angriffs von Kapitän-Leutnant Günther Prien auf das Schlachtschiff Royal Oak (ich wusste doch, dass mir der Name meines B&B's irgendwie bekannt vorkam), das in der Bucht von Scapa Flow, in der Nähe von Kirkwall, vor Anker lag. Prien schickte mit einem Torpedoangriff am 14. Oktober 1939 über 800 Matrosen in den Tod, davon waren rund 120 gerade mal zwischen 14 und 18 Jahre alt.

St. Magnus ist der Heilige der Orkneys. Er lebte um 1100 nach Christus. In der Zeit machte sich der Christ keine Freunde unter seinen Wikinger-Kumpanen, als er sich der Legende nach weigerte, bei Kloster-Plünderungen mitzumachen. Später wurde er einer von zwei Earls von Orkney. Der andere war sein Cousin Haakon. Fast zehn Jahre lang regierten die beiden harmonisch - wie es aber so kommen musste, endete die Geschichte im Verrat. Nachdem es zu ersten Auseinandersetzungen zwischen den beiden gekommen war, einigte man sich auf Friedensverhandlungen, die zu Ostern auf der Insel Eglisay stattfinden sollten. Magnus erschien dort in gutem Glauben und schutzlos, was Haakon ausnutzte und ihn gefangen nahm. Magnus wurde zum Tode verurteilt und hingerichtet, indem ihm der Schädel gespalten wurde. Bereits kurze Zeit später beobachteten die Orkney-Bewohner erste Wunder, die sie prompt dem christlichen Earl zusprachen. Der Weg zum Heiligen war beschritten. Bereits 1137 ließ sein Neffe die erste St Magnus Church errichten, woraus sich die Kathedrale entwickelte.

Gleich neben der Kathedrale komme ich zum Earl's Palace. Noch als Ruine vermittelt der Bau eine gewisse Schönheit, gilt er doch heute noch als eines der schönsten Renaissance-Gebäude Schottlands. Doch so wunderbar es für damalige und heutige Verhältnisse sein mochte, hat es doch den Makel, dass es durch Frondienst und Unterdrückung errichtet worden war. Denn die Geschichte hinter der jetzigen Ruine ist verknüpft mit Earl Patrick Stewart, einem gierigen und grausamen Herrscher der Insel, der in diesem Prachtbau leben wollte. "Black Patie" wurde er wegen seiner Grausamkeit von der Bevölkerung genannt. Als der Palast fast fertig war, hatte Patrick Stewart nicht mehr viel davon, denn er hatte sich finanziell überschätzt. Aufgrund von Schulden und auch wegen seiner grausamen Art wurde er ins Gefängnis in Edinburgh geworfen und schließlich 1615 dort hingerichtet. Der Palast ging anschließend in den Besitz der Bischöfe von Orkney über und wurde zeitweise von ihnen bewohnt. Im 18. Jahrhundert gehörte er der schottischen Krone, konnte aber nicht mehr instandgehalten werden. So verfiel Earl's Palace schließlich und wurde zu der Ruine, die ich heute vor mir sehe.

Das war der geschichtliche Vortrag für heute. Aber ich denke, man muss immer wissen, in welchen Dimensionen man sich bewegt. Und die geschichtliche Dimension der Orkneys ist sehr vielschichtig und interessant und manchmal macht es sogar Spaß, sich damit näher zu befassen. Jetzt aber geht es zurück zum B&B.

Mein Wheelie steht immer noch in meinem Zimmer und hat auf mich gewartet. Ab sofort darf er mit mir wieder über die Straße rollen. Möglicherweise erkennt er mich gar nicht wieder, denn der Mensch, der da vorgespannt ist, sieht so ganz anders aus als in den letzten drei Wochen. Er trägt Hemd! Keine Fleecejacke, keinen Anorak mehr, es ist Hochsommer: 15 °C und so gut wie kein Wind. Die Sonne verwöhnt auf ganzer Linie!

Genau dort, wo die Besiedlung Kirkwalls aufhört und in ländlichere Gefielde übergeht, steht an der Straße Kirkwall - St Margaret's Hope die Highland Park Distillery. Damals hatte ich sie schon besucht, Schottlands Lebenswasser getestet, deshalb schenke ich es mir heute. Wären jetzt schon Wolfgang oder Dieter bei mir, kämen wir wahrscheinlich hier nicht dran vorbei und die Folgen wären verheerend. Außerdem müsste bestimmt eine Flasche in meinem Wheelie transportiert werden, immer nach dem Motto "Du musst das ja nicht tragen. Du ziehst das ja nur hinter dir her. Stell dich bloß nicht so an!"

Der Weg bzw. die Straße geht sich wie von alleine. Kein Gegenwind! Blicke auf mit Löwenzahn übersäte Wiesen, auf denen viel öfter als auf den Shetlands auch mal Rinder grasen, große Bauernhöfe, die oft ihre Gerüche zu mir herüberschicken, und auf die weite blaue Fläche der Bucht von Scapa Flow. Schafe gibt es natürlich auch, nur mir fällt auf, dass hier die Lämmer lange nicht mehr so winzig sind wie auf den Shetlands. An ihnen ist schon richtig was dran. Ich trällere meine Lieder vor mich hin, zunächst mal aus purer Freude, doch auch wohl wissend, dass bald der "Kontrolleur" naht. Wolfgang packt bei sich zu Hause wohl so langsam seinen Rucksack, am

Freitag erwartet er mich in Wick. Dann wird überprüft, ob ich konzerttauglich bin. Oh Wolfgang, hab Erbarmen!

Wiedermal wird es ein kurzer Wandertag. Bis St Mary's geht es nur. Zwar gibt es dort keine Unterkunft für mich, aber die Möglichkeit, mit dem Bus im nächsten größeren Ort St Margaret's Hope eine zu erreichen. Durchzumarschieren muss nicht sein, ich muss mir nichts mehr beweisen. Kurz vor Ankommen des Busses bin ich am Busstop, eine Viertelstunde später in St Margaret's Hope. Im kleinen Laden des Ortes frage ich nach meinem Hostel. Zwar wird mir beschieden, dass das Hostel direkt nebenan zu finden sei, aber das sei wohl "fully booked". Aber ich solle doch Barbara anrufen, die das Hotel betreibt, die hätte auch noch ihr B&B anzubieten. Volles Hostel - schönes B&B? Da kann ich doch mit leben. Wie es der Zufall will, steht Barbara auf einmal neben mir im Laden. Sie hätte mich sowieso schon für ihr B&B eingeplant (zu Hostel-Kosten, versteht sich), ich solle ruhig schon mal vorgehen, ihr Haus wäre das direkt neben der Kirche, die Tür sei auf. Ich finde ein schönes Häuschen vor, mit einem gemütlichen Zimmer. Meine kleine Glückssträhne hält an.

Am Abend gehe ich in den Dorfpub "Murray Arms". Anfangs sitzen nur drei Männer an der Theke. Aber was für welche! Jeder bringt mindestens 120 kg auf die Waage, hat eine Lache wie Donnerhall und Durst für drei. Während ich mein bescheidenes Abendessen und zwei Pints Tennants trinke, muss ich mich anstrengen, sie mal mit einem leeren Glas vor der Brust zu erwischen. Dazu wird wechselweise Poolbillard oder Dart gespielt, aus Lautsprechern dröhnt AC/DC und zwischendrin läuft ein kleiner Dackel rum und möchte mit jedem Bällchen fangen spielen. Ich fühle mich wohl.

Auch wenn ich nur drei Tage auf den Orkneys sein werde - dies war ein guter.

11. Mai 2016

Barrieren und eine kleine Kapelle

St Mary´s - St Margaret´s Hope (11 km)

Frühstück wird heute Morgen im St Margaret's Cottage B&B nicht angeboten, schließlich bezahle ich ja nur den Hostelpreis. Bett wird auch nicht gemacht. Auf beides kann ich gut verzichten. Zu Hause ziehe ich meine Bettwäsche auch nicht jeden Tag stramm und Lebensmittel habe ich noch genug dabei. Ich muss sogar zusehen, dass ich es verbrauche, bevor es bei der ungeheuren Sonnenbestrahlung im Tagesrucksack schlecht wird. Bei Barbara kann ich aber waschen, ist doch eine günstige Gelegenheit heute. Nach vollbrachter Arbeit hänge ich alles draußen auf die Leine, es kann hier trocknen, während ich wandere. D.h. eigentlich könnte ich neben der Wäscheleine stehenbleiben und eine halbe Stunde warten, dann wäre bei der Sonne und dem Wind bestimmt schon alles trocken. Aber das wäre Zeitverschwendung, lieber lese ich mir in meinen Unterlagen noch etwas zu den besonderen Orten meiner heutigen Strecke durch. Zeit genug dazu habe ich, mein Bus zurück nach St Mary's fährt erst um kurz nach 10 Uhr.

Gut vorbereitet stehe ich um 10 Uhr am Busstop, der Bus ist pünktlich und kurz darauf bin ich wieder in St Mary's. Die Sonne scheint wie gestern vom blauen Himmel, der Wind ist etwas lebhafter, vielleicht ist es mir deshalb etwas kühler. Jedenfalls bleibt der Anorak erstmal an.

Direkt hinter St Mary's betrete ich das erste aus der Reihe von Bauwerken, die heute meinen Tag bestimmen: das Churchill Barrier Nr.1. Drei weitere von ihnen werden folgen. Die Existenz dieser Barriers ist die Geschichte eines Desasters und einer ungeheuren Kraftanstrengung.

1914 bereits verlegte die britische Marine ihre Flotte nach Scapa Flow, einem riesigen natürlichen Hafengebiet, gelegen zwischen verschiedenen großen und kleineren Inseln der Orkneys. Vermeintlich ein sicherer Hafen. Sicher vor den Deutschen - mochten sie noch so viele U-Boote haben. So glaubte man. Schon im I. Weltkrieg hatten die Deutschen versucht, hier einzudringen und anzugreifen. Sie waren kläglich gescheitert, hatten zwei Schiffe verloren. Unterirdische Netze, Schiffswracks, Patrouillenboote und eine starke Strömung machten die Bucht uneinnehmbar.

Bei Anbruch des II. Weltkriegs war der englischen Admiralität klar, dass die Deutschen es wieder versuchen würden, lagen doch die Orkneys strategisch zu günstig für den Transatlantikverkehr, die Routen in die baltischen Länder und in Richtung des englischen Kanals. Man schien gerüstet, auch wenn man sich der Tatsache bewusst war, dass der östliche Zugang zu Scapa Flow ein Unsicherheitsfaktor war. Vier Zugänge, zwischen Westmainland, Lamb Holm, Glimps Holm, Burray und South Ronaldsay waren zwar so etwas wie ein Nadelöhr, aber vielleicht doch für ein deutsches U-Boot zu durchdringen.

Scapa Flow war zu Beginn des Krieges voll von Schiffen der Great Fleet. Doch die Deutschen versuchten nicht nur einen Angriff, sie hatten sogar Erfolg. Während fast alle anderen größeren Schiffe zu einer Übung auf dem Atlantik waren, gelang es am

13. Oktober 1939 - der Krieg dauerte gerade mal sechs Wochen - dem U-Boot U47 unter Kommandant Günther Prien trotz sternenklarer Nacht und aufgetaucht bei St Mary's in den großen Naturhafen Scapa Flow einzudringen, die Royal Oak zu versenken und auf demselben Weg wieder in den offenen Atlantik zu verschwinden.

Aus diesem Desaster für die britische Marine zog einer seine Lehre: Winston Churchill, damals noch Erster Lord der Admiralität, ordnete an, dass die östlichen Inseln bei Scapa Flow durch massive Barrieren zu verbinden seien, indem undurchdringliche Dämme aufgeschüttet werden sollten. Zu groß war das staatliche Interesse an der zukünftig notwendigen Unverwundbarkeit der Marine, als dass man nicht diese Kraftanstrengung auf sich nehmen musste.

Die Bauarbeiten dauerten den ganzen Krieg hindurch. Straßen mussten angelegt, Steinbrüche erschlossen, Schienenverkehr zum Antransport eingerichtet, Arbeitskräfte requiriert, Arbeitscamps gebaut werden, usw., usw. 250.000 Tonnen Geröll wurden in Drahtschotterkästen gepackt und in die bis zu 18 m tiefe See versenkt. Sie dienten als Basis der Dämme. Darauf wurden 66.000 riesige jeweils 5- oder 10-Tonnen schwere Betonblöcke geschichtet. Zeitweise mussten sich über 2.000 Menschen am Bau beteiligen. In der sonst so beschaulichen und friedlichen Gegend regierte nun Lärm, Staub, Dreck und hektische Betriebsamkeit, die Landschaft wurde für immer verändert.

Erst vier Tage nach Kriegsende waren die Churchill Barriers fertig. Doch was aus der Not des Krieges heraus entstand, ist heute ein Segen für die Bewohner der kleinen Inseln. Eine Straße verläuft auf der Krone der Dämme und verbindet sie nun mit der Hauptinsel. Ein Glück auch für Touristen, denn diese Straße macht erst die Fährverbindung von South Ronaldsay zum schottischen Festland möglich. Über diese Dämme ziehe auch ich nun dahin, "springe" auf ihnen von Insel zu Insel und komme zügig voran.

Doch direkt hinter Barrier Nr.1 halte ich schon wieder inne, möchte mir das zweite Bauwerk ansehen, das etwas abseits der Straße liegt und Bewunderung verdient: die Italien Chapel.

Die Bauarbeiten an den Barriers wurden teilweise auch mit italienischen Kriegsgefangenen durchgeführt, von denen mehrere hundert in Camp 60 auf Lamb Holm untergebracht wurden. Das Lager bestand aus 13 einfachen Hütten, aber die fleißigen Italiener bauten neben ihrer harten Arbeit an den Barriern in ihrer Freizeit Pfade aus Beton, von dem es bei den Bauarbeiten mehr als genug gab, und pflanzten Blumen bis das gesamte Gelände umgestaltet war. Als ob er den gesamten Appellplatz überblicken sollte, stellte der gefangene Künstler Domenico Chiocchetti die Figur des Heiligen Georgs her. Sie bestand aus Stacheldraht, der mit Zement verkleidet worden war. Neue Annehmlichkeiten wurden geschaffen: ein Theater mit einer Landschaft als Bühnenbild und eine Baracke zur Erholung, die unter anderem als Ausstattung einen Billardtisch aus Beton aufwies.

Was dem Lager aber noch fehlte war eine Kapelle. Sie wurde von den Gefangenen dringend gewünscht. Gegen Ende 1943 wurden den Gefangenen zwei Nissenhütten bereitgestellt und hintereinander positioniert. Mit Zustimmung des neuen Lagerkommandanten machte sich Chiocchetti an die Arbeit, unterstützt von vielen Mitgefangenen. Ein Altar aus Beton entstand, flankiert von zwei kleinen Fenstern mit bemaltem Glas. Ebenso ein Weihwasserbecken aus Beton. Hinter den Altar malte Chiocchetti sein Meisterwerk bis zum Dach: eine Heilige Madonna mit Jesuskind, nachempfunden der Vorlage eines Heiligenbildes seiner Mutter, das er mit sich durch den Krieg getragen hatte. Das Gewölbe des Altarraums wurde von Chiocchetti als Fresco ausgestaltet, das Holz für den Tabernakel von einem zerstörten Schiff besorgt. Von dem mitgefangenen Schmied Palumbi wurde aus Eisen die Chorschranke hergestellt, unter Leitung des weiteren Gefangenen Buttapasta wurde außen eine eindrucksvolle Fassade aus Beton errichtet, die den hässlichen Umriss der Nissenhütte verbarg, durch einen Glockenturm erweitert und auf beiden Seiten mit gotischen Zinnen verziert.

Als die Gefangenen die Insel im Frühling 1945 verließen, war die Kapelle noch nicht endgültig fertig. Chiocchetti blieb freiwillig zurück, um das Bauwerk, das hauptsächlich seiner Genialität und Schaffenskraft zu verdanken war, zu vollenden. Nach dem Krieg verschwand das ganze Lager, aber die Kapelle und der Heilige Georg mit seinem Drachen blieben. Die Bewohner der Orkneys, die von der Schönheit der Kapelle gehört hatten, begannen sie zu besuchen und allmählich wurde sie eine Art Wallfahrtsort für jeden, der auf den Orkneys Urlaub machte und tausende Besucher kommen immer noch jedes Jahr. Sogar Chiocchetti kam 1960 auf Einladung für drei Wochen zurück, um Renovierungsarbeiten an seinem Werk durchzuführen.

Wenn man so etwas gesehen hat, geht man nachdenklich weiter. Aber das schöne Wetter, die Löwenzahnwiesen, der blaue Himmel und die weite blaue Fläche von Scapa Flow, die freundlich guckenden Rinder und die kleinen Hügel, über die sich die wenig befahrene Straße schwingt, machen es mir leicht. Ich überquere Barrier Nr.2 und Nr.3, sehe bei ihnen die Überreste ehemaliger abgetakelter Handelsschiffe, die sowohl vor dem ersten als auch vor dem zweiten Weltkrieg hier als sog. Blockships versenkt worden waren und zu Teilen noch aus dem Wasser ragen und nähere mich nach Barrier Nr.4, das zur Atlantikseite hin inzwischen mit einem breiten Sandstrand und hohen Dünen versehen ist, meinem Ziel und Übernachtungsort St Margaret's Hope.

Da es noch früh ist, bummle ich noch etwas durch den Ort. Obwohl er nicht gerade groß ist, so ist er doch der drittgrößte der Orkneys, nach Kirkwall und Stromness. Seit es seit 2001 von hier sogar eine Autofährenverbindung auf das schottische Festland gibt, ist es hier sogar ein wenig lebhafter geworden. Wesentlich lebhafter ging es hier zu, als die Heringsfischerei noch boomte oder während der beiden Weltkriege, als es hier Marinebasen gab. Aber diese Zeiten sind lange vorbei. Heute spazieren nur noch wenige Touristen die Front Road direkt an der Uferlinie entlang oder eine Häuserzeile dahinter über die Back Road, wo sie zwangsläufig am "Murray Arms" vorbeikommen.

Ich werde da gleich mal wieder nicht vorbei- sondern reingehen und den Männer während ein, zwei Pints beim Darten oder Billardspielen zusehen. Immer wieder eine nette Unterhaltung!

12. Mai 2016

Menschenschädel und Adlerklauen

St Margaret´s Hope - Burwick Pier (25 km)

Als ich mir gestern Abend gerade meine Bettdecke über die Ohren ziehen wollte, sagte mir eine innere Stimme: "Schau doch nochmal ins Internet, ob mit der Fähre morgen alles klar ist." Erkenntnis: Man sollte öfter auf seine innere Stimme hören. Das Internet teilte mir nämlich mit, dass mit meiner Fähre gar nichts klar war. Bei meiner Recherche zu Hause hatte ich mal wieder prompt übersehen, dass im Monat Mai die Personenfähre von Berwick Pier (Orkneys) nach John O'Groats (schottisches Festland) nur ein Mal am Tag fährt, nämlich um 9.45 Uhr. Ich will aber noch nach Burwick an die Südspitze von South Ronaldsay wandern... Also wat nu???

Zunächst mal locker bleiben, alles wird sich fügen. Und schon fällt mir ein, dass von St Margaret's Hope aus auch eine Fähre fährt, die Autofähre nach Gill, nur wenige Kilometer westlich von John O'Groats. Ich singe ein Hohelied aufs Internet und erfahre aus ihm, dass diese sog. Pentlandferry um 16.50 Uhr ablegt. Bedeutet aber, dass ich von Burwick aus wieder zurück nach St Margaret's Hope muss. Was sagt mir das Internet? Da fährt aber überhaupt kein Bus! Nur dann, wenn die Fähre dort von John O'Groats kommend angelegt hat, morgens um 9 Uhr. Bei der dünnen Besiedlung im äußersten Süden der Orkneys rentiert sich kein Busverkehr, die paar Farmer hier haben Autos. Und die Touristen kommen nur wegen der Fähre hier in die Gegend und werden mit dem einzigen verlinkten Bus transportiert oder sind mit eigenen oder geliehenen Autos zum "Tomb of the eagle" unterwegs (dazu später mehr!). Also warum ein öffentlicher Busverkehr? Menschen zu Fuß sind eine zu vernachlässigende Größe. Trampen ist riskant. Wie gesagt, viele Autos sind nicht unterwegs und die Fähre in St Margaret's Hope wartet nicht. Also Taxi!

Heute Morgen bestätigt mir Barbara alle meine Internetrecherchen und gibt mir sofort die Nummer eines kleinen Taxiunternehmens. Ich rufe an und verabrede mich problemlos für 15 Uhr am Burwick Pier. Passt! Ich sagte ja: Es fügt sich. Es kommt sogar noch der Vorteil hinzu, dass ich meinen Lastenesel bei Barbara zurücklassen und mal wieder "Marscherleichterung" genießen kann. Um 9 Uhr bin ich weg.

Vollkommen entspannt gehe ich meiner Wege und muss so ganz nebenbei feststellen, dass mich die Orkneys die komplette Zeit meines Aufenthaltes mit wunderbarem Wetter verwöhnt haben. Dem kann das schottische Festland getrost nacheifern. Weite Strecken gehe ich heute auf einsamen kleinen Straßen, vorbei an vielen Bauernhöfen, die hier im Süden der Orkneys fruchtbare Landstriche bewirtschaften, hauptsächlich mit Rindviehhaltung, durchsetzt mit einigen Schafen. Was ich auf den Shetlands und bis jetzt auch auf den Orkneys fast vermisst habe, sind die Hunde, die wild hinter Hoftoren bellen, wenn ich vorbeigehe. Das hat heute ein Ende. Ich habe gar nichts gegen große Hunde, die hinter verschlossenen Hoftoren bellen und sich wie verrückt gebärden. Das ändert sich aber, wenn diese Hoftore sperrangelweit offenstehen. So bei einem Bauernhof heute irgendwo im Nirgendwo. Zwei mammutgroße Kampfmaschinen, der eine eine Mischung aus Deutschem Schäferhund und Riesenspitz, der andere ein bulliger Boxer, kommen mir entgegengerannt und verursachen bei mir im Kopf kurzfristig eine gewisse Blutleere mit nachfolgenden prompten Hitzeattacken. Doch dann geschieht das Wunder: Genau an der Linie, wo eigentlich das geschlossene Tor sein müsste, bleiben die Schnuckelchen wie angewurzelt stehen, fixieren mich stumm und lassen mich mit leisem Grummeln vorüberziehen. Ich bin überzeugt, hätte ich diese imaginäre Reviergrenze auch nur einen Zentimeter überschritten, sie hätten...

Über Gefahren dieser Art darf man einfach nicht nachdenken. Was könnte unterwegs alles passieren... und wenn man dann noch alleine ist... ja, ja... Irgendwie komme ich überhaupt nicht zum Nachdenken. Stattdessen bin ich von morgens bis abends beschäftigt: Wheelie packen, Route festlegen, Unterkunft bezahlen, losgehen, Route unterwegs ändern, Lebensmittelladen suchen, Fish&Chips-Laden suchen, beides nicht finden, Pfad nicht finden, Karte oder Handy befragen, ob ich noch richtig bin, die

Landschaft angucken, Boote in kleinen Häfen dümpeln sehen, Fotos machen, interessante Beobachtungen notieren, Nüsse essen, die Auskünfte der freundlichen Einheimischen zu verstehen versuchen, bei der Unterkunft einchecken, etwas zu essen machen oder etwas essen gehen, beim Biertrinken im Pub die Preise verdrängen, ins Bett kriechen, den Blog schreiben, die Augen schließen, einschlafen. Wie soll man da noch einen klaren Gedanken fassen? Aber Spaß macht es trotzdem.

Von einer Anhöhe aus sehe ich die Bucht, in der Burwick Pier liegt, und gar nicht in so weiter Ferne das schottische Festland. Heute noch werde ich da drüben sein. Auch Burwick Pier wäre in einer halben Stunde erreicht, aber ich will noch zum "Chambered Cairn of Isbister", auch tituliert als "Tomb of the eagle". Ganz in der Nähe dazu gibt es das dazugehörige Visitor Center, in dem die Geschichte dieses Cairn und seiner Entdeckung umfangreich aufbereitet werden. Als Ich das Center betrete, werde ich an der Kasse von einer alten Lady begrüßt und ab da in einer eineinhalbstündigen persönlichen Führung durch die historischen Abteilungen geführt. Und es ist wirklich interessant.

An einem Sommerabend im Jahr 1958 geht Ronnie Simison an den Sandsteinkliffs entlang, die sein Farmland begrenzen, auf der Suche nach einem brauchbaren Stein, den er als Eckpfosten für einen Zaun verwenden könnte. Er bemerkt von Wettererosionen freigelegte, waagerecht verlegte Steinplatten und beginnt zu graben. Zum Vorschein kommen wunderbar geschliffene Artefakte aus frühgeschichtlicher Zeit, u.a. drei Klingen von Steinzeitäxten. Einige Tage später kehrt er an dieselbe Stelle zurück und findet zu seinem Erstaunen eine kleine Steinkammer, die 30 menschliche Schädel enthält. Später wird bestätigt, dass es sich hier um eine neolithische bzw. steinzeitliche Schädelstätte handelt. Das Besondere: Unter den Schädeln befinden sich viele Klauen und Knochen von Seeadlern. Spätere weitere Ausgrabungen haben ergeben, dass dieser besondere Ort nicht in einem Mal, sondern über 200 Jahre hinweg gebaut wurde, der Bau vor mehr als 5.150 Jahren begann und über 800 Jahre lang genutzt wurde.

Der Eingang ist drei Meter lang, 85 cm hoch und 70 cm breit. Heute kann man, wie vor 5.000 Jahren auch, auf Händen und Knien hineinkriechen oder sich mit Hilfe eines Rollbretts und einem Seil selbst hineinziehen. Einmal drinnen, sieht man die zwei Meter hohen Wände der Hauptkammer und niedrigere Seitenkammern. Bei seinen ersten Ausgrabungen 1958 fand Ronnie einige menschliche Knochen und Schädel. Bei einer späteren Ausgrabung 1976 fand er erstaunliche 16.000 Knochen, einschließlich 100 Schädel. Das war die größte Anzahl je in Großbritannien gefundener neolithischer Knochen. Man vermutet, dass diese große Zahl sich aus sog. "sky burials" erklärt, wobei Leichname hier auf einem Vorplatz offen ausgelegt wurden, um sie von Tieren, z.B. von Vögeln wie den Seeadlern, "reinigen" zu lassen. Nachdem dieser Prozess abgeschlossen war und nur die menschlichen Knochen erhalten waren, wurden diese in den Kammern abgelegt, zusammen - vielleicht aus Respekt - mit Knochen von Tieren, in diesem Falle besonders vielen der Seeadler, und anderen Beigaben.

Als die Führung der äußerst sympathischen Dame zu Ende ist und ich auf die Uhr schaue, erschrecke ich etwas. Ich habe für die drei Kilometer von hier bis zum Burwick Pier genau noch eine halbe Stunde Zeit. Der kleine Taxibus kann nicht warten, er muss noch Grundschulkinder an der Schule in St Margaret's Hope einladen und über die Dörfer nach Hause bringen. Ich verabschiede mich herzlich von Lady Marion, die sichtlich mein (wirkliches) Interesse genossen hat, und haste Burwick Pier entgegen. Ich bin keine Minute dort, da rollt das Taxi auch schon an.

Barbara ist gerade vor ihrem B&B an ihren Blumenrabatten beschäftigt, als ich mich endgültig von ihr verabschiede. "Noch schöne Tage in Schottland!", wünscht sie mir lächelnd, um noch etwas hämisch hinterherzuschicken: "Die Orkneys sind nämlich nicht Schottland!" - "Ich weiß", antworte ich verständnisvoll nickend, "meine Schottlandwanderung fängt erst morgen an."

Langsam marschiere ich mit meinem Wheelie aus dem kleinen Ort heraus und bin zwanzig Minuten später an der Fähre, die bereits seit einiger Zeit am Pier liegt. Kurz darauf wird mit dem Laden der Fahrzeuge begonnen und ich bin verblüfft, wie viele LKW, Wohnmobile, Vans und normale Autos draufpassen. Während der ganzen Aktion erblicke ich schwere dunkle Wolken, die von Nordwesten her aufziehen. Schlägt das Wetter um? Schön wäre das nicht, aber ich kann mich eigentlich über das Wetter der letzten Tage nicht beklagen. Schade wäre es nur für Wolfgang, der morgen anreist. Schon auf dem Grünen Band im letzten Jahr wurde er nicht gerade von gutem Wetter verwöhnt. Na ja, so schlimm wäre das jetzt vielleicht auch nicht, hier hätte er ja dafür seinen Whisky.

Nach einer Stunde Überfahrt bin ich - wie Barbara zu sagen pflegt - "in Schottland". Jetzt nur noch zehn Minuten mit dem Bus nach John O'Groats. Viel weiter nördlich geht "das richtige" Schottland nicht. Das "Seeview Hotel" hält für den sparsamen Wanderer Bunk-Räume bereit, Räume mit Doppelstockbetten. Ich habe einen Raum für mich alleine. Mit Bettwäsche, Handtücher, Dusche, schön warm - was will ich mehr? Zwei Pints! Die bekomme ich im hauseigenen Pub.

13. Mai 2016

Wolfgang kommt!

John O´Groats - Wick (35 km)

Bevor Wolfgang gleich hier auf der Matte steht, heute nur ganz kurz die wichtigsten Informationen. Er hat eine Nachricht geschrieben mit der Anfrage, ob ich denn schon Whisky besorgt hätte. Na der hat Nerven! Das war heute mein längster Ritt seit langem: 35 km! Und da fragt der mich, ob ich Whisky besorgt hätte... Was gleich allerdings so läuft, weiß ich nicht. Aber nach den Kilometern heute, werden mich zwei Whiskys fällen wie eine Axt!

Also ganz schnell: Von John O'Groats geht es auf einem Pfad direkt an der Küste entlang bis zum Duncansby Head mit seinem Leuchtturm, dann ein harter Schwenk nach Süden und es beginnt wieder ein imposanter Klippengang. Spektakulär besonders die Duncansby Stacks, zwei riesige Felsformationen, wovon einer sogar höher ist als die neben ihm aufragenden Klippen.

Danach wird es mühsam. Der Pfad ist als solcher manchmal gar nicht mehr zu erkennen, meist zugewachsen mit Heidekraut. Sumpfige Stellen lassen mich immer wieder bis an die Knöchel in Wasser versinken. Ich versuche, solchen Stellen auszuweichen, aber dann stecke ich bald im nächsten Morast. Mindestens für fünf Kilometer ist das alles eine ziemliche Plackerei und ich komme kaum richtig vorwärts. Für meine Psyche ist das gar nicht gut, denn ich weiß ja, es wird heute eine lange Etappe. Irgendwann habe ich's dann hinter mir und kann auf einer kleinen Straße weitergehen.

Bei einer Pause um die Mittagszeit stelle ich fest, dass ich bereits 22 km gestiefelt bin, und meine Karte sagt mir, dass ich noch lange nicht in Wick bin. Meine Güte, wenn ich jetzt wie geplant weitergehe, werden das 40 km! Das muss nicht sein, dann bin ich bei Wolfgangs Erscheinen ja nicht ansprechbar. Deshalb flexibel sein und nicht wieder auf den langen Küstenpfad über Noss Head einbiegen, sondern den direkteren Weg die Straße entlang.

Und es zieht sich und zieht sich. Glücklicherweise ist angenehmes Wetter, bei Regen oder starkem Gegenwind wäre das nochmal eine ganz andere Nummer. Doch um 16 Uhr stehe ich dann tatsächlich vor der Tür des B&B Harbour House, direkt - wie der Name schon vermuten lässt - am Hafen.

Ich bin gerade geduscht und etwas relaxt, da kommt Wolfgang die Treppe hochgestiefelt. Jetzt können drei besonders schöne Tage beginnen - nicht nur wegen des gemeinsamen Wanderns...

14. Mai 2016

Im Kletterpark

Wick - Swiney (32 km)

Der Abend wurde noch vergnüglich. In einem Laden konnten wir abends noch etwas Bier und eine Mini-Flasche Whisky ergattern und haben es uns damit auf dem Zimmer gemütlich gemacht. Aber die vergangene Nacht war gerade auch für Wolfgang sehr kurz, deshalb trällerten wir noch unsere Konzertlieder, Wolfgang war mit meiner Lernleistung zufrieden und gegen Mitternacht knipsten wir das Licht aus.

Eigentlich soll es jetzt eine schöne, entspannte Küstenwanderung werden, so hatte sich das Wolfgang wohl vorgestellt. Die Wetterbedingungen sind erstaunlich gut (etwas entgegen der Vorhersage) und mein kurzfristiger Wanderbegleiter tritt mit frohem Mut vor die Tür. Erstmal geht es die Straße hoch - die gute Laune Wolfgangs bekommt einen Dämpfer. Einmal auf der Höhe und mit schönem Blick auf den Hafen von Wick hellt sich sein Gesicht wieder auf. Erste Klippen erscheinen vor ihm und Sorgenfalten auf seiner Stirn. "Damals seit Irland habe ich mir geschworen, nie mehr so nahe an Klippen entlang zu laufen und jetzt mache ich das schon wieder", meint er noch lächelnd.

Der Weg, den ich mir überlegt hatte, der auch in meiner Wegebeschreibung steht und auch auf der Karte eingezeichnet ist, ist durch diverse Stacheldrahtzäune versperrt. Wir müssen einen Umweg gehen und landen auf der Hauptstraße, die von Wick immer an der Küste entlang in den Süden führt. Wir beißen in den sauren Apfel umd gehen etwa zwei Kilometer auf ihr entlang. Doch dann will ich wieder auf den Küstenpfad zurück. Wir steigen über mehrere Zaungatter und geben dabei bestimmt keine gute Figur ab. Wolfgang wähnt sich im Kletterpark und ich habe meine Freude.

Die Freude hört auch bei mir langsam auf, als die Zaun- und Gatterüberquerungen überhaupt kein Ende nehmen wollen. Als das dann noch dazu führt, dass wir bei einigen senkrecht abfallenden Klippenwänden genötigt sind, auf Tuchfühlung mit dem Abgrund daran entlangzugehen, hört allmählich auch bei mir der Spaß auf. Wolfgang ist schon lange blass um die Nase und erst als es uns möglich ist, Abstand zwischen uns und den Klippen zu legen, bekommt sein Gesicht wieder eine normale Farbe.

Auch wenn wir jetzt weit genug von den Klippen weg sind, über Zäune und Mauern müssen wir immer noch klettern. Wie gut, dass Wolfgang mit dabei ist! Wie ich sonst meinen Wheelie alleine über diese Hindernisse bekommen hätte, ist mir ein Rätsel. Aber ich weiß auch, irgendwie wäre es gegangen. Doch plötzlich gibt es keinen Pfad mehr, wir geraten immer mehr in knietiefes Heidekraut. Die Heidelandschaft entwickelt sich zu einer Moorlandschaft. Es wird mühsam, sehr mühsam. Dazu noch den Wheelie da durchwuchten, au Mann! Hinter mir höre ich Wolfgang stöhnen: "Boaahh! Maaann!" Er kämpft. Immer wieder stehe ich bis zu den Knöcheln im Wasser. Ein Aufschrei hinter mir, wenn Wolfgang dasselbe widerfährt. Manchmal muss ich ja lachen, aber nach einer gewissen Zeit des Herumirrens reicht es mir auch.

Irgendwann sehen wir eine Straße vor uns, einen See, zwei Funkmasten. Alles finde ich auch auf der Karte. Endlich wissen wir, wo wir sind! Eigentlich nicht da, wo wir schon lange sein wollten. Egal, jetzt einfach noch bis zur Straße durchschlagen. Noch zwei Zäune, noch ein Gatter. Unser Bedarf an Küstenpfad ist gedeckt, wir sollten heute einfach nicht zusammenkommen.

Wie schön es doch sein kann, auf einer Straße einherzugehen. Keine Unebenheiten unter den Sohlen, kein Sumpf, keine Zäune, die den Weg versperren. Einfach nur unbeschwert gehen und raumgreifend schreiten. D.h., so raumgreifend sind die Schritte von Wolfgang jetzt auch nicht mehr. Die letzten Kilometer in Moor und Heide und im Zaunkletterpark haben ihn einiges an Kraft gekostet. Er kommt nur noch langsam voran, schnauft, schaut nicht glücklich. Ich versuche ihn etwas aufzurichten, indem ich ihm meine Textfestigkeit bei den Konzertliedern beweisen möchte, aber irgendwie interessiert ihn selbst das nur noch peripher. Er will nur noch eine Pause.

Die bietet sich an, als wir an einem kleinen Pub vorbeikommen. Drinnen brennt ein wärmendes Kaminfeuer, es ist alles in allem recht urig, das Bier schmeckt gegen den ersten Durst und die Mushrooms-Suppe gegen den inzwischen aufgekommenen Hunger. Wolfgang denkt auch über eine Weiterfahrt mit einem Bus nach, aber wie sich herausstellt, fährt zu dieser Zeit keiner. Also weiter!

Schon als wir gerade wieder unterwegs sind, steht die nächste Raststation fest: das Café bei den Whaligoe Steps. Wolfgang hatte es auf seiner Busfahrt hinauf nach Wick bereits gesehen. Wieder eine Stunde an der Straße entlang. Eigentlich eine schöne Strecke: links die Nordsee, rechts die weiten Wiesen mit Schafen, Hochlandrindern und Pferden. Ich glaube aber, Wolfgang hat da nicht mehr so die Augen für, er will das Café erreichen - und dort dann aufhören und ein Taxi rufen. Noch zwei Stunden oder mehr weitergehen - ohne ihn.

Wie immer kommt man an - irgendwann. Das kleine Café unmittelbar an den Whaligoe Steps hat glücklicherweise geöffnet, die Rast ist gesichert. Trotzdem will ich noch kurz einen Blick auf die Steps werfen, die hier über 365 Steinstufen hinweg an den Fuß der Klippen führen. Hier unten war im 19. Jahrhundert der Ankerplatz für viele Heringsfischer, die hier ihre Ware anlieferten, bevor dann auf einer tennisplatzgroßen Fläche von Frauen der Fang verarbeitet und die Treppen nach oben zur weiteren Vermarktung gebracht wurde.

Auch ich verspüre nicht mehr die Lust, diese 365 Stufen nach unten zu steigen, geschweige denn anschließend wieder hoch. Nur etwa 100 gönne ich mir, verfolge die Treppe dann weiter mit den Augen bis nach unten und kann nur die Frauen bewundern, die hier früher täglich arbeiten mussten.

Im Café sind gerade die letzten Gäste gegangen und die Speisekarte ist gerade um einiges zusammengestrichen worden, aber es bleibt schon noch was. Wolfgang bestellt sich ein Taxi, ich kann mich nicht zum Mitfahren durchringen. Ehe das Taxi kommt, mache ich mich für die letzten 10 Kilometer auf den Weg. Nach etwa einer halben Stunde Marsch überholt mich ein Taxi, hupt kurz, ich weiß, dass Wolfgang gleich unser Tagesziel in Swiney erreicht haben wird.

Die letzten Kilometer ziehen sich für mich, auch wenn die Landschaft schön bleibt: Meer, Boote, Möwen. Etwas mehr als zwei Stunden brettre ich jetzt noch die Straße entlang und denke an Wolfgang, der sich jetzt gerade im Augenblick im Bett seine Wunden leckt. Tatsächlich komme ich auch mal in Swiney an, es ist jetzt auch wirklich genug.

Von Calton Hill auf Edinburghs Altstadt

Royal Mile

Edinburgh Castle

Hinauf auf Arthur´s Seat

Mit der Fähre auf die Shetlands

Ankunft in Lerwick

Immer weiter hoch nach Baltasound

Zum nördlichsten Punkt: Hermaness

Originell: Bobby´s Bus Station

Papageientaucher (Puffin)

Nördlicher geht nicht!

Über das Hochmoor von Hermaness Hill

Lange Straße Richtung Uyeasound

Ankunft bei Gardiesfauld Hostel Uyeasound

Am Loch of Snabrough (Belmont Circle)

Breckon Sands

Auf dem Breckon Circle

Rast an Bushaltestelle
Anni kocht

Ankunft im Schneegestöber

Gemütliches Burravoe Wigwam
bei Brae

Abschied von den Kindern

Kliffküste von Eshaness

Böd Sail Loft in Voe

Shetland Bus - Denkmal in Scalloway

Auf dem Hillswick Circle

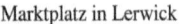
Marktplatz in Lerwick

Kleines Konzert im Musikladen

Bucht von Gumberwick

Seehunde auf dem Pier von Leebitten

Abendstimmung bei Bigton

Tombolo von St Ninian´s Isle

Crofter Museum Dumrossness

St Ninian´s Isle: Die Flut kommt!

Shetlandpony sucht Friseur

Broch auf Mousa

Hauptstraße kreuzt Landebahn von Sumburgh Airport

Kurz vor Sumburgh Head Lighthouse

Bei den Seevögel-Brutkolonien von Noss Head

Altes Viertel Lodberries in Lerwick

Die Fähre zu den Orkneys wartet schon

Hafen von Kirkwall (Orkneys)

St Magnus-Kathedrale in Kirkwall

Italian Chapel

Churchill Barrier

Auf schottischem "Festland": John O´Groats

Stacks of Duncansby

Nervenkitzel für Wolfgang

Küstenlandschaft von Sutherland

Dunrobbin Castle

Eiderenten auf Loch Fleet

Am Golfplatz von Dornoch entlang

Glenmorangie Distillery vor Tain

Dornoch Cathedral

Leuchtturm von Tarbat Ness

Durch nassen Raps nach Balintore

Ein wenig "Münsterland" vor Arabella

Kreuzfahrtschiff in Invergordon

Immer mal wieder auf dem Nordseeküstenradweg

Ölplattform im Cromarty Firth

Blick vun Culbokie auf Cromarty Firth und Highlands

Er wollte gern mein Freund sein

"Arbeitszeit" in der Netherton Farm B&B

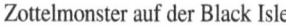

Zottelmonster auf der Black Isle

Über die Kessock Bridge nach Inverness

Fort George

Mit Dieter durch den Stechginster

Inverness

Hafeneinfahrt von Nairn

Dünen hinter Findhorn

Strand und Dünenwald hinter Findhorn

Durch Dünenwald bis Burghead

Burghead

Hafenkais von Hopeman

Strandhütten bei Hopeman

Royal Golf Club Course in Lossiemouth

"A tea or a coffee?"

Brücke über den River Spey

Seehunde hinter Portgordon

Markierungspfosten für Küstenpfad

Eisenbahnviadukt von Cullen

Möwenschwarm vor Sandend

Hafenkneipe "The Shore Inn" in Portsoy

Fischladen im Hafen von Banff

"Gefährlicher Weg" nach Crovie

Wäscheleinen in Crovie

Zwischen Wellen und Klippen: Crovie

Vor Pennan rauscht die Brandung

Leuchtturm von Rattray Head

Rattray Head Hostel (altes Leuchtturmwärterhaus)

Strandgang hinter St Combs

Großes Möwentreffen am Strand vor Peterhead

Zwei alte Männer und das Meer

Klippenküste von Buchan

Nasse Füße? - Kein Problem!

Mühevolles Gehen über rippigen Sand

Felsen-Rast am Strand vor Aberdeen

Lange Strandpromenade von Aberdeen

Donnattar Castle

Ruine bei Crawton

Hafenviertel von Stonehaven

Nasse Wiesenwege bringen...

... nasse Füße

Erfrischung am Straßenrand

Viele Kilometer unsere Wegmarkierung

"Home of Golf":
St Andrews Old Course

Warnhinweis bei auflaufender Flut

Netzeflicken im Hafen von Anstruther

Häuserreihe am Ufer von St Monans

Zugang zum Strand von Leven Links

Rast beim Hafenimbiss von Kinghorn

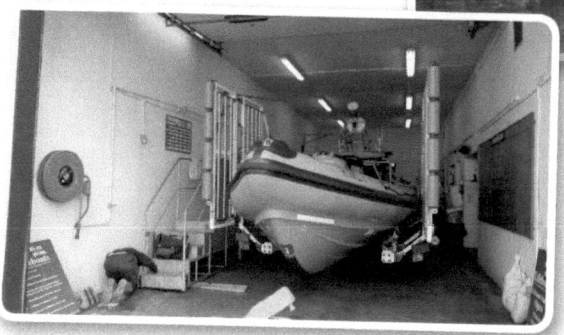
Lifeboatstation Kinghorn

North Queensferry duckt sich unter der Forth Bridge

Forth Road Bridge über den Firth of Forth

Alles bereit für den Edinburgh Military Tattoo

Schottisches Mannsbild in Edinburgh

Pub an der Royal Mile

Moderne Bauten am alten Hafen von Leith

Royal Yacht Britannia

Auf der Esplanade von Portobello

Hier geht´s lang Richtung Dunbar

Wahllokal zum Brexit-Referendum

Achtung - tieffliegende Golfbälle!

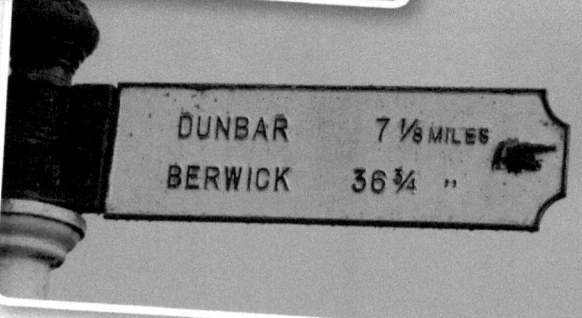

Pferde vor Tantallon Castle vor Bass Rock

Erster Hinweis auf das Ziel

Auf dem Berwickshire Coastal Path

Schönheiten gegen Ende der Tour

Steighilfen

Leuchtturm von St Abbs Head

Hafen von St Abbs

Am Fuße der Klippen: Häuser bei Burnmouth

Am Ziel!

Unscheinbare schottisch-englische Grenze

Und hinter uns das Tor zu!

15. Mai 2016

Erholsam geht auch

Swiney - Dunbeath (12 km)

Wolfgang ist heute Morgen ganz gut erholt. Man musste ihn zwar fast mit einem Kran aus dem Bett heben, aber nach einem guten Frühstück ist er wieder bedingt einsatzbereit.

Glücklicherweise ist es heute nur eine sehr kurze Etappe, gerade mal 12 Kilometer. Auch nur die Straße entlang, aber dafür verfransen wir uns nicht im Moor. Mit Zäunen und Gattern ist auf einer Straße auch nicht zu rechnen. Das Wetter hat von "größtenteils sonnig" auf "meist wolkig "gewechselt, also alles gute Voraussetzungen, dass der Tag gelingt.

Da wir noch eine Nacht in Swiney übernachten werden, ziehen wir wheelie- und rucksackfrei am Morgen los. Ein Paar mit dicken Rucksäcken marschiert vor uns her. Sie sind die ersten, die ich während der letzten Wochen wirklich wandern sehe. Ängstlich springen sie jedes Mal rechts ins Grün, wenn Autos ihnen entgegenkommen. Ich bin da nach den Erfahrungen während meiner langen Wanderungen in den letzten Jahren wesentlich entspannter. Außerdem habe ich die Schotten bisher als sehr rücksichtsvoll erlebt.

Die Zeit vergeht schnell, die Mühen von gestern scheinen auch bei Wolfgang fast vergessen, es macht richtig viel Freude, mit ihm unterwegs zu sein. Unter Freunden hat man sich viel zu erzählen und so kommen wir unserem Ziel Dunbeath fast schneller näher als wir denken. Zwei Kilometer vor dem Ort halten wir noch für eine kurze Rast im Tearoom eines kleinen Croftermuseums an. Drinnen sitzt bereits das Wanderpaar und genehmigt sich eine Soup of the day. Auch wenn unterwegs der Blickkontakt nur kurz war, wir freuen uns, uns hier wiederzutreffen. Wie sich herausstellt, sind sie auf dem längsten und berühmtesten Fernwanderweg Großbritanniens unterwegs, beginnend in Lands End in Cornwall im äußersten Südwesten Englands bis hinauf nach John O'Groats im äußersten Nordosten des schottischen Festlands. Sie haben vorgestern in John O'Groats ihren Weg begonnen, 71 Tage werden sie insgesamt unterwegs sein.

Nach der Rast im Tearoom sind es gerade mal noch zwei Kilometer bis Dunbeath. Zwei kurze Regenschauer erwischen uns bis dahin noch, die ersten für mich seit mehr als einer Woche. Als wir in dem kleinen Ort ankommen, wird uns grausam bewusst, dass wir jetzt noch mehr als eineinhalb Stunden auf den Bus warten müssen, der uns nach Swiney zu unserem B&B zurückbringt. Die pure Verzweiflung treibt uns in den Dorfshop, um uns mit etwas Verpflegung für den heutigen Abend im B&B einzudecken. Grundnahrungsmittel halt: Brot, Käse, Schinken, Bier, Whisky. Und da man sich ja auch nicht so lange in solch einem Shop aufhalten kann, landen wir noch in einem kleinen Pub ganz in der Nähe der Bushaltestelle. Während dort im Fernsehen der Große Preis von Barcelona der Formel 1 über den Bildschirm flimmert, gönnen wir uns zwei Pints, widmen uns den Problemen, die das Leben für jeden von uns bereithält und genießen den heutigen kurzen Wandertag. Es gibt eben nicht nur die langen, mühsamen Tage, sondern auch die kurzen, nahezu erholsamen. Gäbe es nur die Strapazen, die keinen Blick mehr lassen für die vielen schönen Seiten solch einer Tour, würde ich nicht seit all diesen Jahren auf so vielen Kilometern unterwegs sein.

Am frühen Nachmittag sind wir bereits wieder in unserem "Crofthouse B&B" in Swiney. Wir machen uns an Brot, Käse und Schinken ran, lassen uns den Gaumen von einer Flasche Rotwein verwöhnen, testen für eine Stunde nochmal die Matratzen aus und sind dann bereit für die Freuden des Abends.

16. Mai 2016

Sechs Kilometer für einen Kaffee

Dunbeath - Portgower (30 km)

Das Frühstück ist wieder reichlich. Der Ehemann unserer Gastgeberin ist anscheinend fürs Kochen zuständig und so serviert er uns im Stil des Butlers von "Dinner for one" unser Full Scottish Breakfast: Scrambled eggs, tomatoes, mushrooms, black pudding. Vorher noch ein Müsli, hinterher einen Toast mit Marmelade, dazu Orangensaft und Kaffee - den ganzen Tag über braucht man eigentlich nicht mehr.

Wir müssen die Uhr im Auge behalten. Um kurz nach 10 Uhr müssen wir vor dem B&B den Bus anhalten, damit er uns nach Dunbeath bringt, dorthin, wo wir gestern aufgehört haben. Es gelingt uns, nach dem üppigen Frühstück nicht wieder auf unseren Betten einzuschlafen und so stehen wir tatsächlich zehn Minuten bevor der Bus vorbeikommen müsste, am Straßenrand. Wichtig natürlich hier in Schottland, auf der richtigen Straßenseite zu stehen, damit der Bus nicht an einem vorbeifährt. Überhaupt dieser Linksverkehr hier... Man glaubt ja gar nicht, was unser Gehirn leisten muss alleine beim Straßenüberqueren. Und wenn ich es endlich kapiert habe, dass man hier zuerst nach rechts und dann erst nach links gucken muss, bin ich wieder zu Hause und muss wieder andersrum denken.

Unsere Gastgeberin kommt noch mit vor die Tür, schnell noch ein Foto, ein Winken, dann kommt auch schon der Bus. Zehn Minuten später sind wir in Dunbeath. Wie schnell doch Busfahren geht im Gegensatz zum Wandern...

Doch zu Fuß sind wir heute auch nicht schlecht. Zehn Kilometer sind es bis Berridale, die wir gutgelaunt und einträchtig nebeneinander- oder hintereinanderher trippeln. Bei Wolfgang scheint die gute Laune aber darin seine Ursache zu haben, dass er schon am Start die Möglichkeit ins Auge fassen kann, von Berridale aus mit dem Bus bis zu unserem nächsten Tagesziel Portgower zu fahren. Eigentlich ganz vernünftig gedacht, denn die Kilometerzahl wird heute wieder an die 30 heranreichen und das ist für einen recht Ungeübten vielleicht doch etwas zu happig.

Aus der Möglichkeit wird Gewissheit, als wir erkennen müssen, wo und wie Berridale in der Landschaft liegt. Mit 13% Gefälle windet sich die Straße in Serpentinen eineinhalb Kilometer lang zu dem Ort hinunter, dessen Häuser sich an den Ufern eines Baches verteilen, der hier - aus den Highlands kommend - in die Nordsee einmündet. 13% Gefälle sind nun vielleicht für Wolfgang nicht das Schlimmste, wenn wir nicht sehen würden, wie die Straße auf der anderen Seite genauso steil und lang wieder berghoch zieht. Da sich herausstellt, dass er außerdem kaum mehr als zehn Minuten auf den nächsten Bus warten muss und auch noch ein Regenschauer droht, gibt es für Wolfgang überhaupt kein Überlegen mehr. "Melde dich, wenn du in Helmsdale bist", meint er, als er an der Bushaltestelle zurückbleibt, "ich komme dir dann entgegen." Jawoll, so können wir es machen.

Ohne meinem Freund etwas Böses zu wollen, glaube ich, dass ich den Anstieg hinter Berridale ohne ihn wahrscheinlich doppelt so schnell schaffe wie mit ihm. Ich bin ja nun schon etwas länger im Training und selbst ich komme gehörig ins Pusten. Da der Bus aber wohl ein paar Minuten Verspätung hat, bin ich zum selben Zeitpunkt oben wie er.

Von nun an ist es zwar immer noch recht weit, aber unproblematisch. Im Gegenteil. Höhenunterschiede gibt es kaum noch, störenden Wind auch nicht, Regen nur ein paar Tropfen und die Sicht auf die weite Wasserfläche des Moray Firth, der sich bis nach Inverness hineinzieht, ist beeindruckend. Auf der anderen Seite, gerade noch am Horizont zu erkennen, erblicke ich einige schneebedeckte Berge der Highlands.

Bei den Berghängen neben mir leuchtet es nicht weiß, sondern gelb. Der Stechginster steht in voller Pracht und bedeckt weite Flächen. Ein schönes Bild!

Bei einem Parkplatz am Straßenrand steht ein großes Schild: "Welcome in Sutherland". Ich bin also gerade von der nördlichsten ehemaligen Grafschaft Caithness in die nächste, sich südlich anschließende gewechselt. Ich würdige dies mit einer kurzen Rast auf einem dicken Sandsteinfelsen und marschiere dann weiter. Zu Sutherland muss eigentlich mehr gesagt werden, aber das verschiebe ich aus dann besser gegebenem Anlass auf morgen.

Mich verschonen die Regenschauer, obwohl ich über dem Moray Firth etliche niedergehen sehe. Es ist immer wieder faszinierend zu sehen, wie in weiter Entfernung mehr oder minder breite Wasserschleier aufziehen und sich fortbewegen oder schwere Wolken auf einmal wie Luftballons zerplatzen und ihre Last abwerfen. Solange ich nicht getroffen werde, schaue ich mir das gerne an.

Als ich mir ausrechnen kann, dass ich noch eine Stunde bis Helmsdale brauchen werde, schließe ich mich mit Wolfgang kurz. Auch wenn ich damit rechnen muss, dass er gerade im Tiefenentspannungsmodus im Bett liegt, erinnere ich ihn an unsere Verabredung. Die Antwort kommt auch prompt: "Mach mich gleich auf den Weg!" Da Portgower etwa drei Kilometer hinter Helmsdale liegt, kommt er also heute auch nochmal in Bewegung, immerhin für sechs Kilometer. Zusammen mit den Kilometern am Morgen hat er damit eine ihn selbst sehr befriedigende Leistung abgerufen.

Ich sitze vielleicht seit einer Viertelstunde beim Kaffee im Café des Museums von Helmsdale, als Wolfgang hereinspaziert kommt. Er bestellt sich ebenfalls einen Kaffee und ich mir zur Gesellschaft meinen zweiten hinzu. Eigentlich muss man sich das auf der Zunge zergehen lassen: Mein Freund Wolfgang geht für einen Kaffee zusammengenommen sechs Kilometer! Nur damit er mich die letzten Kilometer bis zur Unterkunft begleiten kann. Weltklasse! Das hätte er selbst wohl vor Tagen noch kaum für möglich gehalten.

Kaum eine Stunde später sind wir in Portgower bei "Jutta's B&B". Was deutsch klingt, ist auch deutsch. Jutta, eine Münchenerin, und ihr Mann sind vor einigen Jahren nach Schottland gekommen, haben in Aberdeenshire ein B&B eröffnet und sind vor nicht langer Zeit nach Portgower gewechselt. Nach 30 Kilometern ist es einfach schön, bei ihnen in ein warmes, urgemütlich eingerichtetes Zimmer zu kommen und zum Abendessen vorzügliche Spaghetti Bolognese vorgesetzt zu kriegen. Dazu noch eine nette Unterhaltung über die unsäglichen Probleme, die ein Hauskauf in Schottland aufwirft und über den Handschlag der kleinen Tochter mit dem Dalai Lama anlässlich seines Besuches in Inverness.

Während wir essen und zuhören, warten drüben in unserem Zimmer für den letzten gemeinsamen Abend in Schottland der Rest des Whiskyflascheninhalts vom gestrigen Abend sowie für jeden eine Dose Tennants. Und eine letzte Überprüfung meiner Konzertfähigkeit... Der Abend ist gerettet!

17. Mai 2016

Disneyland - oder doch Protzbau?

Portgower - Golspie (29 km)

Mein dritter Abschied während meiner Tour. Wolfgang - nur drei Wandertage schritten wir Seit' an Seit' (und das noch nicht mal vollständig!) - muss wieder die Heimreise antreten. Schade, ich hätte ihn gerne noch eine Weile dabei gehabt. Es hat einfach wieder viel Spaß gemacht. Auch wenn Wandern nie sein großes Hobby werden wird, freue ich mich jedes Mal sehr darüber, wenn er allein aus Freundschaft und dem Wunsch nach Geselligkeit immer wieder, wenn auch nur kurz, mit mir zieht. Ich halse ihm noch ein paar Sachen auf, die ich nicht mehr brauche, bringe ihn dann noch zum Bus - und er ist verschwunden. Mach's gut, Junge, wir sehen uns direkt nach meiner Rückkehr bei der nächsten gemeinsamen Probe! Allein gehe ich jetzt nur eine Woche, dann stößt Freund und Ex-Kollege Dieter zu mir und geht bis zum Schluss mit. Hach, hört das denn mit dem Whisky nie auf...?

Der Himmel ist stark bewölkt, aber nahezu mild und windstill. Eigentlich die besten Zeichen, dass sich Regen ankündigt. So ist es für heute ja auch vorhergesagt. Also zügig die Straße bestampfen, vielleicht schaffe ich noch den größten Teil der Strecke, bevor es anfängt.

Es wird wiedermal lang werden bis Golspie, trotzdem bleibt mir kaum eine andere Möglichkeit, als auf der Hauptstraße (A9) entlangzutatschen. Die ist zwar in dieser Gegend recht ordentlich befahren, aber ich traue den in der Karte eingetragenen kleinen Pfaden nicht mehr so ganz. Die Erfahrungen mit den Dutzenden von Zaun- und Gatterüberquerungen vor wenigen Tagen wirken noch nach. Wenn die zu absolvierende Kilometerzahl relativ hoch ist, dauert es ewig, bis man von der Stelle kommt.

Und dann auch noch alleine den Wheelie überall drüber wuchten...! Nein, sicher ist sicher, auch wenn etwas nervig, daher: Straße!

Ich komme gut voran, auch wenn mich so mancher vorüberfahrende LKW ganz schön durchschüttelt. Entgegenkommende Auto- und LKW-Fahrer sind rücksichtsvoll, fahren bei Gegenverkehr langsam an mir vorbei, halten sogar manchmal vor mir an, bis sie vorbeikönnen. Ich sehe keine bösen Gesichter, oft sogar ein Lächeln und ein Winken. Ich freue mich jedes Mal darüber. Ist das in Deutschland auch so? Mir ist das da noch nicht so aufgefallen. An einem Parkplatz rollt bei meinem Vorübergehen ein pausierender LKW- Fahrer sein Fenster herunter und fragt mich aus, kann nicht fassen, was ich da mache. Es hört sich an, als wären selbst für ihn die Shetlands in unerreichbarer Ferne, geschweige denn für einen Fußgänger. Er schüttelt nur bewundernd den Kopf, reicht mir seine Riesenpranke herunter und zerquetscht mir bald meine Hand. "Good luck, guy! You're my hero-of-the-day!" Boah, irgendwie motiviert das!

In Brora habe ich die ersten 16 Kilometer hinter mir und mache in einem kleinen Café meine Pause. So klein das Café ist, so laut ist die Geräuschkulisse. Acht Frauen im Durchschnittsalter von 70 halten ihr Kaffeekränzchen ab. Ein Geschnatter wie auf einer Hühnerfarm, immer wieder aufkeimendes Gelächter, ich kann nicht anders, ich muss ab und zu mitlachen. Ich weiß nicht warum, weil ich so gut wie nichts verstehe, aber Lachen kann wirklich anstecken sein. Nach einer Dreiviertelstunde inhalierter guter Laune und einem Kaffee mit einem leckeren Scone, marschiere ich mehr als gut gelaunt weiter.

Etwa fünf Kilometer hinter Brora sehe ich zwei Bauwerke vor mir auftauchen. Eins davon steht auf einem hohen Berg. Eine immense Säule, über 30 m selbst hoch, und oben drauf steht die steinerne Figur eines Mannes, des ersten Grafen von Sutherland. Die Säule mit der Statue wurde 1834 errichtet, ein Jahr nach seinem Tod, von "einer trauernden und dankbaren Gefolgschaft" an "einen gerechten, freundlichen und großzügigen Landesherrn". Diese Huldigung ist gerichtet an einen Großgrundbesitzer, der es zu Beginn des 18. Jahrhunderts fertiggebracht hat, den größten Privatbesitz an Ländereien in Europa an sich zu bringen. Die Erkenntnis, dass mehr Geld damit zu machen ist, riesige Schafherden auf eigenem Land zu halten und zu vermarkten als durch die Vermietung von kleinen Ländereien an Bauern, führte zu "landwirtschaftlichen Verbesserungen", was nichts anderes war, als die gewaltsame Vertreibung der Crofter aus ihren Siedlungen. Auch in anderen Landesteilen Schottlands gab es diese sog. "Clearances", aber nirgends wurden sie so brutal vollzogen wie auf Veranlassung der Herren von Sutherland. Über 15.000 Menschen verloren ihren kleinen Besitz und ihren Broterwerb. Einige wurden entlang der Küste angesiedelt, wo sie sowohl wiederum als Kleinbauern, aber auch als Fischer für ihren Lebensunterhalt und zur weiteren Bereicherung ihres Grundherrn sorgen sollten. Viele aber wurden auch zur Auswanderung in die USA, nach Kanada, Australien und Neuseeland gezwungen. Schlimme Ironie: In Nordamerika war ein Teil dieser Vertriebenen nicht untätig dabei, selbst für die Vertreibung der eingeborenen Indianer zu sorgen.

Die Worte, die dort oben an der Riesensäule stehen, muten also sehr sarkastisch an. Vielleicht wurden sie damals im Namen von Menschen dort angebracht, deren Crofthouses nicht brannten und die nicht mit Gewalt auf Auswandererschiffe verfrachtet wurden. Es ist noch gar nicht lange her, dass die Menschen der Region darüber nachdachten, die Säule zu sprengen und die Überreste auf den umliegenden Hügeln zu verteilen. Oder sie zumindest auf dem Gelände von Dunrobin Castle, dem noch heutigen Sitz der Nachfolger des damaligen skrupellosen Auftraggebers, wiederzuerrichten. Aber immer noch beherrscht sie von da oben auf dem Berg weit sichtbar die Umgebung.

Das zweite Bauwerk, das sich mir immer mehr in den Blick schiebt, je mehr ich mich Golspie nähere, ist das besagte Dunrobin Castle. Ein Schloss, das an Disney, Neuschwanstein und französische Châteaus erinnert – und das hier in den Highlands. Es befindet sich seit rund 700 Jahren im Familienbesitz der Sutherlands. Im Märchenschloss steckt eine Burg als Kern. Bereits im 13. Jahrhundert stand hier eine Anlage, die dem Geschlecht der Sutherlands als Festung diente. Sukzessive wurde die Burg später erweitert – und als schließlich der strategische Wert von Burgen immer mehr schwand, gewann Dunrobin den Charakter eines Schlosses nach französischem Vorbild. 1872 übernachtete Königin Victoria hier, auch die jetzige Queen und der Herr Gemahl haben ihre königlichen Häupter hier schon gebettet. 1915 verwüstete ein Feuer das Innere des Schlosses und es wurde ein weiteres Mal renoviert. Im ersten Weltkrieg wurde es als Krankenhaus genutzt, von 1965 bis 1972 als Jungeninternat. Heute wohnen wieder Sutherlands hier, aber nur in einem Teilbereich. Der größere Teil und die große Gartenanlage zum Meer hinaus stehen der Öffentlichkeit zur Verfügung.

Ich schließe mich der Öffentlichkeit an, bezahle im repräsentativen Eingangsbereich an der Kasse dem älteren Herrn im Schottenrock meine £9,- Eintritt und schlendere durch den Garten und durch die protzigen Räume und Hallen. Ich kann mir nicht helfen, es dreht sich mir immer etwas der Magen um, wenn ich sehe, in welcher Pracht die Herrschaften damals so gelebt haben, während die meisten ihrer Untergebenen im Elend lebten. Doch das war ja hier nicht anders als in Deutschland, Frankreich, Russland oder sonst wo. Teppiche auf den Böden, Teppiche an den Wänden, von allen

Seiten gucken einen die Mitglieder der Ahnenreihe an, schwere Möbel, Tafelsilber, vollgestopfte Bibliotheken. Verschiedene Räume für verschiedene Anlässe: Speisesaal, Frühstückszimmer, Schlafzimmer für sie, Schlafzimmer für ihn, manchmal doch für beide, Ankleidezimmer, Arbeitszimmer für ihn, Frauen-Quätschchenzimmer für sie, Zimmer der Schneiderin, Musikzimmer, Kinderzimmer, Zimmer für das Kindermädchen, Ahnen-Huldigungszimmer, Uniformzimmer, usw., usw. Im Nachhinein fällt mir ein: Die Küche und das Klo habe ich nicht gesehen.

Meinen zerknautschen Hut lasse ich übrigens die ganze Zeit über auf dem Kopf. So viel Ehre, ihn abzunehmen, erweise ich den Sutherlands nicht. Schon genug, dass ich ihnen Geld geben musste, nur um mich mal ein wenig bei ihnen umzusehen. Den Hut kann ich beim Weitergehen auch gleich auflassen. Es hat - nicht unerwartet - zu regnen begonnen, richtig schöner Landregen. Über eine halbe Stunde hinweg weicht er mich richtig durch, dann bin ich aber auch in meinem B&B in Golspie.

Bei der Auffahrt zum Haus fallen mir hier zum ersten Mal die großen, jetzt auch blühenden Rhododendronbüsche auf. Der gelbe Stechginster und die verschiedenfarbigen Büsche dieser Art werden mich wohl noch eine Weile begleiten.

18. Mai 2016

Teures Pflaster

Golspie - Dornoch (21 km)

Ich hatte es eigentlich schon lange nicht mehr, dass es bereits regnet, als ich losgehe. Doch heute ist es mal wieder so weit. Kein starker Regen ist es, aber einer der, lässt man ihm nur lange genug Zeit, auch lästig werden kann. Ich könnte jetzt meinen kultigen Regenschirm aufspannen, ich lass es aber. Die vergangenen Tage mit Bewässerung von oben haben gezeigt, dass meine Bekleidung dem ganz gut standhält. Mal sehen...

Die Wolken hängen tief. Der erste Graf von Sutherland da oben auf seiner Säule kann sich hinter ihnen verstecken. Sollte er immer tun, aus Scham! Kaum denke ich das, reißen die Wolken genau an der Stelle auf und der Graf wird sichtbar. Fast scheint es, als grinse er hämisch zu mir herunter.

Wieder muss ich an der A9 entlang. Die Autos selbst stören mich nicht besonders, aber jedes Mal wenn sie (vor allem die LKW) an mir vorbeizischen, bekomme ich eine kleine Ladung Wasser auch von unten. Also, ich hätte jetzt nichts dagegen, wenn es mal wieder unterwegs etwas ruhiger zugehen würde.

Nach einigen Kilometern kehrt tatsächlich Ruhe ein. Ich kann die viel befahrene Straße verlassen und biege auf eine einspurige "Scenic Coastal Route" ein. Wunderschön läuft sie unmittelbar am Loch Fleet entlang, einem gezeitenabhängigen und seegleichen Gewässer nahe der Küste. Herrlich ist der Blick hinüber zu den Bergen der Highlands, im Wasser tummeln sich Eiderenten, darüber kreisen die Möwen und ab und zu erwische ich sogar mal ein paar Seehunde, wie sie auf einem Felsen im Wasser vor sich hindösen. Und während ich so gehe und das alles genieße, hört sogar der Regen auf.

Das Vergnügen am Loch Fleet entlang währt nicht lange, dann schwenke ich wieder von ihm weg. Die kleine Straße aber bleibt mir erhalten. Ich komme nach Embo, einem kleinen Ort unmittelbar an der Küste. Schon auf der Karte konnte ich erkennen, dass hier die kleinen Häuser ganz eng zusammenstehen, enge Straßen kreuz und quer verlaufen. Und schon haben mich die Clearences der Sutherlands wieder ein! Embo ist nichts anderes als ein Dorf, das hier planmäßig angelegt wurde, um zwangsumgesiedelte Crofter aufzunehmen. Die kleinen Häuser, die Art, wie sie - eng zusammenstehend - alle mit der schmalen Seite zur See ausgerichtet sind, um den Meereswinden nicht viel Angriffsfläche zu bieten, die Nähe zur Wasserlinie, alles ist so typisch für die Dörfer, in denen die Vertriebenen seinerzeit leben mussten. Die Frauen kümmerten sich um Haus, Garten und Kinder, die Männer zogen mit ihren Booten aufs Meer, um den Heringsschwärmen nachzustellen.

Heute fischt man hier keine Fische mehr, sondern Urlauber. Direkt hinter den Dünen der Nordsee stehen auf einem riesigen Gelände die großen Wohncaravans, Wohnwagen und Motorhomes, einige Ferienwohnungen, die eher an Container erinnern, stehen in Reih' und Glied direkt am Strand. Viel los ist im Moment noch nicht und die wenigen Menschen, die hier sind, sitzen wohl jetzt lieber mit einem heißen Tee in ihren angemieteten Feriendomizilen und spielen Bridge als im Sand Burgen zu bauen. Aber an heißen Sommertagen steppt hier bestimmt der Bär.

Auf der ehemaligen Trasse einer alten Bahnlinie, die sich durch ganze Stechginsterwälder schlängelt, gehe ich weiter auf Dornoch zu. Als sich zwischen den Büschen dann mal Lücken auftun, sehe ich, wie er sich dahinter ausbreitet: der "Royal Dornoch Golf Course". Zwischen meinem Weg und den Dünen zieht er sich dahin, Trüppchen von Golfspielern sind auf ihrer Runde, alle im üblichen Dress und mit der besten Ausrüstung. Hier achtet man auf sich, spielt man doch auf einem "Championship Course", einem der "Top Dozen Golf Courses" auf der Welt und auf dem nördlichsten von diesen sowieso.

Die Häuser, an denen ich bald vorbeikomme, sehen auch so aus, als hätten deren Besitzer früher ein paar dieser Championships gewonnen. Jetzt schauen sie von ihren weichen Ledersesseln hinter großen Glasfenstern oder von ihren monströsen Terrassen hinunter auf das Green und denken an vergangene ruhmreiche Tage.

Das ganze Dornoch, dessen Zentrum ich bald darauf betrete, scheint vom Golf zu profitieren. Alles sieht ein wenig gepflegter aus, vornehmer, bunter, teurer. Dornoch Castle ist heutzutage nicht umsonst eine besondere Hoteladresse und in der gegenüberliegenden kleinen Dornoch Cathedral hat im Dezember 2000 immerhin die Pop-Ikone Madonna ihren Sohn Rocco taufen lassen und legte dann am nächsten Tag mit ihrer Hochzeit mit Guy Ritchie im nahegelegenen Schloss Skibo mal eben nach.

Meine Unterkunft, das "Woodlands B&B", liegt etwas außerhalb, ist etwas bescheidener als so manches Golfer-Hotel im Zentrum. Trotzdem ist sie immer noch teuer genug, ein Spitzenreiter unter meinen Adressen. Ein Dornoch-Preis eben!

19.Mai 2016

Nach der Brücke kommt der Whisky

Dornoch - Tain (18 km)

Gestern Abend noch war Aufruhr in meinem B&B. Ich hörte meinen Gastgeber aufgeregt rufen, dann auch seine Frau, wenig später ein Poltern, erst neben dem Haus, dann - so meinte ich es zu lokalisieren - auf dem Dach. Wieder Rufe, irgendwann mit einem gewissen Kommandoton. Verstanden habe ich nichts außer Fragezeichen und Ausrufezeichen. Schlimmstes Schottisch! Was passiert da?, fragte ich mich. Nun ein Klopfen an meiner Tür. "Is your teli ok?" Was ist ein "teli"??? - "Sorry?" - "Is your television ok?" - "Ahhh, I'm not watching TV, Madame!" Anscheinend Fassungslosigkeit auf der anderen Seite der Tür. Das geht? Kein Fernsehen? - "Oh, sorry!" Schritte entfernen sich. Noch ein paar laute Worte, dann ist Ruhe.

Beim Frühstück frage ich den Herrn des Hauses, was denn los gewesen sei. Mit ansteigendem Zorn berichtet er mir, dass sich in den letzten Tagen Seemöwen seine Fernsehantenne auf dem Dach als Landestation ausgesucht hätten und diese nun andauernd verstellen. Mindestens dreimal in der Woche müsse er mit der Leiter aufs Dach, um die Antenne wieder zu richten. "Und gerade gestern, bei der spannendsten Stelle vom Krimi... Das machen sie immer... diese... fucking seagulls... immer bei Krimis oder Fußballübertragungen..." Ich muss schwer an mich halten, um nicht laut loszulachen.

Irgendwann kommen wir noch auf den "Royal Golf Course" zu sprechen und er erklärt mir stolz, dass dieser in 2016 auf Platz 6 in der Welt eingestuft wurde. Viele Amerikaner kämen nur über den großen Teich geflogen, um hier Golf zu spielen. Die meisten seiner Gäste seien Amerikaner und fast alle Golfer. Ich muss mich auch mal umhören, ob es in den USA hocheingestufte Minigolfplätze gibt, vielleicht fliege ich dann auch mal rüber.

Ab heute Mittag soll es länger anhaltend regnen. Günstig ist, dass es heute nicht weit ist bis nach Tain, meinem nächsten Ziel. Vielleicht schaffe ich es noch im Trockenen. Als ich mich vor dem B&B vor meinen Wheelie spanne, merke ich schnell, dass es empfindlich kühl ist. Die Wolken hängen dicht zusammen, ein scharfer Nordwestwind treibt sie eilig über mich hinweg. Eigentlich ein fast hypnotisierendes Schauspiel. Ohne Anfang, ohne Ende. Ständig ändern sich ihre Formationen, wie im Zeitraffer, und es ist fraglich, wie lange sie die Fracht, die sie transportieren, noch halten können.

Auf einer schmalen Single Track Road marschiere ich auf der Nordseite des relativ kleinen Dornoch Firth entlang, sozusagen einem Neben-Firth des großen Moray Firth. Die Dornoch Links neben mir sind nichts anderes als große versandete Flächen, auf deren weiten Wiesen Rinder und Pferde grasen, ganz selten nur mal einige Schafe. Begrenzt werden diese Links von niedrigen Dünen, die aber doch hoch genug sind, um mir den Blick auf die Dornoch Sands zu versperren, einer riesigen Sandfläche, die aber nur bei Ebbe sichtbar wird. Auf der anderen, der südlichen Seite des Firth, kann ich schon Tain erkennen, aber der Weg bis dahin ist noch relativ weit. Auch vor Tain erstrecken sich diese Sandflächen - die Verlandung schreitet voran. Aber es wird wohl noch ein Weilchen dauern, bis man hier trockenen Fußes hinübergehen kann.

Im Moment bleibt dafür nur die Dornoch Firth Bridge. Spätestens auf ihr hat mich die A9 wieder und mit ihr der Verkehr. Ich merke schon, dass ich mich unaufhaltsam der Großstadt Inverness nähere. Und ich nähere mich auch dem Regen. Die Berge der Highlands zu meiner Rechten sind wolkenverhangen, und ich bin gespannt, wie lange das noch gutgeht. Auf der fast einen Kilometer langen Brücke über den Firth nimmt der Wind zu, er beginnt mit mir zu spielen, rüttelt an mir, findet seine Verbündeten in vorbeirasenden LKW. Der Fußweg ist nicht breit, ich muss aufpassen. Auf dem Wasser sehe ich erste Schaumkronen. Wäre doch nett, wenn jetzt mal ein Delfin oder ein kleiner Wal zu mir herübergrüßen würde, so ein wenig zur Ablenkung. Passiert natürlich nicht. Die andere Seite kommt nur langsam näher, ich lege scheinbar nichts zurück. Und dennoch: Trotz allem gehe ich unbeschwert vor mich hin. Manchmal jauchze ich tatsächlich laut auf oder singe vor mich hin. Einfach weil ich lebe und die Kraft habe, dies zu tun.

Irgendwann ist die Brücke doch mal zu Ende, neben mir wachsen wieder Stechginsterbüsche und halten den Wind von mir ab. Auf der anderen Seite des Firth wartet ein großes Schild auf mich: "Welcome in Ross & Cromarty". Damit habe ich nach Sutherland die nächste schottische Verwaltungseinheit erreicht. Nur noch zwei Kilometer sind es von hier bis zu einer der großen Sehenswürdigkeiten der Region. Je näher ich komme, desto intensiver wird der Geruch, der typische Geruch von gebranntem Malz. Hallo, liebe Freunde des "Wassers des Lebens", die Whisky-Distillery von Glenmorangie liegt vor mir, die Produktionsstätte eines der bekanntesten und beliebtesten Malt Whiskys aus dem Land der Kiltträger. Ach Wolfgang, du bist schon wieder weg, und du Dieter, noch nicht da, mit nur einem von euch wäre ich wohl hier nicht dran vorbeigekommen. So aber kreise ich nur einmal kurz um die Gebäude herum, sehe die Schlange der Bustouristen im Verkaufsshop und bin mir sicher, dass ich in wenigen Tagen, sobald Dieter an meiner Seite marschiert, eine Flasche Single Malt Whisky in meinem Wheelie transportiere. Vielleicht einen Glenmorangie?

Von der Distillery ist es nicht mehr weit bis ins Zentrum von "The Royal Burgh of Tain", Schottlands ältester "Burgh". Diesen königlichen Status gewährte der Stadt bereits 1066 König Malcolm III. Es gibt viele "Royal Burghs" in Schottland. Ihnen allen und damit ihren Bürgern wurden damit königlicher Schutz, Beistand und einige Vorteile gewährt, z.B. Ausnahmen bei gewissen Steuern für Kaufleute innerhalb der Stadt.

Im kleinen Museum "Tain through times" im Ortszentrum erfahre ich einiges über die abwechslungsreiche Geschichte der kleinen Stadt, höre von den Wikingern, die hier siedelten, dem Ortsheiligen St Duthac und der Pilgerstätte der St Duthac's Collegiate Church, dem großen schottischen Volkshelden Robert the Bruce, dessen Familie hier Exil suchte, dann aber doch vom Earl of Roos gefangengesetzt und an die Engländer ausgeliefert wurde und von König James IV., der um 1500 nachgewiesenermaßen 20 Jahre lang zu St Duthacs Grabstätte pilgerte, allerdings wohnte seine Mätresse auch nicht weit weg.

Als ich dermaßen gebildet das Museum verlasse, regnet es endlich. Nach einer Viertelstunde bin ich in meinem B&B. Meine Gastgeberin stottert etwas, als sie mich begrüßt, ich stehe eigentlich erst für morgen auf ihrem Belegungsplan. "But no problem, I've got a bed for you!" Na, da bin ich aber beruhigt! Ich solle ihr nur etwas Zeit geben, mein Zimmer herzurichten. Sie stellt mir einen Kaffee und einen Teller mit Kuchen vor die Nase und ist weg. Und kommt erstmal nicht wieder. Möglicherweise gehört sie zu der Sorte Frau, die bei einem unerwarteten Besuch zunächst noch in den Abfluss der Badewanne kriecht, um dort nach Spinnweben und Wollmäusen zu fahnden. Als sie mich nach einer halben Stunde dann doch endlich auf mein Zimmer begleitet, ist dort alles perfekt.

"Ich muss Sie aber noch vorwarnen", sagt sie. "Bei mir wohnen auch vier junge Männer, die hier in der Nähe arbeiten. Die sind schon mal etwas laut, wenn sie abends noch zusammensitzen. Und auch, wenn sie morgen früh gegen sechs Uhr hier rumlaufen." - "Kein Problem", antworte ich, "ich habe Ohropax." In Wirklichkeit aber denke ich: Die sollen sich ja benehmen!

20. Mai 2016

Erst Aua, dann Boah

Tain - Portmahomack - Tarbat Ness Circle (28 km)

Am heutigen Morgen erwache ich mit einem entsetzlich dicken Kopf. Mein Mund fühlt sich an wie Sandpapier und ich habe Sehstörungen. Vorsichtig stütze ich mich auf meine Ellenbogen und versuche die Augen richtig zu öffnen, aber die sind irgendwie zusammengeklebt, so dass sie nur mühsam im Zimmer umherspähen können. Es ist hell, furchtbar hell, und das Zimmer dreht sich bedenklich. Als ich mich zufällig im Spiegel entdecke, bekomme ich einen Schreck. Hatte ich gestern einen Unfall? Aber dann bin ich schon wieder erschöpft und sinke zurück ins Kissen. Vielleicht sollte ich noch ein wenig schlafen und hoffen, dass sich der Boden nicht mehr bewegt, wenn ich aufwache.

Was war denn nur wieder passiert? Es ist aber auch wie verhext! Jedes Mal muss es einmal anscheinend sein auf meinen Touren. Nie geplant, immer so hineingeschlittert. Gestern Abend hatten mich die vier jungen Männer, die ebenfalls bei Mutter Agnes ihr Quartier haben, dazwischen. Ich traf sie zufällig beim Weg zurück von der Dusche, als sie alle um den großen Tisch im Frühstücksraum saßen und den Abend ausklingen ließen - mit einer Flasche Whisky. Wohlgemerkt: Jeder mit einer Flasche Whisky. Agnes hatte ihnen ja schon von mir erzählt und sie ermahnt, am Abend und morgen früh leise zu sein. Und das wollen sie auch ganz bestimmt, beteuerten sie mir, aber erstmal müsse ich mich jetzt zu ihnen setzen und erzählen.

So begann denn ein munteres Fragen und Antworten, und damit mir auch ja immer mehr einfiel, meinten sie, mir mit dem Lebenswasser nachhelfen zu müssen. Irgendwann kam dann auch noch Robert, Agnes' Mann, mit in die Runde. Natürlich nicht alleine, sondern mit noch einer Flasche Whisky. Er hatte gehört, dass ich auch auf den Orkneys unterwegs war und seine Heimat sind die Orkneys. Gemeinsam schwadronierten wir nun über die Schönheit der schottischen Landen und wunderten uns so nebenbei, wie klein doch eigentlich diese schottischen Whiskyflaschen sind. Agnes stand eine Stunde lang daneben, dann setzte auch sie sich zu uns, grinste breit, schüttelte aber öfter mit dem Kopf und seufzte immer wieder "Goodness me!" Ich weiß nicht mehr genau, wann und wie ich ins Bett gekommen bin.

Den Tag sollte man auf angenehmere Weise beginnen als mit Aufstehen, geht es mir durch den Kopf, als ich meinen Brummschädel unter die Dusche halte. Zum Frühstück bitte ich Agnes nur um ein paar Scheiben Toast, Full Scottish Breakfast wäre rausgeschmissenes Geld. Agnes schüttelt immer noch den Kopf. "Goodness me! Goodness me! Robert is so ill!" Von den vier Jungs ist noch gar nichts zu hören, auch kein Wunder, sie müssen heute nicht arbeiten, sondern reisen gegen Mittag ab. Ich gönne mir auch noch eine Stunde auf der Matratze, dann rufe ich mich zur Ordnung. Es muss gegangen werden!

Als ich gegen 11 Uhr losmarschiere, haben sich meine Augen wieder erstaunlich einjustiert, der nagende Kopfschmerz ist so gut wie weg, nur meinen Wasserhaushalt muss ich immer wieder auffrischen. Aber damit habe ich gerechnet und für genug Vorräte gesorgt. So läuft es sich dann doch ganz gut, keine vielbefahrene Straße ärgert mich, kein Wind bringt mich aus dem Gleichgewicht und keine Steigung außer Atem.

Wieder sind es brettflache Verlandungsflächen, die zunächst meinen Weg bestimmen, nur jetzt auf der südlichen Seite des Dornoch Firth. Wieder Schafe und Rinder in Mengen, und als ein Bauer mit seinem Landrover auf eine Weide fährt und mehrere Eimer Ergänzungsfutter ausleert, laufen Hunderte von Schafen zusammen und rennen ihn bald um. Das Geblöke ist ohrenbetäubend und manchmal habe ich kurz Bedenken, ob nicht in diesem Getümmel vielleicht das ein oder andere winzige Lamm zu Schaden kommt.

Dann genau das Gegenteil. Ich komme nach Inver, einem kleinen ehemaligen Fischerort an der Inver Bay. Hier rührt sich nichts, bis auf das Plätschern der kleinen Wellen, die zwischen den groben Kieseln auf dem Strand zerlaufen, und dem aufgeregten Geschrei der Oystercatcher, die sich über den fremden Besucher im Dorf aufregen. Eng zusammen stehen die kleinen Häuser, die früher einmal arme Fischer beherbergten, jetzt aber mit ihren kleinen Vorgärten oder vorgebauten Windfängen schon von außen eine urige Gemütlichkeit im Inneren vermuten lassen. Bis an den kleinen Deich, der vor dem Wasser der Bucht schützen soll, reichen die kleinen Gärten, wo hier mal die Wäsche an der Leine flattert, dort mal ein Boot festgemacht ist oder eine kleine Sitzgruppe zu einer Rast einlädt.

Doch diese Ruhe und Beschaulichkeit gab es nicht immer in Inver. Ganz abgesehen von den geschäftigen Zeiten während der Heringsfischerei, die den Menschen wenigstens ein Einkommen sicherten, hatte es das Leben mindestens zweimal nicht gut mit den Menschen von Inver gemeint. Direkt am Deich steht ein kleines Mahnmal aus Sandstein, das an die Cholera-Epidemie erinnert, der 1832 mehr als die Hälfte der Bevölkerung zum Opfer fiel und hier an dieser Stelle in einem Massengrab beigesetzt wurde. Nicht tödlich, aber dennoch eine Belastung für die Menschen von Inver und der Umgebung war eine Evakuierungsmaßnahme, die hier von November 1943 bis April 1944 stattfand. In dem Küstenstreifen bei Inver sollte trainiert werden für die D-Day-Landeoperation in der Normandie, jener großen Invasion der Engländer und Amerikaner, die den Wahnsinnigen letztlich in die Knie zwang. Über 900 Menschen und alle landwirtschaftlichen Nutztiere wurden dafür von hier vorübergehend weggebracht.

Oben auf dem kleinen Deich verläuft nun mein Weg, aber nur kurz, dann geht es am Strand entlang weiter. Der Sand des Strandes ist von der letzten Flut noch feucht und daher fest und lässt sich gut begehen. Jede Menge Muscheln und Austernschalen bedecken den Sand, auf Felsen im Wasser hocken Möwen und Kormorane, zwischen den groben Kieseln auf dem Strand hat sich Seetang verfangen und Oystercatcher stochern mit ihren langen roten Schnäbeln darin herum. Es riecht nach Meer.

Irgendwann geht es am Strand entlang nicht mehr weiter, dann muss ich in die recht hohen Dünen hinauf. Der Sand wird schwerläufiger, tiefer, anstrengender. Doch bevor es lästig wird, kann ich wieder auf einen breiten Sandstrand zurück und ihm letztlich folgen, bis ich die ersten Häuser von Portmahomack erreicht habe. Boah, war das schön! Mein dicker Kopf ist weg, ich bin nur noch euphorisiert von dieser schönen Landschaft, dem herrlichen Wetter, diesem wunderbaren Weg.

Dann dieses Portmahomack! Langgestreckt liegt es an der weitgezogenen Bucht, von der sich gerade das Wasser zurückzieht und eine - im wahrsten Sinne des Wortes - spiegelglatte Sandfläche hinterlässt. Die Häuser stehen hier mit ihrer breiten Frontseite zum Wasser hin ausgerichtet, weiß oder in bunten Farben gestrichen, am Pier des kleinen Hafens dümpeln ein paar Boote. Ein, zwei kleine Läden, ein paar B&B's, ein von außen bescheiden wirkendes Hotel (allerdings mit "Gourmet-Restaurant") beweisen, dass hier Fremdenverkehr kein Fremdwort ist. Das durfte ich aber bereits vor einigen Monaten feststellen, als ich über das Internet hier auf Quartiersuche war. Ergebnis damals: entweder viel zu teuer oder "fully booked". So werde ich also heute noch eine zweite Nacht bei Agnes in Tain verbringen - garantiert aber ohne Whisky.

Mein Bus zurück nach Tain geht erst in drei Stunden. Zeit genug, nochmal die Strecke bis zum Leuchtturm auf Tarbat Ness dranzuhängen. Wieder folge ich auf einem Strand- und Wiesenpfad unmittelbar der Wasserlinie und weiche erst ins Landesinnere aus, als vor mir auf der Wiese eine große Kuhherde auftaucht. Normalerweise bereiten mir diese Tiere keine Probleme, nur bei diesen hier sind mehrere Kälber mit im Spiel, und da weiß man nicht immer wie sie reagieren, wenn man ihnen zu nahe auf die Pelle rücken muss.

Bald darauf stehe ich am Leuchtturm. Rot-weiß gestrichen steht er da, sehr schlank, groß, mit 41 m der drittgrößte Schottlands, immer noch aktiv, aber natürlich inzwischen automatisiert. Die vor ihm stehende Leuchtturmwärterwohnung wird mittlerweile fremdgenutzt, Urlauber können sich einmieten.

Eine Dreiviertelstunde früher als nötig bin ich wieder in Portmahomack und warte auf einer Bank in der Nähe des Post Office auf meinen Bus. Weit auf der gegenüberliegenden Seite des Dornoch Firths sehe ich die Berge Sutherlands, auf einem von ihnen steht die Statue dieses so unbarmherzigen Landesherrn, und wenn ich meine Augen besonders anstrenge, erkenne ich sogar Neuschwanstein..., ach nein..., Dunrobin Castle. Auf dem Wasser zeigen sich Schaumkronen, aber der dazugehörige Wind kommt hier bei mir kaum an. Er stört nicht, die Sonne scheint, es ist mild. Ich lege meinen Kopf in den Nacken, schließe die Augen und höre nur das Rauschen der Wellen und einige Kinderstimmen. Es war ein gelungener Tag - dabei hat er doch etwas verquält angefangen...

21. Mai 2016

Einige Prüfungen

Hill of Fearn - Balintore - Hill of Fearn (17 km)

Frage: Was ist ein gewichtiger Nachteil vom Internet? Antwort: Dass nicht mehr viele Menschen Zeitung lesen und dann kein Papier mehr vorrätig ist, um sich damit die klitschnassen Schuhe auszustopfen. Frage: Was ist das Gute an Weihnachtsservietten? Antwort: Wenn keine Zeitungen vorrätig sind, kann man sich halt damit die Schuhe ausstopfen. Ich komme darauf zurück...

Agnes packt mir zum Abschied noch einige ihrer "homemade cakes" ein. Davon durfte ich vorgestern schon probieren und gestern auf dem Weg nach Portmahomack bekam ich sie auch als Wegzehrung mit. Gestern waren es drei Schoko-Nuss-Teilchen (jedes für sich war eigentlich eine komplette Mahlzeit!), heute landen vier Erdnussbutter-Nuss-Teilchen in Alufolie in meinem Tagesrucksack. Nach dem Full Breakfast und dem Verzehr dieser Köstlichkeit werde ich heute einige Kalorien verbrauchen müssen, um das abzufangen. Leb wohl, Agnes, du warst ein Schatz!

Auf dem Weg zur Bushaltestelle frage ich mich immer noch, warum ich bei meinen Planungen zu Hause so kompliziert vorgegangen bin. Anstatt, wie jetzt beabsichtigt und ja auch logisch, mit dem Bus direkt nach Portmahomack zu fahren und dort meinen Weg fortzusetzen, steht in meinem "Logbuch": "Bus Tain - Balintore, dann Rundweg; anschließend Bus Balintore - Hill of Fearn (Unterkunft)". Als der von mir gestern auf dem Fahrplan entdeckte Bus nach Portmahomack fünf Minuten über die Zeit ist, durchzuckt es mich. Welchen Tag haben wir heute? Ein Blick aufs Handy - Samstag! Schöner Schaden, das war der Grund! Nach Portmahomack fährt erst mal nichts, aber in zehn Minuten nach Balintore, da komme ich auf meiner Strecke sowieso vorbei. Na gut, dann eben so!

Im Bus kommt mir eine Idee: Wenn der Bus auf seinem Weg sogar über Hill of Fearn fährt, an meinem Hotel vorbei, dann...? Ich gehe nach vorn zum Fahrer und frage ihn und er bestätigt mir, dass direkt vor dem Hotel die Bushaltestelle ist. Bingo! Dann fahre ich eben weiter bis Hill of Fearn mit, lasse meinen Wheelie im Hotel und mache mich dann auf den Weg. So geschieht es.

Leider hat aber das Hotel zu dieser frühen Stunde noch geschlossen. Nur die Tür im ersten kleinen Vorbau, bevor man zur Haupteingangstür reingeht, ist offen. Ich spreche der Hotelverwaltung auf den Anrufbeantworter, dass ich meinen Wheelie hier zurücklasse und verabschiede mich bis heute Nachmittag.

Wieder ein Wandertag ohne Wheelie, eigentlich doch eine gute Alternative. Aber nicht ohne Regenschirm...! Jawohl, den gibt es auch noch! Bisher ist er noch nie (!) zum Einsatz gekommen, entweder weil es nicht regnete oder weil es für einen Schirm viel zu windig war. Heute regnet es (nicht viel, aber ausreichend genug, um mich durchzuweichen) und es ist nicht windig. Also Gründe genug, meinem jahrelangen Wegbegleiter endlich seine Premiere zu gönnen.

Von ihm wohlbehütet ziehe ich nun auf einer kleinen Straße Richtung Portmahomack dahin, sehe viel Acker- und Weideland vor mir, sehe das Weidevieh, wie es stoisch dem Regen trotzt und bin beeindruckt über die Wasserfontänen, die die durch riesige Pfützen rasenden Autos fabrizieren. Glücklicherweise bin ich in diesen Momenten immer weit genug davon entfernt.

Irgendwann bin ich bei einem Blick auf meine Karte der Meinung, dass ich so langsam in den Rundweg-Modus einlenken sollte, biege von der Straße ab und gehe auf einem Wirtschaftsweg Richtung Küste. Nach etwa einer Dreiviertelstunde stellt sich heraus, dass die Zeichnung meiner Karte die natürlichen Gegebenheiten für mich nicht ganz deutlich dargestellt hat. Denn wo ich jetzt auf einen Weg nahe am Ufer entlang in Richtung Hilton of Cadboll und Balintore einschwenken will, zeigt mir die Realität ein zwar nicht sehr hohes, durch seinen undurchdringlichen Stechginsterbewuchs aber nicht zu bewältigendes Kliff auf.

Von diesem Moment an beweist die Tatsache, dass ich gerade heute mal wieder nicht meinen Wheelie hinter mir herziehen muss, dass es wahrlich nahezu himmlische Fügungen gibt. Denn von nun an heißt es wieder klettern! Über eine Mauer nebst Stacheldraht muss ich zunächst mal auf eine große Weide. In weiter Entfernung sehe ich zwar eine Herde Kühe, aber die stehen dahinten in aller Ruhe und lassen sich wohl ihr Fell trocknen. Denn der Regen hat aufgehört (damit habe ich beide Hände zum Klettern frei!) und die Sonne hat sich zwischen einzelnen Wolkenlücken hervorgekämpft. Als ich nun an der langen Mauer entlang durch das nasse Gras stapfe, passiert das, was nicht passieren soll. Die Kühe werden auf mich aufmerksam, drehen sich um, fixieren mich und setzen sich in Bewegung. Erst vorsichtig, dann selbstsicher voranschreitend, schließlich sogar galoppierend. Der Acker vibriert. Die greifen an! Lieber Gott, mach jetzt keinen Scheiß, das kannst du jetzt nicht machen, durchfährt es mich. Ich bin mir nicht sicher, ob der alte Mann mir zuhört. Meine Schritte werden schneller. Vielleicht bin ich ja eher an der nächsten Mauer als die Kühe bei mir. Natürlich ein

Trugschluss. Inzwischen habe ich auch bemerkt, dass diese Tierchen etwas anderes zwischen den Hinterbeinen haben als pralle Euter. Was die Sache nicht entspannter macht. Als die wilde Meute nicht mehr viel weiter als dreißig Meter von mir entfernt ist, ziehe ich meine ultimative Waffe: meinen Regenschirm. Ich fuchtle nicht damit herum, sondern stoße ihn nur einmal in die Luft, wie ein Torero in der Stierkampfarena von Sevilla - und alle Toros drehen ab. Im Moment bin ich nahezu verblüfft, habe jetzt aber auch mal nichts dagegen.

Hinter der nächsten Mauer mit dem nächsten Stacheldraht kommt die nächste Prüfung. Auf der Weide war das Gras wenigstens noch kurz, jetzt kommt blühender Raps, etwa 500 m lang hoher, triefend nasser Raps. Alternative null! Da muss ich durch! Es ist, als wenn ich durch ein Freischwimmerbecken gehe. Teilweise bis unter die Arme klatscht mir der Raps an den Körper. Mein Anorak kann noch ganz gut damit umgehen, aber Hose und Schuhe sind bald vollkommen nass. Jetzt mit dem Wheelie hier - ein Alptraum!

Das soll es aber noch nicht gewesen sein. Hinter der nächsten Mauer und dem nächsten Stacheldraht kommt ein Getreidefeld, kniehoch bereits im Wuchs. Die goldene Regel noch aus Nachkriegszeiten "Gehe nie durch ein Getreidefeld, du zertrampelst damit Brot!", kann hier nicht befolgt werden. Ich kann nicht anders. Das Wasser steht mir inzwischen in den Schuhen.

Die Hose klebt mir an den Beinen und das Wasser schwappt in meinen Schuhen hin und her, als ich zuerst durch den kleinen Ort Hilton of Cadboll und dann durch das sich direkt anschließende Balintore tappse. Wie bereits gestern in Inver oder Portmahomack: kleine, nebeneinanderstehende Häuser, zum Wasser ausgerichtet, kleine Piers, einige Boote, kleine Gärten zwischen den Häusern und dem Wasser und der Geruch nach Seetang.

So schön dieses Bild ist, so sehr beunruhigt mich doch etwas anderes: Der Himmel vor mir hat sich zu einer schwarzen Wand entwickelt. Die Sonne ist über Hilton of Cudboll und Balintore mittlerweile auch verschwunden, da braut sich etwas ganz Übles zusammen. Aber was kann mir passieren? Ich habe meinen Schirm dabei und in maximal einer Stunde bin ich im Hotel in Hill of Fearn. Ich beschleunige meinen Schritt, soweit es meine wasserschweren Schuhe zulassen. Erste Tropfen fallen, aber es hält sich noch alles in Grenzen. Noch zwei Kilometer bis Hill of Fearn. Dann wird es mehr, immer mehr. Meine Hose, die von der Sonne schon fast wieder trocken war, bekommt jetzt, da der Wind aufgefrischt hat und von der Seite kommt, den zweiten Waschgang. Ich höre Donnergrollen. Wie bitte? Heute ein Gewitter? Nichts war davon in der Wettervorhersage zu sehen. Minuten später explodieren taubeneiergroße Tropfen zu Milliarden auf dem Asphalt, am schlammfarbenen Himmel eine beachtliche Light-Show zuckender Blitze, ein Trommelfeuer von krachendem Donner folgt. Die Natur führt ein wenig Krieg. Die Götter sind zornig. Ein vorbeirasendes Auto rast auf meiner Höhe durch eine gewaltige Pfütze und lässt eine Wasserfontäne über mich zusammenschlagen. Ich schnappe erschrocken nach Luft und bin ab sofort der Meinung, dass es jetzt reicht. Fluten kommen mir die Straße hinunter entgegengeflossen und überspülen teilweise meine Schuhe. Obwohl Häuser links und rechts der Straße stehen, sehe ich keine Menschen. Vielleicht bauen sie gerade an einer zweiten Arche Noah.

Bevor ich mich vollkommen in Wasser auflöse (auch ein Schirm kann da nicht mehr viel machen), erreiche ich tatsächlich noch meine Unterkunft, das kleine "Hotel of Fearn". Tropfend stehe ich im Flur und der Chef des Hauses überschlägt sich bald vor Fürsorge - nur Zeitungspapier für meine Schuhe kann er mir nicht zur Verfügung stellen, dafür aber ein Paket Weihnachtsservietten.

Beim Abendessen sitze ich unten in der Bar am Fenster. Während hinter mir im Fernseher wohl gerade ein aufregendes Fußballspiel übertragen wird, liegt vor mir eine weit überschaubare Fläche fruchtbaren Weidelandes, bevölkert von einer Unmenge an Schafen mit ihren Lämmern. Die Sonne scheint und nur ein paar wenige dicke Wolken ziehen behäbig vorbei. Ich genieße diese stillen Stunden am Abend, wenn die Schwierigkeiten des Tages eine amüsante Erinnerung geworden sind.

22. Mai 2016

Ein wenig "Münsterland"

Hill of Fearn - Alness (24 km)

Zumindest bei den Schuhen hatte ich so meine Zweifel. Ob die nach dieser Sintflut wieder frühzeitig trocken würden? Sie wurden, genauso wie alles andere. Die Wettervorhersage für heute verspricht Sonnenschein, aber auch die ein oder andere Schauer. Eine Schauer war das gestern auch, aber eine von einer Stunde Dauer und eine sehr ergiebige. Die Strecke wird aber heute dafür einfach sein. Kletterpartien über Mauern und Zäune sind nicht zu befürchten.

Beim Frühstück dasselbe friedliche Bild wie gestern Abend. Die Sonne scheint auf die große Schafherde auf der gegenüberliegenden Weide, alle Pullovertiere scheinen noch an derselben Stelle zu stehen und das Gras zu nibbeln. Die Lämmer springen zwischendurch herum, einige scheinen miteinander Fangen zu spielen oder dösen, auf der Wiese liegend, in der Sonne. Schwalben kreisen vor dem Fenster, vollführen ein aufgeregtes Gezeter und immer mal wieder kommt eine Schwalbenmutter herangeschossen und bringt ihren Jungen Futter, die in ihrem Nest unter dem Dachvorsprung bei der Eingangstür schon lange darauf warten. Irgendwie ein schöner Morgen, Zeit für mich zu gehen.

Die ersten zwei Stunden habe ich den Eindruck, durchs Münsterland zu wandern. Wenn die Berge am Horizont nicht wären, könnte man wirklich den Eindruck haben. Bis auf die Schafe, die sind hier mehr vertreten. Weit dehnen sich die Wiesen, kaum mal von einem Zaun oder einer Mauer unterbrochen. Selbst große Schafherden verlieren sich auf ihnen. Äcker mit jungem Getreide, mit gelbleuchtendem Raps, dazwischen immer mal wieder stattliche Bauernhöfe, zum Teil mit zwei, drei mächtigen Getreidesilos, aber auch einige kleinere Herrensitze, denen man ansieht, wer der Besitzer von dem allen ist oder zumindest mal war. In hohen Bäumen sitzen zum Teil Schwärme von Krähen und vollführen bei meinem Vorbeikommen ein höllisches Spektakel. Umso ruhiger ist es dafür auf der kleinen Straße, auf der ich durch diese bäuerliche Landschaft ziehe. Hohe Hecken begleiten sie streckenweise, aus denen immer mal wieder Vögel heraus- und auch wieder hineinfliegen und für einen Kilometer etwa wird aus der Straße auch mal eine wunderbare Allee, die mich an die in Mecklenburg-Vorpommern erinnert.

Ziemlich unvermittelt ändert sich das Bild. Ich überquere meine A9 aus vergangenen Tagen und zweige auf eine andere Straße ab, die mich nun immer näher ans Ufer des Cromarty Firth heranbringt. Wer einen Blick auf die Karte wirft, stellt fest, dass sich dieser Firth wie ein länglicher Luftballon ins Landesinnere öffnet und damit einen riesigen natürlichen Hafen darstellt. Diese Tatsache haben sich in der Vergangenheit nicht nur die Schifffahrt und die Marine zunutze gemacht, sondern auch die Ölindustrie. Das tiefe Wasser des Firth konnte und kann von großen Schiffen angefahren werden, deshalb sah Invergorden, die bedeutendste Besiedlung am Firth, früher nicht nur mächtige Dampfschiffe hier festgemacht liegen, auch die königliche Marine hatte hier eine Basis, wo sie Schiffe reparieren oder betanken ließ. Wegen der Nähe zu den Ölplattformen der Nordsee entwickelte sich in Nigg, auf der gegenüberliegenden Seite des Cromarty Firth, aber auch im Hafenbereich von Invergorden selbst eine Schwerindustrie zur Herstellung von Ölplattformen. Während die Produktion in Nigg in den letzten Jahren nachließ, wird in Invergorden weiterhin kräftig daran gebaut.

Aber noch jemand profitiert von dem geschützten riesigen Hafenbereich des Firth mit seiner beträchtlichen Wassertiefe: Der Landungssteg für die Kreuzfahrtschiffe ist selten unbesetzt. Schon vor einigen Wochen, als ich in Lerwick auf den Shetlands das deutsche Ehepaar traf, welches mit der Aida unterwegs war, berichtete mir dieses auch von Invergordon als einen ihrer Anlaufpunkte. Heute liegt hier die "Mein Schiff 1" (seltsamer Name, finde ich) des TUI-Konzerns und lässt alles andere drumherum nahezu winzig erscheinen. Die Frage ist: Wieso gerade Invergordon? Was macht man da beim Landgang? Nun, die Freunde der gepflegten Kreuzschifffahrt können sich hier bis ganz nah an die schottischen Highlands heranbringen lassen. Inverness, Loch Ness, Balmoral Castle und andere schottische Postkartenschlösser, Whisky-Destillerien und traumhafte Landschaften sind von hier nicht weit. Zumindest diejenigen, die vom Schiff aus mal eben die eine oder andere Busfahrt dazugebucht haben, kommen während des mehrstündigen Aufenthalts ganz schön rum. Nicht umsonst steht eine ganze Armada von Reisebussen am Anlegesteg und wartet auf Kundschaft. Ich sehe aber auch wieder, wie seinerzeit auf den Shetlands, mehrere Grüppchen von Radlern, die ihren radelnden Anführern (meist drahtige junge Männer mit Sonnenbrille, selbst wenn die Sonne nicht scheint) hinterherzockeln. Was die allerdings von dem erleben wollen, was Schottland ausmacht, erschließt sich mir nicht. Aber vielleicht wollen sie sich auch nur mal etwas bewegen.

Eine letzte Stunde noch gehe ich auf einem angenehmen Radweg am Cromarty Firth entlang, werde überholt von Fahrradgruppen der "Mein Schiff 1", sehe sowohl Segelschiffe vor hier im Firth auf Halde liegenden Ölplattformen kreuzen als auch noch schneebedeckte Highlandberge. Eins weiß ich genau: Mit Schnee unter meinen Füßen werde ich auf dieser Tour keine Bekanntschaft mehr machen, mich werden nur noch Unterkünfte etwas ärgern können, die nach einem langen Wandertag am entgegengesetzten Ende des Zielorts liegen. Wie jetzt das Morven House Guesthouse in Alness.

Mein Zimmer ist allerdings recht originell. Noch nie habe ich mit dem Kopf so nahe an der Kloschüssel geschlafen. Bett, Klo, Dusche, Waschbecken - nicht viel mehr als eineinhalb Meter voneinander entfernt. Im Rest des Zimmers kann ich gerade mal stehen und meinen Wheelie parken. Der genügsame Mensch kommt eben mit wenig (Platz) aus.

23. Mai 2016

Ein neuer Freund

Alness - Culbokie (15 km)

Heute ist die erste Hälfte meiner Tage in Schottland rum. Ich habe jetzt schon wieder so viele Erinnerungen an diese über fünf Wochen, dass ich fast nicht weiß, ob nochmal dieselbe Menge auf meiner "Festplatte" Platz findet. Die zweite Hälfte werde ich nun mit Dieter bestreiten. Er reist übermorgen an und wir werden uns kurz hinter Inverness treffen. Ich glaube, er ist jetzt schon ganz rappelig und scharrt mit den Füßen. Etwas über 560 km habe ich bisher zurückgelegt, eigentlich für die Zeit nicht viel. Aber auf den Shetlands und Orkneys habe ich mir Zeit gelassen, und ganz abgesehen davon bin ich inzwischen in dem Modus, wo ich noch viele Kilometer kann, aber sie gar nicht mehr unbedingt haben muss. Wie schön sind doch die entspannenden Nachmittage und Abende in den Unterkünften, wo man sich nicht irgendwelche Wunden lecken muss.

Außerdem sind bereits sechs Kilogramm höchst überflüssigen Bauchspecks weg, das ist doch auch schon was. Wenn das die nächsten fünf Wochen so weitergeht... Mit Dieter werden es in ungefähr der gleichen Zeit mindestens 100 Kilometer mehr werden, ich werde mich also noch steigern. Ich hoffe nur, dass meine Wanderschuhe nicht anfangen rumzuzicken. Die Sohlen werden rapide dünner, kein Wunder bei den vielen Asphaltkilometern. Weniger beim Hüftgürtel ist ja nicht schlecht, aber bei den Sohlen... Schuhe ohne Sohlen geht doch gar nicht!

Auf demselben schönen Radweg, den ich gestern bereits zwischen Invergordon und Alness genießen durfte, gehe ich auch heute weiter am Cromarty Firth entlang. In weiten Bereichen liegt er trocken da, es ist Ebbe. Zu beiden Seiten des Firth ziehen sich fruchtbare Felder und Wiesen die Hänge hoch, der im Moment in voller Blüte stehende Raps blendet fast, wenn die Sonne darauf scheint. Und heute Morgen scheint sie ganz schön. Immerhin dürften wir so um die 15 °C haben und ich überlege, den Anorak auszuziehen und im Hemd weiterzumarschieren. So gut wie windstill ist es außerdem. Aber ich lasse es. Nicht leichtsinnig werden...!

Auf dem Radweg stoße ich jetzt öfter als zuvor auf die kleinen blauen Schilder mit der weißen "1" im roten Rechteck. Hier ist der "Northsea Cycle Trail 1" im schottischen Teil seiner über 6.500 km langen Gesamtstrecke gut markiert. Ob ich es jemals schaffen werde, in enger Nachbarschaft zu dieser Fahrradroute auch zu Fuß diese Strecke zu absolvieren? Bald auch noch durch England, Holland, Deutschland, Dänemark,

Schweden und Norwegen bis nach Bergen immer an der Nordseeküste entlang? Klingt alles noch vollkommen verrückt. Aber man muss doch Pläne haben, Sehnsüchte ausleben, sich Träume erfüllen. Und wenn dann andere Pläne und andere Träume dazwischenkommen - auch gut.

Bald hinter Evanton verlasse ich den "Northsea Cycle Trail 1", der einen etwas anderen Verlauf für die nächsten Kilometer nehmen wird als ich. Irgendwo werde ich wieder auf ihn stoßen. Ich muss zur Cromarty Bridge, die mich mit ihrer Länge von über einem Kilometer auf die andere Seite des Firth zur Halbinsel Black Isle bringt. Dafür muss ich mir für knapp zwei Kilometer wieder die Betriebsamkeit der A9 gefallen lassen, dieser durchgehenden "Rennstrecke" von Inverness bis Thurso im hohen Norden des schottischen Festlands, nicht weit von John O'Groats entfernt.

Zumindest bei Überquerung der Brücke, dachte ich mir, wird der Wind wieder auffrischen und gut, dass du deinen Anorak anbehalten hast. Doch nichts da, nicht ein Hauch ist zu spüren. Der Cromarty Firth liegt flach wie ein Spiegel. Ich sehe die weißen Wolken zweimal: einmal am Himmel, das andere Mal im Wasser. Drumherum die Ausläufer der östlichen Highlands oder die Hänge der Black Isle, ein schönes Bild. Ich kann es sogar in aller Ruhe genießen, denn die Brücke hat auf einer Seite einen breiten Fußweg, der ein Stehenbleiben und Sich-Umschauen risikolos erlaubt.

Drüben am Hang der Black Isle sehe ich sogar schon mein Tagesziel, Culbokie. Zum Schluss also nochmal ein paar Höhenmeter, aber das macht nichts. Die Strecke heute war mal wieder recht kurz und nicht anstrengend. Ich bin mir sicher, dass, einer alten Tradition gehorchend, meine Unterkunft wieder auf der anderen Seite des Dorfes liegen dürfte, aber weit gefehlt. Ich traue meinen Augen nicht, als ich noch vor dem eigentlichen Ortsanfang ein Schild am Straßenrand lese: "Netherton Farm B&B". Ich bin sprachlos - aber nicht bewegungslos. Die letzten 200 m gehe ich an einem wahren Meer von Raps entlang, habe einen wunderbaren Blick hinunter auf den Firth, auf die Brücke und auf die Highlands und denke nur: Boah, jetzt wäre es noch schön, wenn du diesen Blick aus deinem Zimmerfenster hättest. Und ich habe ihn, das sei schon mal gesagt.

Vor dem Haus liegt ein großer, schwarzer Hund, irgendein Mischling. Kaum sieht er mich, springt er auf, zieht den Schwanz ein, bellt offensichtlich aus Angst und verzieht sich um die Ecke. Na du bist ja ein toller Hofhund, denke ich mir, jedenfalls mir im Moment lieber, als wenn du gefährlich knurrend auf mich zu geschlichen kämst. Ich gehe in die Knie, locke ihn mit gutem Zureden (auf Englisch!) herbei. Er lässt sich darauf ein, kommt die letzten zwei Meter fast auf den Brustwarzen angekrochen, guckt mich zum Hundserbarmen von unten an - und leckt mir die hingehaltene Hand. Dann ist kein Halten mehr: Der Schwanz peitscht hin und her, er windet sich nach links und rechts, umkreist mich in einem fort und bringt mir dann seinen Ball. Ich bin ab sofort sein neuer Freund.

Die Tür öffnet sich und ein Typ "rassige Spanierin" steht vor mir. Sie ist eine rassige Spanierin, denn sie spricht kein Wort Englisch, nur Spanisch. Als sie merkt, dass ich aber davon kaum was verstehe, schafft sie immerhin ein laut vernehmliches "Jerry?!" Sekunden später kommt Jerry aus dem Schuppen geflitzt. Er ist... wie soll ich sagen... offenbar einer der wenigen Übriggebliebenen aus der Hippie-Bewegung (obwohl ich mich über diese absolut nicht negativ äußern möchte!). Von Statur recht klein (ungefähr meine Achselhöhe), die wenigen, (immer noch) schulterlangen Haare mit einem schmalen, geflochtenen Lederstirnband gebändigt, einem abgewetzten Muskelshirt, das vielleicht mal blau war und einer viel zu großen Trainingshose, in der er aussieht wie Obelix nach acht Wochen Weight Watchers. In der Tat ist er so dünn, dass ich schon fast Mitleid bekomme und ihm am liebsten ein paar Meisenknödel um den dünnen Hals hängen möchte, damit er durch den nächsten Winter kommt. Dafür ertrinken seine Augen in Heiterkeit, er begrüßt mich überschwänglich, stellt mir Maria vor, die er vor einem Jahr aus Spanien mit hierher ans Ufer des Cromarty Firth gebracht hat, und bringt mich dann auf mein Zimmer.

Ich bin an einem wunderschönen Ort angekommen, ich sehe es aus meinem Fenster.

24. Mai 2016

Dritter Brückenschlag

Culbokie - Inverness (22 km)

Als ich die Treppe herunterkomme, um in den Frühstücksraum zu gehen, kommt mir der Hund entgegen - und rastet vollkommen aus. Er will doch mein neuer Freund sein und unter Freunden muss man doch zusammen spielen. Frühstück ist da doch vollkommen nebensächlich, meint er. Er schleppt mir alles an, was er hat: seinen Ball, eine Decke, eine halb zerlegte Stoffpuppe, einen Beißring und einen frisch abgenagten Knochen. Alles was ich am Frühstückstisch wieder von meinem Schoß heruntermehme, ersetzt er durch einen anderen seiner Schätze. Er will mir doch nur Gutes tun. Zum Frühstücken komme ich dann doch noch, aber nur weil Maria das Spielkalb vor die Tür setzt.

Bei meinem Abmarsch geht dasselbe Spielchen wieder von vorne los. Jetzt soll ich doch bitte mal alles durch die Gegend werfen, damit er es mir wiederbringen kann. Zu seinen Utensilien ist jetzt noch ein ansehnliches Stöckchen hinzugekommen. Maria rettet mich und pfeift ihn rein.

Der Himmel sieht alles andere als vertrauenserweckend aus. Er ist grau in grau, die Berge der Highlands jenseits des Cromarty Firth sind hinter einem Wolkenvorhang verschwunden und der Raps leuchtet nicht neongelb wie gestern, sondern irgendwie verwaschen. Dennoch bin ich zuversichtlich. Das Wetter hat sich bis jetzt immer positiv entwickelt, auch wenn es erstmal nicht so gut aussah. Warum soll das heute anders sein...

Der erste Teil des Tages auf der Black Isle stellt sich heute so dar wie ein längerer Spaziergang durchs Bergische Land: Wälder, Felder, ein ständiges Auf und Ab, mein Weg ist eine schmale Single Track Road, Vögel singen aus Leibeskräften, Kaninchen hoppeln oder flitzen übers Feld und sogar ein Reh mustert mich aus etwa zwanzig Metern Entfernung und ergreift dann doch panisch die Flucht, als es merkt, dass das, was da so steht, nicht ein Baum ist, sondern ein Mensch. Es sprüht etwas vom Himmel, aber für einen Schirmeinsatz reicht es dann doch nicht. Jeder Schotte würde mich fassungslos anstarren. Zu Recht, denn das mit dem Schirm lohnt sich ja meist nicht, so auch jetzt. Nach eineinhalb Stunden unter der Sprühflasche lockert sich der Himmel auf, und als ich bei North Kessock am Ufer des Moray Firth ankomme, lacht die Sonne. Vor mir erhebt sich die Kessock Bridge, hochgespannt, damit noch Schiffe die Docks von Inverness erreichen können. Da muss ich rüber.

Bis 1982 verband North Kessock mehrere Jahrzehnte lang eine Fähre mit South Kessock, einem heutigen nördlichen Vorort von Inverness auf der gegenüberliegenden Seite des Moray Firth. Anfangs wurden noch bis 1907 Segel gesetzt, dann wurde auf Dampf umgestiegen. Später wurde daraus eine kleine Autofähre. Bis 1982 war der Weg von Inverness bis North Kessock um einen letzten Arm des Firth (Beauly Firth) herum zu Land bald 40 Kilometer lang. Die einzige Alternative war die kleine Autofähre, die aber für den anstehenden Verkehr in den Norden oder von dort nach Inverness zurück nicht ausgelegt war. Man hätte länger auf einen frei werdenden Fährenplatz gewartet, als dass man mit dem Auto drumherum gefahren wäre.

Sechs Jahre lang wurde an der Brücke gebaut, bevor sie 1982 eröffnet wurde. Von nun an war zum einen die Black Isle auf Einkaufsdistanz an Inverness herangerückt und zum anderen die Entfernung zwischen Inverness und dem hohen Norden erheblich verkürzt. Rechnet man jetzt noch die Zeitersparnisse durch die anderen Firth-

Brücken (Cromarty Firth und Dornoch Firth) hinzu, so kommt schon einiges zusammen.

Bevor ich mich über die Brücke "schwinge", lege ich im "Tearoom White Cottage" eine Rast ein. Zu schön ist es, draußen vor dem Cottage in der Sonne zu sitzen und nochmal die Ruhe zu genießen, bevor es gleich in die viertgrößte Stadt Schottlands geht. Auf dem Firth schippern ein paar Boote, von der Brücke schallt Autorauschen hinunter, ich genieße meinen Kaffee und den Scone, meine kleine Welt ist im Moment in Ordnung.

Der Gang über die Brücke ist direkt komfortabel: ein breiter Fußweg, durch Planken gegen den rasenden Verkehr der A9 abgesichert, ein toller Blick zurück auf North Kessock, aber auch nach vorn auf das Hafen- und das Stadtgebiet von Inverness und die weite Fläche des Firth, dazu Sonnenschein von einem inzwischen fast lupenrein blauen Himmel und eine nur leichte Brise.

Mein GPS führt mich problemlos zu meinem Hostel in unmittelbarer Nähe zum Inverness Castle. Ich checke ein - und bin auch schon wieder raus. Das schöne Wetter und die nette Stadt halten mich nicht drinnen. Ein Rundgang muss noch drin sein. Vor einigen Jahren war ich ja schon mal hier, mal sehen, ob ich was wiedererkenne.

25. Mai 2016

Lovely Seaside Cottage

Inverness - Ardersier (20 km)

Meine drei MitschläferInnen im Hostelzimmer muss ich am frühen Morgen mit Tütenrascheln nerven, denn Plastiktüten sind für mich nicht nur Nässeschutz, sondern auch Ordnungssystem im ansonsten wohl dramatischen Packtaschendurcheinander. Hostelgäste im Mehrbettzimmer sollten aber auf Schnarcher und Tütenraschler vorbereitet und Ohropax kein Fremdwort sein. Trotzdem versuche ich, alles so leise wie möglich zu erledigen, und aus den Betten höre ich nur tiefe und regelmäßige Atemzüge.

Frühstück fällt heute aus. Es wird im Hostel weder angeboten noch geben meine Lebensmittelvorräte das her. Wer eben den halben Tag in der Großstadt Inverness rumrennt und dabei verbaselt, sich neue Vorräte zuzulegen, muss eben bestraft werden. Komischerweise fühle ich mich aber gar nicht bestraft. Ich denke mir einfach mein Full

Scottish Breakfast und bin auf der Stelle satt. In der Selbstversorgerküche mache ich mir einen Kaffee und bin wenig später auf der Straße.

Ich bin sehr angetan darüber, wie Inverness mich entlässt. Durch schöne Wohngebiete zockle ich dahin und die Markierung der "National Cycle Route 1", die auf schottischem und englischem Boden gleichbedeutend ist mit dem "Northsea Coastal Trial", führt mich vorbildlich wieder hinaus ins Grüne. Petrus hat wohl wieder die kleine himmlische Sprühflasche in der Hand, vielleicht hat er vor, mich ordentlich frisch zu machen. Die Nacht war nämlich nicht durchgehend von erholsamem Tiefschlaf gekennzeichnet. Mein Bemühen, die junge Frau im Bett über mir während der Nacht nicht mit unruhigen Bewegungen zu stören, führte natürlich dazu, dass ich nur sehr temporär schlafen konnte (während sich Madame über mir geschmeidig hin und her warf). Jedenfalls helfen mir jetzt die Sprühflasche und die doch recht kühlen Temperaturen.

Eine prächtige Allee führt mich hin zum Culloden House, einem ehemaligen Herrenhaus in einer wahrlich gepflegten Gartenanlage, in dem sich jetzt die Besserbetuchten für eine Nacht oder länger einmieten können. Berühmt geworden aber ist Culloden weniger durch sein Herrenhaus, sondern eher durch das Gemetzel, was seinerzeit englische Truppen zur Beendigung des Jakobiteraufstandes im nahegelegenen Culloden Moor hier anrichteten. Die Jakobiter - man kann auch sagen: die Schotten - unter Führung von "Bonnie Prince Charlie" haben sich von dieser verlorenen Schlacht nie mehr erholt und die Herrschaft der Engländer über die Schotten war damit manifestiert. Diesen geschichtlichen Hintergrund hier aufzudröseln, würde zu weit führen. Wer aber Interesse an diesem spannenden Abschnitt der englisch-schottischen Geschichte hat, sollte mal googeln unter "Bonnie Prince Charlie" oder "Jakobiteraufstand" oder "Schlacht von Culloden".

Meine "Schlacht" ist auch bald wieder geschlagen. Schon bald hinter dem "Airport Inverness" taucht Ardersier vor mir am Ufer des Moray Firth auf. Dieter hätte auch bis zum "Airport Inverness" fliegen können. Eine Stunde zu Fuß hintendran und schon wäre er da gewesen. Aber wer denkt schon so praktisch (wenn es überhaupt praktikabel gewesen wäre).

In Ardersier dauert es erstmal einige Zeit, bis ich das "Lovely Seaside Cottage" gefunden habe. Die Hausnummerierungen im Dorf sind etwas diffus. Doch dann stehe ich endlich vor der Haustür, klingele, der Hund drinnen bellt - aber niemand macht auf. Der Nachbar sagt, John käme erst um 16 Uhr zurück. Und wir haben 14 Uhr. Das "Lovely Seaside Cottage" ist kein B&B o.ä., sondern eine Privatzimmervermietung und der Besitzer des Hauses geht wohl noch einer geregelten Arbeit nach. Macht nix! Auf dem Weg durchs Dorf habe ich ein kleines Café gesehen, sogar mit Eisverkauf. Fast zwei Stunden schwelge ich nun in Eis und Kaffee und finde es im Nachhinein gar nicht mehr schlimm, dass der Zimmervermieter noch nicht zu Hause ist. Ich unterhalte mich zudem nett mit der Café-Besitzerin und einigen anderen Gästen und merke gar nicht, wie die Zeit vergeht.

Um kurz nach 16 Uhr stehe ich aber wieder vor dem "Lovely Seaside Cottage" (so beschreibt es das Booking-Unternehmen Airbnb) und jetzt öffnet sich auch die Tür. Ein drahtiger Mittvierziger mit kurzer Hose steht vor mir und strahlt mich an. Es gibt so Menschen, da ist sofort große Sympathie da. John ist einer von ihnen. Er ist Ranger bei Highland Council, für den Naturschutz dort mit zuständig und für die Präparierung und Markierung der Küstenpfade. Damit bin ich ja direkt beim Richtigen gelandet. Ich erzähle ihm von meinen Erfahrungen auf einigen Abschnitten des Weges, aber er weiß um die Problematik. Der Coastal Trail brauche noch einige Zeit, bis er von den Hauptstraßen gänzlich ferngehalten und für den Wanderer bequem und sicher begehbar gemacht ist. Private Grundbesitzer sind das größte Problem.

Während wir so im Gespräch sind, zeigt er mir nebenbei das ganze Haus (ein altes Cottage von 1760), Dieters und mein Zimmer, verspricht mir, noch den offenen Kamin anzumachen und sagt zum Schluss nur noch: "Feel at home!" Als ich mich im Kaminzimmer umsehe, entdecke ich ein paar Flaschen Whisky, u.a. Highland Park und Glenmorangie, und zwei Gitarren, die Speisekarte vom Pub next door und ungefähr einen laufenden Meter alter Langspielplatten aus den 60er- und 70er-Jahren. Ich glaube, ich werde Überzeugungsarbeit leisten müssen, damit Dieter morgen früh hier überhaupt losgeht. Ich höre ihn schon sagen: "Wir können ja so drei, vier Tage hierbleiben und dann die Strecke mit dem Bus fahren!" - Ja gepfiffen!

Aber erstmal muss er überhaupt auftauchen. Ich rechne jeden Moment mit ihm.

26. Mai 2016

Dieter mit am Start

Ardersier - Nairn (21 km)

Dieter trudelte gestern Abend mit Verspätung in unserer Unterkunft ein. "Dieser bescheuerte Busfahrer! Alles hat bis vor einer Stunde perfekt geklappt: der Flug, die

Zugfahrt, die Busfahrt war auch sehr schön... und dann vergisst dieser Busfahrer mich in Ardersier rauszulassen! Der wäre mit mir zurück nach Inverness gefahren und hätte das gar nicht gemerkt! Erst als ich bei ihm anfragte, ob das denn alles so richtig sei, hat er mich rausgelassen... und ich konnte zu Fuß nach Ardersier zurück!" Dieter war richtig frackig, aber die Erleichterung darüber, endlich angekommen zu sein, zauberte dann doch ein Lachen in sein Gesicht. Bei einem Abendessen im "Three Stars" und einer Daumenbreite (grins) Whisky konnte er sich zudem noch gut über das Missgeschick hinwegtrösten.

Ranger John trinkt beim Frühstück mit uns in seiner Küche einen Kaffee, bevor er seinen Dienst antreten muss. Er trifft sich gleich mit einer Schulklasse, um in der Nähe Delphine zu beobachten, die hier in den Gewässern vor Ardersier in einer beträchtlichen Population anzutreffen sein sollen. Er bittet uns noch, den Hausschlüssel draußen unter die Fußmatte zu legen, wenn wir das Haus verlassen, dann verabschieden wir uns voneinander.

Eine halbe Stunde später beginnt für Dieter und mich dann die fünfwöchige gemeinsame Unternehmung "Zwei alte Männer und das Meer - sie schaffen das!" Der Einstieg könnte kaum besser sein. Allein der blaue Himmel mit Sonnenschein fehlt, als wir auf einem schönen Pfad am Kiesstrand der Bucht von Ardersier entlanggehen. Wiedermal ist Ebbe, das Wasser des Moray Firth hat sich zurückgezogen und eine weite Schlicklandschaft hinterlassen. Der Himmel ist noch bedeckt, Wind regt sich kaum und für den Nachmittag ist Sonne angekündigt. Was willst du also mehr, mein Wanderfreund, schreite munter voran! Und das tut er auch.

Kaum eine Stunde vergeht und wir erreichen Fort George, eine imposante Festungsanlage am äußersten Endpunkt einer weit in den Moray Firth hineinreichenden, spitz zulaufenden Halbinsel. Schon bald nach der gewonnenen Schlacht gegen die aufständischen Schotten unter Charles Edward Stuart (Bonnie Prince Charlie) bei Culloden, begannen die Engländer 1748 mit dem Bau dieser Anlage. Von hier aus wollte man die Schotten ein für alle Mal in Schach halten und kontrollieren. Tatsächlich ist es auch danach nie wieder zu Erhebungen gekommen. Ein Dorf, das dort stand, wurde zwangsevakuiert und dem Erdboden gleichgemacht. Viele der Menschen, die dort lebten, haben sich nicht weit weg neue Cottages gebaut. In einem von diesen haben wir heute Nacht geschlafen. Johns Häuschen ist eines von ihnen, wie er uns gestern Abend noch erzähle. 1757 war die riesige Anlage so gut wie fertig, nur 1763 kam noch eine kleine Kirche dazu. Mehrere Kasernengebäude für die Soldaten und Offiziere, Vorratshäuser, Munitionslager, Bastionen, Kasematten, Wallanlagen, Wassergraben, Zugbrücke, Kanonenbatterien, Werkstätten, Exerzierplätze - fast eine kleine umwehrte Stadt, mehr als 40 Fußballfelder groß. Nahezu einmalig: Seit mehr als 250 Jahren hat sich hier, bis auf die jetzt asphaltierten Wege, Straßen und Plätze, nichts verändert. Sogar heute noch ist Fort George eine aktive Militärbasis. Soldaten bewegen sich auf dem Gelände, Militärfahrzeuge sind unterwegs. Die meisten Gebäude und Räume sind dem Militär vorbehalten, einige andere können von Touristen besichtigt werden. Man stelle sich das in einer deutschen Kaserne vor.

Dieter und ich streifen mindestens eine Stunde mit einem Audio-Guide am Ohr durch die Anlage, sind dann aber doch ausreichend beeindruckt und ziehen weiter. Eine weitere Wanderung am Küstensaum entlang verbietet sich, rote Fahnen flattern entlang der kleinen Straße und bedeuten uns: "Bis hierher und nicht weiter! Lebensgefahr!" In der Tat hallt das Geknatter von Gewehr- und MG-Salven hinter hohen Stechginsterbüschen zu uns herüber. Jemand muss beweisen können, dass er schießen und auch treffen kann.

Für uns geht es auf der kleinen Straße weiter, links und rechts von uns eine flache Dünenlandschaft, teilweise bewachsen mit großen Kiefern, ein wenig wie in der Uckermark. Aus der kleinen Straße wird eine größere, für kurze Zeit sogar eine Hauptstraße mit viel Verkehr. Wiedermal etwas nervig, aber Dieter bekommt so einmal einen kleinen Geschmack von dem, was mich in den letzten Wochen so manches Mal beschäftigt hat. Bald können wir aber glücklicherweise wieder einen schmalen Pfad durch Stechginsterbüsche hindurch nehmen, kreuzen einen Golfplatz und stehen fast unvermittelt wieder am Ufer des Moray Firth. Die grauen Wolken haben sich mittlerweile verzogen und einem blauen Himmel Platz gemacht, der Firth erscheint genauso blau, und weiß aufschäumende Wellen rollen auf den Sandstrand - ein schönes Bild. Auf einem kurzgehaltenen Graspfad zwischen Strand und Golfplatz streben wir unserem heutigen Ziel Nairn entgegen.

An gediegenen viktorianischen Villen vorbei kommen wir ins Zentrum und finden recht bald unser kleines Hotel - nur finden wir erstmal nicht zueinander. Nichts regt sich, kein Mensch zu sehen. Check-in erst ab 16 Uhr, noch eine Stunde, Mist! Na ja, so schlimm auch nicht, direkt auf der anderen Straßenseite ist ein kleines Café.

Und was dann der Tag noch bringt, werden wir sehen. In meinem Wheelie schlummert noch die Flasche Whisky, die Dieter gestern mitgebracht hat. Die Flasche nebst Inhalt ist ganz schön schwer und wir müssen sie etwas leichter machen. Aber nicht, dass wir jetzt in einen falschen Ruf geraten...!

27. Mai 2016

Indischen Proviant im Rucksack

Nairn - Forres (22 km)

Warm ist es nicht im Frühstücksraum unseres "Waverley Hotel" in Nairn. Wir sind die einzigen Gäste im Haus, ob sich dafür das Heizen nicht lohnt? Wahrscheinlich hat das Haus sowieso schon einmal bessere Tage gesehen, aber über Sauberkeit und Ausstattung des Zimmers und die Freundlichkeit der Besitzerin kann man nicht meckern.

Beim Gang aus dem Ort heraus, kommen wir an dem India Restaurant vorbei, in dem wir gestern Abend noch zum Essen waren. "Buffet - £9,95" stand vor dem Eingang angeschlagen, und warum nicht mal in Schottland indisch essen? Unter Buffet hatten wir uns allerdings vorgestellt, dass verschiedene indische Köstlichkeiten auf einem großen Tisch dargeboten werden und zur Auswahl stehen, jeder "lädt" sich was auf seinen Teller und darf eventuell sogar mal "Nachschlag" holen. Es lief aber alles anders: Die überaus freundliche Bedienung fragte uns nacheinander weg bei vier Gängen im vollendeten Schottisch nach unseren Wünschen zu den Gerichten A - B - C - D, von dem ich nicht bei einem verstand, um was es sich überhaupt handelt. Dieter ging es nicht viel anders. An irgendeiner Stelle des mündlich vorgetragenen Angebots nickten wir und bekamen es nach kürzester Zeit gebracht. Alles schmeckte vorzüglich! Problem nur: Nach dem zweiten Gang dachten wir, das Essen wäre beendet, aber der dritte war noch der umfangreichste. Wir wollten nicht unhöflich sein, aßen tapfer weiter, begannen aber zu stopfen und zu stöhnen. Wir konnten nicht mehr! Als zum unerwarteten Abschluss dann sogar noch eine Palette Fladenbrot mit unterschiedlichen Belägen gereicht wurde - und ich glaube, wir hatten es irgendwann wirklich bestellt -, mussten wir in der Tat kapitulieren. Die Bedienung sah unsere verzweifelten Gesichter, hatte Erbarmen und bot uns lächelnd an, das Fladenbrot für den morgendlichen Verzehr während der Wanderung einzupacken. Welch ein Segen! Die 200 m bis zu unserer Unterkunft erschienen Dieter und mir wesentlich zu weit. Wir kamen doch kaum von unseren Stühlen hoch, geschweige noch bis ins Hotel. Wir hätten was darum gegeben, wenn jetzt unsere Betten vorbeigekommen wären.

Die Tüte mit den Fladenbroten liegt in meinem Rucksack, als wir Nairn hinter uns lassen. Wir sehen den Hafen, in dem es wegen der Ebbe kaum Wasser zu geben scheint, und den kleinen Leuchtturm bei der Hafeneinfahrt, der hoch über der aufragenden Kaimauer steht. Wir kommen an einer weiten Sand- und Dünenlandschaft vorbei, die den Morey Firth zum Hinterland begrenzt, sehen große Schiffe aus Inverness kommend vorbeifahren und weit im Hintergrund, fast im blauen Dunst verschwindend, die Berge der Highlands. Ich kann mir kaum noch vorstellen, an ihnen vor wenigen Tagen noch auf der nördlichen Seite des großen Firth entlanggezogen zu sein. Was war da alles, was ist da nochmal passiert?

Es ist so schwer, für die vielen Eindrücke des Tages einen Platz im Langzeitgedächtnis zu finden, bevor sie am nächsten Tag von der Flut neuer kleiner Ereignisse aus dem Kurzzeitgedächtnis gespült werden. All die verschiedenen Etappen, die Auf- und Abstiege, die entspannenden Strecken an einem Küstenabschnitt entlang oder diejenigen mit hektischem Verkehr auf einer Landstraße, all die vielen, meist einsam gelegenen Besiedlungen mit ihren anscheinend kaum erwähnenswerten Details: das an Land gezogene alte Fischerboot, die üppigen Blumen in einem Garten, eine schöne alte Haustür. Es gelingt mir nicht, ein Bild von jeder Ortschaft in meinem Kopf zu speichern, geschweige denn die Namen. Deshalb schreibe ich, versuche möglichst viele Erinnerungen an Dörfer, Menschen, Tiere, Landschaften, an Ereignissen, Empfindungen und Gefühlen für später für mich zu retten.

Bei den drei Häusern von Cothill besteht Dieter auf eine Pause, zu Recht. Bereits auf den gemeinsamen Kilometern auf dem Grünen Band im letzten Jahr hatte ich ihm zugesichert, immer nach etwa zwei Stunden eine Rast einzulegen, wenn sich eine passende (Sitz-) Gelegenheit ergibt. Dieter erspäht Baumstämme sowie ein paar dicke Steinbrocken und damit hält er die Gelegenheit für gegeben, zumal auch noch die Sonne scheint, und damit ein trockenes Plätzchen gegeben ist. Kleines Problem nur: Wir haben uns durch ein offenes Tor Zutritt auf ein Privatgrundstück "erzwungen". Dieter hat gerade seine Schuhe von den Füßen gezogen, um sich ein paar trockene Strümpfe anzuziehen (guter Tipp gegen Blasen!), als die Besitzer des Grundstücks mit ihren Hunden von einem Spaziergang zurückkommen. Dieter fragt sofort etwas schuldbewusst, ob wir hier so einfach hätten eindringen dürfen, aber das schottische Ehepaar ist überaus freundlich. Wir kommen ins Gespräch über unser Woher und Wohin, mit dem Ergebnis, dass Frau Schottin uns jeweils eine große Tasse Kaffee zu unserem Rastplatz bringt. So mögen wir es gern.

Die nächsten Kilometer gibt die Sonne alles. Die ersten Überlegungen kommen auf, die Anoraks auszuziehen und im Hemd weiterzugehen. Kann es wirklich wahr sein? Es ist immer hart an der Kante. Durch die Sonne wird es so langsam unangenehm warm unter der Jacke. Im Schatten der inzwischen immer häufiger werdenden Bäume und sogar ganzer Wälder, wenn Wolken sich vor die Sonne schieben und dabei sogar eventuell ein leichter Wind aufkommt, könnte es aber vielleicht schon wieder zu kühl werden. Während einer Rast am Brodie Castle, einer Burganlage aus der Mitte des

16. Jahrhunderts, die sage und schreibe 820 Jahre im Privatbesitz der Familie Brodie war, fällt die Entscheidung: Wir reißen uns die Jacken vom Leib - Hemdwandern ist angesagt, schließlich dürften wir um die 15 °C haben.

Hach, wie ist das angenehm, Luft um die Brust! Weiter geht es auf kleinen Straßen, am hochherrschaftlichen Dalvey House vorbei mit seinen wunderbaren Gartenanlagen und alten Baumbeständen, wir folgen einer kleinen Straße mit duftenden Weißdornbüschen, überqueren den Findhorn River, dessen weites Mündungsgebiet in die Nordsee wir morgen bestaunen können und kommen schließlich nach Forres, unserem heutigen Ziel.

Dieter fasst schon auf dem Weg zu unserer Unterkunft den "Red Lion" als Anlaufpunkt für heute Abend ins Auge. Aber nur für ein, zwei Pints! Groß Essen gehen ist heute nicht, wir haben schließlich noch unsere Brotfladen vom India Restaurant in Nairn in meinem Rucksack!

28. Mai 2016

Beach Walk

Forres - Burghead (22 km)

Kaum sind wir ein, zwei Kilometer unterwegs, merken wir, dass heute ein besonders schöner Tag werden wird. Die Sonne hat früher als sonst auch die letzten Wolken abgeschüttelt und beginnt recht bald, uns mehr zu verwöhnen als uns lieb ist. Mit Autos haben wir heute kaum etwas zu tun, nur die ersten Kilometer folgen wir einer schmalen Straße, die uns durch stark landwirtschaftlich geprägtes Gebiet an die Findhorn Bay bringt, einen weit ins Landesinnere hineinragenden Mündungsbereich des River Findhorn. Wie schon einige andere vor ihr, ist die Bucht wegen der Ebbe trockengefallen und nur vereinzelt ziehen sich einige Wasseradern hindurch. Ein paar Möwen und Oystercatcher staksen auf der Suche nach einem Leckerbissen auf der riesigen Fläche herum und das ein oder andere kleine Boot liegt auf dem Sand und wartet darauf, wieder Wasser unter den Kiel zu bekommen.

Dort, wo der River Findhorn in die Nordsee einmündet, liegt Findhorn, das dritte Findhorn, wie ich lese. Die beiden Vorgängerdörfer wurden entweder im 17. Jahrhundert nach einer Reihe schwerer Stürme unter Dünensand begraben oder 1701 nach einer Flut zerstört. Heute steht gottseidank noch alles, vor allem das Café am Marina-

Hafen. Während wir uns draußen auf der Terrasse ein schattiges Plätzchen suchen (in der Sonne ist es tatsächlich zu warm!), und bei unserem Kaffee über die Bay schauen, können wir feststellen, dass immer mehr Wasser durch die aufkommende Flut in die Bay drückt. Boote, die vor kurzem noch auf Sand festlagen, wippen jetzt wieder leicht auf dem Wasser.

Ein Holzschild weist uns aus dem Dorf hinaus: "Moray Coast Trail - Burghead 7 m", wobei das "m" für Meilen steht und nicht für Meter. Was sich nun anschließt, sind eine der schönsten 10 Kilometer meiner bisherigen Wanderung. Nach einem kurzen Stück über einen Dünenpfad sehen wir auf einmal einen weiten, kilometerlangen Strand vor uns. Uns hält kein Dünenpfad mehr. Wir rutschen durch eine Anhäufung von großen Kieselsteinen einen Hang hinunter und befinden uns auf einer riesigen, glatten Sandfläche, die von der letzten zurückgehenden Flut noch so fest ist, dass es sich angenehm darauf gehen lässt. Wir haben Spaß wie die Kinder, hier jetzt so problemlos entlanglaufen zu können. Selten nur begegnen uns andere Menschen und wenn sie es dann ab und zu doch tun, haben sie meist Hunde dabei, die es genießen, sich auf der weiten Fläche auszutoben oder auch mal kurz ins Wasser zu hüpfen. Langsam werden die Sanddünen neben uns immer höher, deutlich sichtbar haben Fluten in Teilen an ihnen genagt oder ganze Abschnitte zum Einsturz gebracht.

Wie ich später lese, wurde auch an diesem Strandabschnitt für die Landungsoperation der Alliierten in der Normandie trainiert. Heute noch finden sich aber auch Reste von Verteidigungseinrichtungen (Sperrblöcke und kleine Schießbunker) am Strand, die der Zahn der Zeit und die Beständigkeit der heranrollenden Wellen zum Teil zerstört, von den Dünen befördert oder halb in den Sand eingegraben haben. Man hatte also selbst eine Art von Invasion befürchtet und wollte vorbereitet sein. Heute liegen sie da so rum, zu nichts mehr nütze.

Bald stehen Bäume bis hart an die Dünenklippen, viele haben schon den Kampf gegen die Erosion verloren und sind mit der Spitze zuerst auf den Strand hinuntergestürzt. Immer weiter und weiter werden ihnen andere folgen. Mich erinnert dieses Bild an die Klippen auf Rügen oder entlang der Ostseeküste von Mecklenburg-Vorpommern.

Fast zwei Stunden hinterlassen wir unsere Schuhabdrücke im Sand - und die beiden parallelen Spuren meines Wheelies, nicht zu vergessen. Langsam, aber beständig nähert sich die Flut und der Strand wird schmaler. Aufgänge nach oben auf die Steilküste gibt es kaum, deshalb hoffen wir, frühzeitig genug Burghead erreicht zu haben, bevor das Nordseewasser unsere Schuhe umspült. Trotzdem gönnen wir uns noch eine Rast auf den Betonresten zweier ehemaliger Sperrblöcke. Dieter zieht sich wie immer seine Schuhe aus, heute nur hält er sie auch noch zum Lüften in die sanfte Brise, die vom Wasser herüberweht. Gemeinsam können wir gar nicht oft genug wiederholen, was dies doch heute für eine schöne Strecke ist, für tolles Wetter, für ein herrlicher Tag und überhaupt.

Irgendwann wird dann der Sand sehr riffelig, ist nicht mehr so angenehm und einfach zu begehen. Wie auf Bestellung sind wir genau jetzt an einer Stelle, wo mehr Menschen einen Plankenweg von den Dünenhöhen herunterkommen, um den Strand zu bevölkern, vielleicht viele Burgheader, die den Samstagnachmittag für einen kleinen Strandaufenthalt nutzen. So oft hat man das bei solch schönem Wetter in diesem Jahr noch nicht machen können. Wir verabschieden uns vom Strand, gehen den Plankenweg hoch und befinden uns von nun an in einem harzig duftenden Dünen-Kiefernwald, durch den uns ein breiter Weg endgültig nach Burghead bringt.

In dem kleinen Städtchen auf einer Landspitze am Ende der weit gezogenen Burghead Bay haben wir unsere Unterkunft in einem Privatzimmer bei Valentina Rosa in der Kingstreet, wo der Tag zu Ende geht bei Menschen mit großer Gastfreundschaft und Zugewandtheit.

29. Mai 2016

Noch ein Traumtag

Burghead - Lossiemouth (16 km)

Dieter muss nochmal zurück nach Forres. So wie ich es auf den Shetlands geschafft hatte, meinen Adapter für die britische Stromzufuhr in einer Unterkunft stecken zu lassen, so meinte Dieter, es mir in Forres vor dem dortigen Abmarsch nachmachen zu müssen. Jedenfalls entdeckte er gestern Abend noch das Malheur und wechselte kurzfristig die Gesichtsfarbe. Hektische Betriebsamkeit kehrte ein: Ist der Adapter wirklich noch im Zimmer unserer letzten Unterkunft? Anruf zur Sicherstellung! Verzweiflung vermitteln gegenüber unseren jetzigen Gastgebern - Dackelblick - in der heimlichen Hoffnung, dass von ihnen eine Lösung kommt. Kommt auch! Der Partner von Valentina erklärt sich an seinem wohlverdienten und arbeitsfreien Sonntagmorgen bereit, Dieter nach einem etwas vorgezogenen Frühstück nach Forres und auch wieder zurückzufahren und damit das Problem zu lösen. So geschieht es denn, und nach etwas mehr als einer halben Stunde kommt Dieter strahlend mit seinem Adapter durch die Tür. Na gottseidank!

Wir verabschieden uns von zwei überaus freundlichen Menschen und nehmen unsere Wanderung auf dem Moray Coast Path wieder auf. Die Sonne strahlt von der ersten Minute an von einem tiefblauen Himmel, der dadurch dem Wasser der Nordsee dieselbe Farbe verpasst, Wind findet praktisch nicht statt, daher ist die Klamottenfrage auch geklärt: Man(n) wandert im Hemde! Die Streckenführung ist eine absolute Wohlfühlvariante: Der Moray Coast Path nutzt für etwa fünf Kilometer die alte Trasse der ehemaligen Bahnlinie zwischen Burghead und Hopeman und trägt uns damit förmlich voran. Der Ausblick auf die Nordsee mit dem einen oder anderen Fischkutter, prächtige Sandstein-Felsformationen, kleine Sandstrände und dichte, blühende Stechginsterbüsche berauschen uns fast. Klingt ein wenig dicke, ist aber so.

Am Wegesrand taucht bald "St Aidan's Well" auf, eine mit Steinplatten eingefasste und mit einem Metallgitternetz größtenteils abgedeckte Quelle, die (der Legende nach) an der Stelle hervorsprudelte, wo St Aidan, ein irischer Missionar, seinerzeit mit dem Boot ankommend schottischen Boden betrat, um die Pikten dieser Gegend zum wahren Glauben zu bekehren. Heutzutage werden dem Wasser aus dem Brunnen heilende Wirkungen zugesprochen. Wir wollen das ausprobieren, obwohl wir gar nicht wissen, was bei uns geheilt werden sollte. Da aber Trinkgefäße mit einem gewissen Aufforderungscharakter danebenstehen, hocken wir uns hin und schöpfen. Wir trinken vom weichen und heilsamen Wasser, ich benetze noch meine Unterlippe mit dem Sonnenherpes, wir warten noch einen Moment, ob irgendetwas passiert, stellen nichts Umwerfendes fest - und gehen weiter.

Die jetzt asphaltierte Bahntrasse bleibt weiterhin eine Fuß- und Augenweide und ehe wir uns versehen sind wir in Hopeman, vor langer Zeit gegründet von einem Unternehmer, der hier die Arbeiter seiner Sandstein-Steinbrüche ansiedelte und wo später noch ein kleiner Hafen gebaut wurde, um von hier die gebrochenen Steine direkt zu verschiffen, aber auch, um eine nicht unbeträchtliche Heringsflotte hier zu etablieren. Als wir in diesem kleinen Hafen stehen, liegen eher kleine Sportboote dort entlang der Kaimauer, tief unten allerdings, es ist wieder Ebbe. Links und rechts vom Hafen liegen wieder Strände, zum Land hin abgegrenzt zum einen durch die Aneinanderreihung von großen Wohncaravans eines Campingplatzes und zum anderen von kleinen, originell bunt bemalten Strandhütten, wie man sie noch aus alten Zeiten kennt. Bei ihnen machen wir auf einer Holzbank eine Rast, auch wenn sie eigentlich noch gar nicht nötig ist. Zu idyllisch ist dieser Platz hier. Wir hocken da, genießen den Blick aufs Wasser, auf den Strand, auf buddelnde Kinder und herumtobende Hunde.

Danach wird es etwas mühsam. Die ehemalige Bahntrasse gibt es ab Hopeman nicht mehr, der Moray Coast Path wird zu einem engen Pfad zwischen Stechginster hindurch. Ich bekomme etwas Probleme mit meinem Wheelie - er ist kaum hier durchzumanövrieren - und wir weichen auf den etwas höher gelegenen Golf Course aus. Vor tieffliegenden Golfbällen wird zwar ausdrücklich gewarnt, aber das juckt mich jetzt nicht im Geringsten. Einige der sich auf dem Platz tummelnden Spieler wundern sich vielleicht, mit welch einem merkwürdigen Buggy ich da unterwegs bin, aber wenn sie genau hinsehen, entdecken sie bei mir noch nicht einmal einen Schläger.

Irgendwann ist der Golfplatz überquert und es geht weiter duch ein gelbes Meer von Stechginster. Weiterhin glänzt blau die Nordsee neben uns, weiterhin ist die Sonne blendender Laune, Möwen und Fulmers segeln über uns hinweg, manchmal wird der Blick frei auf kleine Strände, tief abfallende Kliffs oder wundersam aussehende Sandsteinformationen. Immer wieder bleiben wir stehen, genießen diese Natur hier, fotografieren uns einen Wolf und sind uns einig: Gestern war schon ein toller Wandertag, aber der heutige übertrifft ihn noch.

Wie zur Bestätigung dessen, wird das letzte Drittel der Strecke wieder eine Strandwanderung. Langsam senkt sich der Pfad durch den leuchtenden Stechginster zum vor uns auftauchenden West Beach von Lossiemouth hinab. Wieder ist es ein glatter, breiter Strand, ab und zu unterbrochen von algenüberzogenen Felsen, auf dem wir nun fünf Kilometer lang gehen, den großen Leuchtturm von Lossiemouth vor Augen. Recht viele Menschen sind auf ihm unterwegs, schließlich ist heute Sonntag und das Wetter wie geschaffen für einen Strandgang. Nach fast einer Stunde ist auch er überquert und wir haben Lossiemouth erreicht.

Wir nehmen noch nicht den direkten Weg zu unserer Unterkunft, sondern belohnen uns noch mit einer Schlussrast auf der Terrasse des West Beach Cafés. Noch einmal in der Sonne sitzen, den Tag gedanklich abschließen, sich gemeinsam freuen an dem, was man gesehen und erlebt hat. Dann sind es nur noch wenige Meter zu unserem "Stotfield Hotel" direkt gegenüber vom "Moray Golf Club" bzw. dessen "Vereinsheim".

Zumindest in einigen Bereichen des großen Hauses hat unser Hotel schon bessere Tage erlebt, am Abend reicht es aber immer noch zu zwei gepflegten Pints in den Ledersofas der Lounge. Ich spüre einen Hauch von Snobismus...

30. Mai 2016

"A tea or a coffee?"

Lossiemouth - Portgordon (23 km)

Ein Tag ohne große Ausschläge, nichts Spektakuläres, keine Katastrophe, nichts Bewegendes, nichts Aufregendes, eben nichts Besonderes. Der Himmel ist grau, als wir unser Hotel verlassen, aber in einer Form grau, die keinen Regen erwarten lässt. Es scheint eher Hochnebel zu sein, der zäh die Sonne verdeckt. Obwohl es Montagmorgen ist, sehen wir kaum Menschen auf den Straßen oder Autos fahren. Entweder spielt sich das Leben in Lossiemouth woanders oder zu einer anderen Zeit ab oder hier ist absolut der Hund begraben. Auch im Hafen rührt sich nichts, und erst als wie den River Lossie über eine Fußgängerbrücke zum East Beach hin überschreiten, begegnen wir den ersten Menschen, die auf diesem ihre Hunde ausführen wollen.

Die Ebbe ist noch rückläufig und dadurch der Sand tiefer als gestern auf dem West Beach. Das Gehen fällt schwerer und es dauert einige Zeit, bis wir den Streifen auf dem Sand gefunden haben, wo es am einfachsten zu laufen geht. Möwen und andere kleine Seevögel tippeln über den Sand den ablaufenden Wellen hinterher in der Hoffnung, dass vor ihnen nun etwas der Tisch gedeckt ist. Die Hoffnung, dass wir heute wieder stundenlang unser Strandläuferdasein fortsetzen können, stellt sich bald als Trugschluss heraus. Der feste, sandige Streifen hört nach einer knappen Stunde auf und Kies nimmt überhand. Aus flach abgelagertem Kies auf dem Strand, über den es schon schwer genug ist zu gehen und den Wheelie zu ziehen, werden zum Land hin ganze Hänge von lockerem Kies, die wir kaum erklimmen können, als wir versuchen, dem schwierigen Terrain Richtung Küstenwald zu entfliehen. Wir schaffen es zwar, kommen aber ins nächste Dilemma. Unmittelbar am Waldrand soll laut Karte ein Waldweg entlangführen, den wir aber nicht finden. Was wir finden sind tiefe, mühsame Sandpfade durch dichten Dünenwald, die uns eine Weile Zeit und Kraft kosten. Dieter "is not really amused" und verliert etwas an Geschwindigkeit. Irgendwann ist dann aber doch ein breiter Waldweg erreicht, wir können auf der Karte unseren Standort finden und von da an wird alles leichter.

Wir laufen kilometerlang schnurgerade durch den Kiefernwald, der nicht viel Abwechslung bereithält, dafür aber mit seinem Schotterweg nervt. Als wir endlich aus dem Wald herauskommen und eine kleine Straße erreichen, atmen wir auf. Doch Dieter reicht das Aufatmen nicht, er will jetzt eine Pause. Aber wo? Felsblöcke oder Baumstämme zum Draufsetzen sind nicht zu entdecken, geschweige denn eine Bank. Auf dem Boden ist es zu feucht. Der Zufall will es, dass wir an einem einsam gelegenen Haus vorbeikommen, Dieter vor dem Haus eine Bank entdeckt und genau in diesem Moment die offensichtliche Eigentümerin aus dem Haus kommt, um ein wenig Gartenarbeit zu leisten. Dieter, nicht faul und ohne Scheu, geht auf sie zu, lässt seinen Charme spielen und bittet sie, sich auf der Bank zu einer kurzen Rast niederlassen zu dürfen. Und wer kann schon Dieter widerstehen...? Sie lädt uns nicht nur ein, auf ihrer Bank Platz zu nehmen, sondern stellt auch sofort die insgeheim erhoffte Frage: "Do you want a tea or a coffee? With sugar or milk?" Fünf Minuten später sitzen wir bequem, schlürfen Tee und Kaffee und lassen uns dabei noch von unserer netten Gastgeberin fotografieren. Und weiß der Himmel, wie Dieter das macht, auf dem Foto auszusehen, als hätte er nie nach einer Pause geschrien.

Nach einer halben Stunde ziehen wir erholt weiter und kommen bald hinter Garmouth zum River Spey, den wir auf der Brücke einer ehemaligen Bahnstrecke überqueren. Unten im Fluss steht ein Angler und wirft immer und immer wieder seine Angel aus. Uns entgegen kommen ein paar Männer, die aufgrund ihrer Rucksäcke unschwer als Wanderer auszumachen sind. Mit Sicherheit werden sie heute im zehn Kilometer entfernten Buckie ihre Wanderung auf dem Speyside Way aufgenommen haben, einem traditionellen schottischen Weitwanderweg und einem Teilstück des berühmten Whisky Trails. Sie werden noch 5-6 Tage brauchen, bis sie an ihrem Ziel in Aviemore in den Caingorm Mountains angekommen sind und auf ihrem Weg auch die ein oder andere Distillery besichtigt haben.

Auf einem Stück alter Bahntrasse geht es nun Portgordon entgegen. Unsere Unterkunft in einem Privatzimmer ist schnell gefunden, ein geeigneter Pub für eine Kleinigkeit zu essen und zwei Pints nicht. Martin, unser Gastgeber, erzählt uns später, dass von ehemals 14 Pubs in dem recht überschaubaren Dorf nur einer noch übriggeblieben ist - und der spricht uns nicht gerade an. So kaufen wir noch ein paar Lebensmittel ein und machen es uns ausgiebig im Zimmer gemütlich. Übrigens: Die Whiskyflasche ist immer nocht nicht leer! (War ja auch eine große Whiskyflasche!)

31. Mai 2016

Licht und Schatten

Portgordon - Sandend (29 km)

Gastgeber Martin verspricht uns für heute eine schöne und angenehm zu gehende Etappe. Uns soll es recht sein. Vor drei Tagen war die Wettervorhersage für heute noch katastrophal: Starkregen mit lebhaftem Wind. Davon ist heute nichts zu merken. Es ist zwar bedeckt und etwas windig, aber das kann uns ja nicht schrecken. Also beste Voraussetzungen für einen entspannten Wandertag.

Am Ortsende von Portgordon werden wir nett verabschiedet. Auf einer kleinen Felseninsel etwas abseits der Küste liegen Seehunde und schauen zu uns hinüber. Für einige scheinen wir sehr interessant zu sein, für andere weniger. Die einen liegen flach auf dem Bauch und heben ab und zu mal ihre Schwanzflosse, andere drehen sich zur Seite, heben den Kopf und grüßen ein, zwei Mal mit der Armflosse zu uns rüber, als wollten sie sagen "Jetzt habt ihr uns genug begafft und fotografiert, nun zieht weiter! Schönen Tag noch!"

Die nächsten Dörfer und kleinen Städte reihen sich nun aneinander wie an einer Perlenschnur: Buckie, Findochty, Portknockie, Cullen. Alle sind ehemalige Fischersiedlungen, in ihren Häfen aber finden sich nur noch wenige Fischerboote, meist sind es Freizeitboote oder Segeljachten, die hier festgemacht sind. Eine Ausnahme ist Buckie, wo auch noch größere Fischerboote anlegen, wo Fische direkt in einer Markthalle verkauft oder in einer Räucherei verarbeitet und Boote gebaut oder repariert werden. Direkt am Hafen oder entlang der Wasserlinie finden sich die kleinen Fischerhäuser, eng nebeneinander stehend, mit der meist fensterlosen Giebelseite zum Meer ausgerichtet, entweder aus Sandstein oder aus großen Feldsteinen gemauert und weiß verputzt oder farbig gestrichen.

In Findochty machen wir Rast im letzten Pub des Ortes bei Kaffee und Tee und in Cullen, das von den großen Eisenbahnviadukten einer stillgelegten Bahnlinie beherrscht wird, werden zwei Suppen bestellt. Der Weg und die Landschaft zwischen den Orten sind mal wieder ein Genuss. Es geht sich zügig und auf bequemen Wegen, unser geliebter Stechginster begleitet uns wieder die meiste Zeit, die Blicke sind erneut "zum blöde werden". Interessante Felsformationen, wie z.B. der Bow Fiddle Rock mit seinen kleinen Seevögelkolonien und kleine Strandbuchten ziehen unsere Blicke auf sich und der Gang über den spiegelglatten Strand von Cullen lässt uns wieder ins Schwärmen geraten.

Doch nach Cullen wird alles anders. Wir verpassen wohl eine Abzweigung, laufen einen Umweg, das "Geläuf" wird schwer: grasüberwachsen, eng, holprig. Wir quälen uns über Zäune (hatte ich ja schon lange nicht mehr; mit Dieter überhaupt noch nicht), latschen über Äcker, drängen uns am Rand von Rapsfeldern entlang und an manchen Stellen ist der Abstand zwischen "Pfad" und Klippenrand enger als es Dieter lieb ist. Der schiebt mittlerweile einen ordentlichen Frust und wie das dann immer so ist, scheint die Strecke kein Ende zu nehmen und das Ziel unerreichbar zu sein.

Irgendwann kommt der Moment, wo Dieter fast rückwärtsgeht - aber er mault und meckert nicht. Immer noch kommt ein Scherz über seine Lippen, auch wenn ihm wohl nicht mehr so ganz danach zumute ist. Endlich kommt Sandend in Sicht, ein kleiner Ort mit einem wunderschönen Strand, auf den hohe Wellen branden und wo sich jugendliche Surfer tummeln. Doch in Sandend sind wir immer noch nicht am Ziel. Unser B&B liegt oben an der Straße, also nochmal etwa einen Kilometer weiter bergauf.

Auch wenn es nun nicht mehr allzu schwer ist, auf einer kleinen Zufahrtsstraße zu unserer Unterkunft zu kommen, so ist Dieter jetzt nicht mehr viel schneller als ein robbender Seehund und heilfroh, als er endlich an der B&B-Tür klingeln kann. Sein abschließender Kommentar: "Die ersten 21 Kilometer fantastische Strecke, die letzten acht eine Quälerei!" - Aber er lacht schon wieder und will auch morgen wieder mit.

01.Juni 2016

Kleine Häfen - fast leer

Sandend - Macduff (24 km)

Als ich mit Dieter morgens im Wintergarten unseres B&B beim Frühstück sitze, gehen meine Gedanken genau ein Jahr zurück. Damals kämpfte sich um diese Zeit mein kleiner Enkelsohn Neyo auf die Welt und als ich nachmittags meine Unterkunft hoch oben auf dem Brocken (Harz) gerade erreicht hatte, bekam ich die wunderbare Nachricht, dass ich wiedermal Opa geworden bin. Jetzt ist dieser kleine Fratz auch schon ein Jahr alt. Ich denk an ihn, an sein Lächeln, seine staunenden Augen.

Beim Abmarsch lässt der Blick auf die Karte heute eine relativ entspannte Wanderung erwarten. Eigentlich liegen nur kleine Straßen vor uns, die ein zügiges Vorankommen gewährleisten müssten. Nur beim ersten Kilometer ist ein Stück Hauptstraße nicht zu vermeiden, aber damit habe ich ja meine Erfahrung und Dieter wird's überleben. Als nächstes ist auf der Karte ein etwa drei Kilometer langes Stück als "befestigter Wirtschaftsweg" gekennzeichnet. Genau ein solcher ist es, als wir von der Hauptstraße am erwarteten Punkt abbiegen - dann hört er nach 300 m unvermittelt auf! Was-soll-das-denn-jetzt-wieder???!!! Wir sind mit Sicherheit an der richtigen Stelle und dann hört so ein Weg einfach auf!? Bei genauem Hinsehen stellen wir fest, dass es tatsächlich in der Fortführung mal einen Weg gegeben hat, aber der ist jetzt vollkommen zugewachsen und für uns undurchdringlich. Folge: Wir quetschen uns durch die Ackerfurche am Rand eines Getreidefeldes entlang. Gras und Getreide sind kniehoch und weil es anscheinend in der Nacht mal leicht geregnet haben muss (oder ist es der Morgentau?), sind bald unsere Schuhe und die Hosen bis zu den Kniescheiben klatschnass. Geht das jetzt wieder los?

Zumindest die nächste Steigerungsstufe folgt noch: Als wir zu einem alten, heruntergekommenen Hof kommen, legt sich ein Drahtzaun quer. Himmel, Ar...! Wenn das jetzt noch den Rest des "befestigten Wirtschaftswegs" so weitergeht, kommt Freude auf. Doch dann die Erleichterung: Unmittelbar hinter dem Hof beginnt eine etwa drei Meter breite und asphaltierte Straße, die uns bis nach Portsoy führt. Wohlgemerkt: Schotterweg, Ackerfurche und Sträßchen - alles dieselbe Kennzeichnung auf der Karte.

Da der Moray Coast Path nun mal - wie der Name schon sagt - ein Küstenpfad ist, lässt er kaum einen Hafen aus. So auch nicht den von Portsoy. Eng an eng stehen hier wieder die alten Fischerhäuschen, manchmal gerade genug Platz zwischen ihnen, dass in früheren Zeiten die an Land gezogenen Boote dazwischen passten. Portsoy hat zwei Häfen: den sehr kleinen alten und den etwas größeren neuen, der aber auch schon wieder alt genug ist. Kleine, weiße Leuchttürme stehen an den schmalen Einfahrten, um den Booten auch bei schlechten Wetterbedingungen den Weg zu weisen. Hohe Kaimauern umfassen die Hafenbecken, die bei Ebbe natürlich besonders hoch wirken. Und wenn nicht gerade weiße Segeljachten in solchen Hafenbecken angelegt haben, wirken sie, vor allem wenn bei Ebbe fast nur dunkler Sand und schwarze Felsen zu sehen sind, irgendwie düster und... ja, sogar traurig.

Früher waren die Häfen die Mittelpunkte des örtlichen Geschehens. Hier liefen die Fischerboote ein und aus. Fünfzig, achtzig, über hundert manchmal, kaum fanden sie Platz in den zu eng gewordenen Hafenbecken. Dann wurden, wie hier in Portsoy, neue Häfen angelegt oder Fischer siedelten weg und bauten sich an anderen vermeintlich günstigen Stellen andere Hafenanlagen und neue Häuser dazu. Die Frauen warteten nur darauf, dass die Boote entladen wurden, um den gefangenen Fisch direkt zu verarbeiten, einzusalzen, in Fässern zu lagern oder in Körben zu diversen

Märkten zu transportieren. Direkt nach Entladung wurden die Boote wieder fertiggemacht für den nächsten Fischzug, eventuell noch repariert. In der Hafengegend gab es etliche Pubs, für viele Fischer eher Anlaufstation an Land als zu Hause die eigene Familie. Heute steht im alten Hafen von Portsoy noch das "Shore Inn" und beim neuen Hafen ein "Fish Shop". Das Angebot an frischem Fisch ist äußerst begrenzt. Nicht nur der Heringsboom ist lange vorbei, die Nordsee ist so gut wie leergefischt. In den Häfen ist jetzt Platz für die Freizeitkapitäne, und zwar reichlich. Nur ab und zu verirrt sich noch ein kleines Fischerboot zwischen ihnen.

Hinter Portsoy gehen wir nun einige Kilometer etwas im Landesinneren weiter. Große landwirtschaftliche Flächen liegen links und rechts neben uns, immer mal wieder stattliche Farmen. Viele Autos fahren hier nicht, die verkehrsreichere Hauptstraße verläuft nicht weit entfernt parallel. Andererseits ist unsere Straße wieder ein Teilstück der "National Cycle Route 1", nur auf Radfahrer warten wir vergebens. Überhaupt bin ich in den letzten Wochen nur sehr, sehr selten auf Radfahrer auf dieser Strecke gestoßen, die zumindest theoretisch so aussahen, als würden sie längere Zeit auf ihr unterwegs sein.

Zur Mittagszeit sind wir wieder an der Küste zurück, in einem weiteren kleinen Fischerstädtchen, Whitehill, wiederum mit den kleinen, so typischen ehemaligen Fischercottages, mit einem weiteren kleinen Hafenbecken, das fast gefüllt ist mit Segeljachten. Gegenüber steht das "Waterside café and fish restaurant" - rein, es ist Pausenzeit! Aber nix Fisch! Keine Hauptmahlzeit noch während des Gehens! "Soup of the day" ist angesagt, immer wieder lecker, immer wieder ausreichend!

Bis Banff ist es nicht mehr weit. Die Sonne hat es mittlerweile auch wieder geschafft, sich gegen die Wolken durchzusetzen. Aber der Wind ist "lebhaft", wie mir wetter.com sagt, 4-5 bft. Genug bei 10 °C, um nicht allzu sehr ins Schwitzen zu kommen. Genug aber für den Kitesurfer am weiten Strand von Banff, um sich von seinem Segel im rasenden Tempo über die mächtigen heranrollenden Wellen ziehen zu lassen. Auf unserem Weg über die weite, feste Sandfläche bleibe ich immer wieder stehen, um ihm zuzusehen.

Nach dem Strand kommen mächtige Uferwände, die den Wellen der Winterstürme wohl trotzen sollen, was aber vielleicht nicht immer gelingt. Als wir hier vorbeigehen, ist man gerade damit beschäftigt, ein etwa 30 m langes Stück Mauerwand durch ein neues Stück Betonwand zu ersetzen. Was Dieter und mich verblüfft: Unmittelbar hinter den Uferwänden, nur durch eine schmale Straße von ihnen getrennt, werden gerade wieder kleine Häuser gebaut. Mit schönem Blick auf die Nordsee - doch die ist nicht immer schön und friedlich, und in Zukunft wohl erst recht nicht. Ich würde da nicht von einem sicheren Wohnplatz sprechen.

Hinter dem Hafen von Banff sehen wir, wie auch schon seit einiger Zeit, die Häuser von Macduff jenseits der breiten Mündung des River Daveron liegen. Eine steinerne Bogenbrücke bringt uns hinüber. Auch in Macduff haben wir bald den Hafen erreicht. Ein paar Schiffe, ja, sogar ein paar, die aussehen wie etwas größere Fischkutter. In der Nähe ein kleiner fischverarbeitender Betrieb, eine kleine Schiffsreparatur-Werkstatt. Direkt beim Hafenkai ein Pub: "The Old Moray". Sofort verspürt Dieter einen schweren Durstreiz, also rein! Drinnen sitzen nicht viele Besucher, vier sitzen an der Theke, bei Addition der Lebensalter komme ich auf etwa 300. Das Gespräch ist nicht gerade lebhaft, einer sitzt nur auf seinem Hocker und schweigt. Der Fernseher läuft und obwohl ein Schotte dort Tennis spielt, schaut keiner hin.

Dieter und ich trinken unser Bier, dann gehen wir gemächlich (schneller will es Dieter jetzt nicht mehr haben) die Duffstreet hoch. Wo es höher nicht mehr geht, steht unsere "Duff Villa B&B". Für heute mal wieder angekommen.

02. Juni 2016

Stramme Leistung

Macduff - Rosehearty (35 km)

Heute stehen uns viele Kilometer bevor, nur wieviele wissen wir nicht so genau. Auch einige Höhenmeter werden wir bewältigen müssen, nur was auf uns zukommt, können wir schlecht abschätzen. Das mindeste, was wir vorab tun können, ist früher als normal losgehen. Um halb neun schließt sich die Tür vom "Villa Duff B&B" hinter uns und wir sind "on the road again".

Das Wetter ist etwas ungemütlich. Schwere, dunkle Wolken werden von einem kalten Nordwind über uns hinweggetrieben und viel anders wird es heute wohl auch nicht werden. Aufwärmen können wir uns also nur, wenn wir ein ordentliches Tempo vorlegen und gottseidank bereitet uns die vor uns liegende Wegstrecke dazu gute Voraussetzungen. Wir schweben nahezu über die kleine Landstraße, wobei uns ein beträchtlicher Rückenwind zugutekommt. Außer dem Straßengrau sehen wir eigentlich nur Grün. Getreidefelder und Weideland für Rinder und Schafe soweit das Auge reicht, zwischendurch immer wieder die dazugehörigen Farmen. Das heutige Grau der Nordsee taucht ab und zu mal links von uns auf und verschwimmt dort mit dem Grau der Wolken. Ein Horizont ist nicht auszumachen.

Nach mehr als zwei Stunden steigen wir auf einer steil abfallenden Straße nach Gardenstown hinab, einer dieser alten Fischerorte in der Region, die am Fuß der Klippen liegen, mit kaum mehr Platz zwischen ihrer untersten Häuserreihe und den Wellen der Nordsee als maximal einer engen Straßenbreite. Im Sommer, bei blauem Himmel und einem lauen Lüftchen, mag hier eine gewisse Romantik aufkommen, bei Winterstürmen eher nicht. Selbst heute, wo man bei weitem noch nicht von einem Sturm sprechen kann, sind die Wellen, die gegen Gardenstown anrollen, schon beträchtlich.

Wir brauchen jetzt ein wenig Wärme und sind froh, als wir fast unten an der Wasserlinie ein kleines Haus entdecken, auf dem das Schild "Teapot" über der Tür hängt. Drinnen ist es in der Tat warm und die Kanne Tee tut ihr Übriges. Der Besitzer interessiert sich sehr für unsere Tour, erzählt von eigenen Outdoor-Unternehmungen und denen ehemaliger Gäste. Wenn man dann hört, dass einer seiner Gäste, ein Australier, mit einem Kanu komplett um seinen eigenen Kontinent gepaddelt ist, dann nimmt sich die eigene Leistung ganz schön mickrig aus.

Von Gardenstown gehen wir an der Felsenküste entlang ins unmittelbar benachbarte Crovie. D.h., wir können von Glück sagen, dass wir das können, denn die einkommende Flut lässt das so gerade noch zu. Später wäre der Kiesstrand, über den wir gehen müssen, überspült gewesen. Ein Schild taucht auf, bevor wir eine Felsnase mithilfe einer in den Stein geschlagenen Treppe überwinden müssen. "This path is dangerous!" steht drauf, aber wir gehen trotzdem weiter. So schlimm kann es schon nicht sein. Ist es heute auch nicht, aber es ging hier schon mal schlimmer zu. Bei dem großen Wintersturm vom 31. Januar 1953 riss das Wasser den kompletten Pfad fort, der Gardenstown und Crovie seinerzeit verband, zusätzlich die gesamten Schutzanlagen und einige Häuser. Nach dieser schlimmen Erfahrung zogen viele Fischer aus Crovie mit ihren Familien hinüber nach Gardenstown und in Crovie wurde es einsamer. Wie uns der Besitzer des "Teapot" erzählte, wohnen heute noch ganze zwei ständige Bewohner in Crovie, alle anderen Häuser sind nur noch Ferienwohnungen. Doch die Wäscheleinen zwischen den Häusern und der Ufermauer sind immer noch zwischen den Pfosten gespannt.

Von Crovie aus müssen wir wieder aufsteigen, irgendwie müssen wir ja an unsere heutigen Höhenmeter kommen. Es wird mühsam, richtig mühsam! Das Wetter wird nicht besser, obwohl wir nicht wissen, ob das, was da an Wasser auf uns herabnieselt, Regen ist oder die vom Wind ins Land getragene Gischt aufschäumender Wellen.

Auffällig ist jedenfalls, dass es von oben immer feuchter wird, je näher wir uns in Küstennähe befinden. Nach weiteren eineinhalb Stunden nähern wir uns dem dritten Fischerort tief unten an den Klippen, Pennan. Unser Verlangen aber, bei der noch vor uns liegenden Strecke erneut tief abzusteigen und anschließend wieder hoch, tendiert gegen Null. Wir müssen ein wenig mit unseren Kräften haushalten. Für Dieter steht sowieso fest: "Das ist auch nicht anders als das, was wir schon gesehen haben. Ich geh da nicht runter!" Ich ringe mich zumindest noch zu einem kurzen Abstecher bis zu einem Punkt durch, von dem ich mir einen einigermaßen guten Blick auf den Ort verspreche, und habe Glück. Ich kann Pennan zwar nicht komplett überblicken, aber mir reicht es.

Wie Crovie besteht Pennan nur aus einer Reihe von giebelseitig zum Meer ausgerichteten ehemaligen Fischercottages und einer noch so gerade daran vorbeipassenden schmalen Straße. Wer sie einmal befährt, muss bis zum Ende des Ortes durchfahren, um dort drehen zu können. Ein paar dieser Häuser und ein paar Meter dieser Straße sehe ich von meinem kleinen Aussichtspunkt aus, sehe auch die mächtigen und schäumenden Wellen, die gegen die Ufermauer des kleinen Ortes branden. Wie lebt es sich in einem Dorf, bei dem man selbst bei ruhigem Wetter ständig dem Rauschen der Nordsee ausgesetzt ist? Wann kommt der Moment, an dem man Angst bekommt, wenn ein Wintersturm das Wasser riesiger Wellen gegen das Haus schlagen lässt?

Doch Pennan hat auch besondere Schlagzeilen gemacht. 1983 wurde hier in Teilen der Film "Local Hero" gedreht. Besondere Szenen spielten in bzw. bei einer roten Telefonzelle gegenüber vom Pennan Inn. Die im Film verwendete Telefonzelle war eine Attrappe. Aufgrund der großen Anzahl von Besuchern, die anschließend im Ort nach genau dieser Telefonzelle suchte, wurde 1989 einige Meter neben dem Aufstellungsort der Attrappe ein funktionsfähiges Telefonhäuschen installiert. Es wird scherzhaft als Schottlands berühmteste Telefonzelle bezeichnet. Unheil droht Pennan anscheinend auch nicht nur von der aufgewühlten See. 2007 und 2009 zerstörten abrutschende Berghänge einige Häuser oder versperrten Zufahrtswege - langweilig wird es hier, glaube ich, nicht.

Immer noch liegen jetzt etwa 15 km bis zu unserem Zielort Rosehearty vor uns. Es erwarten uns kleine Straßen, Wiesenwege durch Stechginster, Steigungen von 20 %, kalter Wind, Sprühregen, das volle Programm, um sich einer warmen Unterkunft entgegenzusehen. Um 16 Uhr, nach sieben Stunden strammen Wanderns mit nur einer halbstündigen Pause, stehen wir vor der Tür des "The Mason Arms Hotel" von Rosehearty. 35 Kilometer liegen hinter uns, über 700 Höhenmeter - wir können stolz auf uns sein. Jetzt nur noch relaxen...!

03. Juni 2016

Über rötlich schimmernden Sand

Rosehearty - Rattray Head (27 km)

Dieter ist beim Frühstück wohl noch sehr mit den Anstrengungen des gestrigen Tages und mit daraus resultierenden Befürchtungen für heute beschäftigt. Jedenfalls schüttet er sich statt Milch Orangensaft in seinen Kaffee. Ich wäre bald vom Stuhl gefallen.

Beim Abmarsch kann man das Wetter nur als trostlos bezeichnen. Die Wolken hängen tief, über der See gibt es keinen Horizont und wir warten förmlich auf den einsetzenden Regen. Nur der Nordwind kommt nicht mehr so kalt daher und bläst auch nicht so kräftig. Und trotzdem donnern gewaltige Wellen gegen die Küste und ich möchte nicht wissen, wie diese Wellen bei einem Wintersturm aussehen. Obwohl..., eigentlich möchte ich es doch wissen. Ich könnte jetzt eine Zeitmaschine gut gebrauchen... nur einmal kurz anschalten... in den Sturm reinsehen... reinhören... und wenn es mir zu dolle wird - wieder abschalten.

Im Gleichschritt marschieren wir die Straße entlang. Noch geht das. Noch steht Dieter gut im Saft. Erst wenn wir etwa zwei Stunden unterwegs sind, wird seine Schrittfrequenz geringer und kurz vor dem jeweiligen Ziel sind es eigentlich keine Schritte mehr. Nein, Quatsch, für jemanden, für den der Begriff "Wandern" vor zwei Jahren noch eine Lachnummer war, schlägt er sich hervorragend. Er will sich ja auch selbst was beweisen.

Aus leichtem Sprühregen wird kurz vor Fraserburgh ein recht ergiebiger Landregen. Während meine Jacke dem gut standhält, beginnt meine Hose bald vor Nässe an meinen Beinen zu kleben. Als mein Indiana-Jones-Hut auch bald durch ist und ich kurz davor bin, meinen Regenschirm zu zücken, kommen wir in Fraserburgh Zentrum an einem Lebensmittelladen vorbei. Das kommt gut! Hier können wir uns nämlich nicht nur unterstellen, sondern auch noch einkaufen. Dies ist auch notwendig, da wir uns die nächsten mehr als 48 Stunden selbstversorgen müssen. In unserer nächsten Unterkunft, einem Hostel, werden wir weit weg von jedem Laden, jedem Pub und jedem Restaurant sein. Und das nicht nur an einem Abend. Da wir morgen einen Ruhetag einlegen wollen, muss alles in doppelter Ausführung beschafft werden. Dazu noch was fürs Frühstück, für den kleinen Hunger zwischendurch und... - au Mann, hoffentlich überleben wir das überhaupt!

Als wir den kleinen Supermarkt verlassen, hat es aufgehört zu regnen. Doch wir geben uns keinen Illusionen hin, diese trockene Phase wird nur von kurzer Dauer sein. Aber immerhin reicht sie, um in aller Ruhe durch den Fischereihafen von Fraserburgh zu gehen, der schon eine Nummer größer ausfällt als die letzten. Recht große Schleppnetzboote liegen an den Kaimauern, Netze sind auf dem Kai ausgelegt und werden von einigen Männern geflickt und ein Fischer verkauft seinen bescheidenen Fang direkt aus seinem kleinen Boot heraus.

Schon bald nach dem Hafen kommen wir zum Strand von Fraserburgh, d.h. die Karte sagt uns, dass hier der Strand ist. Wegen der Flut ist außer den Dünen nicht viel von einem Sandstrand zu sehen. Und genau das wirft jetzt eine Frage auf. Wird die Flut in etwa zwei Stunden so weit zurückgegangen sein, dass wir unseren für heute Nachmittag vorgesehenen Strandgang machen können? Wenn das nicht gehen sollte, hätten wir nämlich ein Problem und müssten gewaltige Umwege auf uns nehmen. Viel mehr Kilometer also, viel spätere Ankunft am Tagesziel, nach den 35 Kilometern von gestern keine schöne Vorstellung.

Wir verdrängen vorläufig unsere Befürchtungen und ziehen einfach weiter. Nach Inverallochry geht der Regen weiter - und jetzt wird der Regenschirm rausgeholt. Wir müssen ein schönes Bild abgeben, als wir mit unseren Schirmen über den Golfplatz ziehen, der sich zwischen Inverallochry und St Combs an der Küste entlangzieht.

In St Combs muss nach vier Stunden endlich mal Pause sein. Glücklicherweise gibt es hier einen Tearoom, wo uns endlich Trockenheit und Wärme umgibt. Wir sind nicht die einzigen Gäste. Eine ganze Schulklasse ist hier, wie jeden Freitag nach Schulschluss. Denn freitags macht man noch einen Ausflug, kehrt zum Schluss nochmal im örtlichen Tearoom ein und verabschiedet sich dann ins Wochenende. In der Kinderecke sitzen zwei Mütter mit ihren Kleinkindern, trinken dort ihren Kaffee, während die Kleinen jede Menge Spielzeug bearbeiten, und an zwei weiteren Tischen sitzen Senioren bei einem Quätschchen zusammen. Dörfliches Gemeinschaftsleben vom feinsten.

Als wir zum Strand kommen, macht sich Erleichterung breit. Die Flut ist auf dem Rückzug und eine fast endlos erscheinende Sandfläche liegt vor uns. Leicht rötlich schimmert sie und die mittlerweile tatsächlich scheinende Sonne verstärkt diesen Eindruck. Gewaltige Dünen begrenzen den Strand zum Land hin. Mehr als zwei Stunden haben wir nun dieses herrliche Stück Natur für uns, nur der ein oder andere Möwen- oder Wildgänseschwarm leistet uns für einen Moment Gesellschaft. Das Gehen auf dem Sand, von dem sich gerade das Wasser zurückgezogen hat, ist ein Genuss.

Nicht zu weich, so dass es anstrengend wird, aber weich genug, dass wir den Unterschied zum Asphalt der Straßen schon merken. Das Brüllen der beständig heranrollenden Wellen ist nicht bedrohlich, ist ein Teil dieser Kulisse. Der Wind schiebt uns von hinten voran.

Nach einer leichten Biegung taucht der große Leuchtturm von Rattray Head vor uns auf, eine Landmarke, die wichtig für uns ist. Dort müssen wir den Strand verlassen und die Dünen durch- bzw. überqueren, um zu unserer nächsten Unterkunft zu kommen, dem Rattray Head Hostel. Ein paar hundert Meter weiter finden wir eine Stelle, wo wir meinen, dass dies möglich ist. Ich schicke Dieter einen Sandpfad die Dünen hoch, damit er nach dem Hostel dahinter Ausschau hält. Er macht das bereitwillig, drückt mir aber vorher noch seine Fotokamera in die Hand, damit ich ihn beim Erklimmen der Düne fotografieren möge. "Du musst die Kamera dann nur mit hochbringen", teilt er mir mit. - ????? - Was soll ich denn sonst damit machen? Sie nach dem Foto unten ins Dünengras legen? Nachdem er den Aufstieg die Düne hinauf mit Müh' und Not geschafft hat, signalisiert er mir strahlend, dass er das Hostel erblickt habe und dies nicht mehr weit weg sei. Dann stapft er erwartungsfroh weiter und ich kann zusehen, wie ich mit meinem Wheelie und seinem Fotoapparat alleine durch den tiefen Sand die Düne hochkomme.

Eine Viertelstunde später stehen wir vor dem Hostel, das völlig allein im Küstenhinterland steht. Früher war es das Haus des Leuchtturmwärters, der sich nur zu seinen Dienstzeiten in dem auf einer vorgelagerten Felseninsel stehenden Leuchtturm befand. Seitdem alle Leuchttürme automatisiert sind, braucht es keine Leuchtturmwärter mehr und ihre ehemaligen Behausungen werden anders genutzt, z.B. als Ferienwohnungen oder wie hier als Hostel. Wo damals also der Leuchtturmwärter mit seiner Familie wohnte, finden heutzutage Wanderer, Radler oder Birdwatcher eine preiswerte Unterkunft.

Hier werden wir also unseren Ruhetag verbringen. Außer Wiesen und Dünen gibt es hier nichts. Nur die Leuchtturmspitze grüßt über eine Düne zu uns hinüber.

04. Juni 2016

Gaaaanz laaangsam aufstehen

Ruhetag

Kein Weckerklingeln heute, herrlich! Nochmal rumdrehen! Nach dem erneuten Aufwachen - wieder rumdrehen! Dann gaaaanz laaaangsam aufstehen, ausgiebige Körperpflege, Frühstück. Die drei Birdwatcher, mit denen wir gestern Abend noch zusammensaßen, Whisky austauschten und die Welt verbesserten, sind mit ihrem Auto bereits losgefahren, um irgendwo in der Umgebung weitere Vögel mit ihren Kameras zu jagen. Nach dem Frühstück Wäsche waschen. Selten ist die Gelegenheit dazu so günstig wie heute. Wir haben Zeit genug dazu, draußen auf der Wiese steht ein Pfostenquadrat mit dazwischen gespannten Leinen und jetzt flattert unsere Wäsche dort dermaßen im heftigen Wind, dass wir Sorge haben, er reißt sie uns von der Leine und verteilt sie auf der Wiese.

In den Räumen des Hostels ist es nicht sonderlich warm. Wir können an den Reglern der Heizungen drehen wie wir wollen, sie bleiben kalt. Dass den ganzen Tag Gäste im Haus sind, ist hier wohl eher ungewöhnlich, daher springen die Heizungen - durch eine Zeitschaltuhr geregelt - wahrscheinlich erst am späten Nachmittag wieder an. Aber auch egal! Solange es noch Jacken gibt, die man sich überziehen oder Decken, unter die man kriechen kann, ist das kein Problem. Dann gibt es da noch den heißen Tee oder die heiße Tütensuppe (noch aus Shetland-Beständen), die man sich zur Erwärmung zusätzlich zuführen kann, und wenn auch diese Wirkung nachlässt, geht man, d.h. ich, einfach für eine Stunde am frühen Nachmittag ins Bett und schläft das Problem weg.

Nach dem Nickerchen ist Keks-und-Kaffee-Zeit (unter der Decke natürlich!), dann wird die inzwischen wieder trockene Wäsche reingeholt, und da es draußen eher kalt als - wie von wetter.com und BBC versprochen - strahlend sonnig ist, ziehen wir uns erneut unter unsere Decken zurück. Wir lesen, schreiben, bearbeiten unsere Tablets, bereiten uns auf die nächsten Tage vor - da sage noch einer, ein Ruhetag bestände nur aus Faulenzen.

Bald wird auch die Heizung anspringen, unsere Birdwatcher werden von ihrer Erkundungstour zurückkommen, in der Selbstversorgerküche wird Betriebsamkeit einkehren und der Whisky bereitgestellt. Themen zum politischen Schwadronieren gibt es bestimmt noch genug, außerdem gehen Dieter diesbezüglich sowieso nie die Themen aus. So sind sie halt - die Ruhetage...

05. Juni 2016

Fast eine Bauchlandung

Rattray Head - Peterhead (14 km)

Unsere Birdwatcher bleiben noch einen Tag länger als wir im Rattray Hostel. Nach einem gemeinsamen Frühstück verabschieden wir uns voneinander, bedanken uns für nette Gespräche und das gegenseitige Nachfüllen der Whiskygläser und wünschen uns untereinander noch schöne Tage bei den Vögeln und auf den Wanderwegen. Handschlag - und tschüss!

Durch die Dünen kommen wir wieder an den Strand und laufen direkt auf den Leuchtturm von Rattray Head zu. Über 120 Jahre lang steht er nun schon an seinem Platz. Sein unterer Teil ist 15 m hoch, in diesem befindet sich auf etwa 10 m Höhe die Eingangstür, die nur über eine Leiter erreichbar ist. Die Leiter ist aber nur einsetzbar beim Tiefststand der Ebbe, denn dann kann man trockenen Fußes zum Leuchtturm gelangen. Bei Fluthöchststand gelingt das Öffnen der Tür auch von einem Boot aus. Zusammen mit der oberen, typischen Leuchtturmkonstruktion bringt es das Bauwerk auf insgesamt etwa 40 m. 1982 wurde die Signalanlage automatisiert und der Leuchtturmwärter war überflüssig.

Wieder würde ich gerne eine Zeitmaschine bemühen: Losziehen mit dem Leuchtturmwärter unter den Bedingungen vor etwa 100 Jahren, bei unruhiger See mit dem Boot übersetzen, eine Nacht lang den Dienst versehen und dabei ständig die Paraffinlampe kontrollieren. Am Tag ist bei Nebel der Dienst noch nicht zu Ende: angestrengtes Ausschauhalten nach sich nähernden Schiffen und Booten, das Nebelhorn betätigen - welch eine Verantwortung.

Wir wenden uns in Blickrichtung Süden - und vor uns erstreckt sich unser Wanderweg für den heutigen Tag: Sand... Sand... Sand. Zwölf Kilometer lang werden wir Sand treten - wenn die einkommende Flut es zulässt. Aber eigentlich sind wir da sehr zuversichtlich, denn der Betreiber des Hostels hatte Dieter bereits gestern auf Anfrage versichert, dass es auch bei Flut möglich sei. Die Frage ist nur: Wie lange wird man auf einigermaßen festem Sand laufen können? Müssen wir irgendwann mal in den höheren Bereich des Strandes ausweichen, wo der Sand tief ist und es für uns damit - und erst recht mit meinem Wheelie - zu mühsam oder gar unmöglich wird? Und wenn dies eintreten sollte, kommen wir problemlos über die riesigen Dünen?

Wir ziehen einfach los, wird schon! Versteckte sich gestern noch die Sonne hinter hohen Wolken, ist sie heute in voller Pracht vertreten. Der Wind ist gegenüber gestern stark abgeklungen, also alles in allem hervorragende Bedingungen für einen weiteren Beach Walk. Es geht sich gut, der Wheelie rollt, der Sand ist fest, der Strand ist (noch) breit. Bald tauchen hinter den Dünen Stahlgerüsttürme auf, aus deren Spitzen Flammen schlagen. Hier wird abgefackelt. Wir nähern uns dem großen St Fergus Gas Terminal. Es erhält und verarbeitet Gas von über 20 Nordsee-Förderfeldern und versorgt damit 20 % des täglichen Erdgasbedarfs des Vereinigten Königreiches. Trotzdem - irgendwie passt es nicht in diese Natur.

Schöner ist da der Blick auf eine riesige Ansammlung von Möwen, die sich weit voraus am Strand versammelt hat. Je näher wir kommen, desto nervöser scheinen sie zu werden. Die ersten von ihnen flattern auf, zuerst nur wenige, dann - wie auf ein verabredetes Zeichen - alle. Wie eine Wolke vereinigt fliegen sie zuerst gemeinsam auf die See hinaus, verteilen sich dann in mehrere Gruppen und landen wieder auf dem Strand, diesmal nur ein paar hundert Meter weiter entfernt. Als wir an ihrem alten Standort vorbeigehen, sieht man überdeutlich ihre Hinterlassenschaften auf dem Sand und ich bin mit meinem Wheelie zu einem kleinen Slalom gezwungen. Doch ähnlich wie bei den menschlichen Fußspuren vor uns im Sand und unseren eigenen hinter uns, werden auch diese Spuren bald von den Wellen weggewischt werden.

Was mich bei jeder Strandwanderung wieder wundert, ist das Fehlen von nahezu jeder Muschel. Über weite Flächen liegt nichts, aber auch gar nichts auf dem Sand. Irgendwann mal verstreut kleine bis faustgroße Kiesel, etwas Seetang, leider auch Überreste menschlicher Umweltsünden: Plastik in jeder Ausführung. Dann entdecke ich eine kleine Besonderheit: Ein vierzackiger Wurfanker liegt im Sand, umschlungen von etwas Seetang. Wozu mag er mal gehört haben, welche Geschichte kann er von sich, seiner Reise und seiner Aufgabe erzählen?

Viel zu erzählen von ihrem Leben haben bestimmt die beiden alten Männer, die auf Klappstühlen ganz in der Nähe der heranrollenden Wellen bei ihren ausgeworfenen Angeln sitzen. Dick in Ölzeug eingepackt, mit wettergegerbten Gesichtern hoffen sie auf ihren Fang. Sie warten auf Plattfische, Seezungen, die sie hier schon öfter gefangen haben. Sie sehen mir aber so aus, als hätten sie früher draußen auf See ihre Fische gefangen, vielleicht in ihren eigenen Booten. Trauern sie dieser Zeit hinterher? Jedenfalls ist es für mich fast ein anrührendes Bild, wie diese beiden Alten da sitzen und auf die See hinausschauen.

Die Wellen rollen nun immer näher heran, der Strand wird langsam aber sicher immer schmaler. An einigen Stellen werden die Sandflächen, auf die wir ausweichen müssen, weicher und es wird anstrengender. Wir suchen die Nähe der Wasserlinie, aber so manche auslaufende Welle "züngelt" nach unseren Füßen und lässt uns förmlich hüpfen. Unvermittelt geraten wir in eine Sackgasse. Eine Wasserrinne legt sich vor uns quer. Zurück oder durch? Durch! Ich marschiere los - und das Wasser steht mir bis an die Waden. Jetzt auch egal, weiter! Auch die zweite Wade bekommt ihr Nordseewasser ab. Jetzt Dieter! Da er keinen Wheelie hinter sich herschleppen muss, meint er, mit einem beherzten Sprung das Hindernis überwinden zu können. Er nimmt Anlauf, hebt ab - und landet nach einer Sprungweite von ungefähr 80 cm ebenfalls im Wasser. Der Rucksack schlägt ihm in den Nacken und nur mit seiner kolossalen Körperbeherrschung und Gewandtheit kann er eine Bauchlandung verhindern. Beide haben wir nun nasse Salzwasserfüße, aber wen stört das schon.

Ansonsten kommen wir trockenen Fußes in Peterhead an und sind damit tatsächlich nach dreieinhalb Stunden schon am heutigen Ziel. D.h., so ganz stimmt das nicht. Wir werden nicht in Peterhead übernachten, denn sowohl hier, wie auch an unserem morgigen Tagesziel Cruden Bay gibt es keine Unterkunft, die für uns infrage kommt. Daher werden wir nun mit dem Bus zu unserem übernächsten Ziel Newburgh fahren und dort im "Newburgh Inn" Quartier nehmen. Zu einem mehr als günstigen Preis, selbst wenn man die in den nächsten beiden Tagen und heute noch anfallenden Buskosten berücksichtigt.

In Peterhead kommen wir zu einer solch günstigen Zeit an, dass es noch für einen kurzen Imbiss reicht, bevor wir in den Bus einsteigen. Da heute Sonntag ist, fällt die Fahrt etwas komplizierter als normal aus und wir müssen umsteigen. Als wir nach fast einer Stunde Fahrt an der Umsteigestation aussteigen, laufen wir einem Ehepaar in die Arme, das in der Nähe des Busstops wohnt und uns nach einem kurzen Gespräch anbietet, uns mit ihrem Wagen nach Newburgh zu fahren. Wir können gar nicht so schnell nicken wie wir zustimmen wollen und sitzen nur wenige Minuten später im Auto.

Weitere fünf Minuten später sind wir am "Newburgh Inn", bedanken uns herzlich bei unserem Wohltäter und betreten unsere Unterkunft. Unser Twin-Room ist noch nicht bezugsfertig, macht aber nix, wir können ja draußen in der Sonne solange ein Bier trinken...

06. Juni 2016

Grandiose Klippenküste von Buchan

Peterhead - Cruden Bay (16 km)

Seit gestern liegt etwas Kummer auf meiner Wandererseele. Einer meiner beiden Schuhe scheint sich in den Ruhestand verabschieden zu wollen, die Sohle an der Ferse löst sich. Drei Wochen werden die Schuhe noch gebraucht, ich bezweifle, ob sie das schaffen. Was tun? Drauf setzen, dass es noch reicht? Oder übermorgen in Aberdeen einen Schuster aufsuchen (und vor allem finden), der mir den Schaden nochmal notdürftig repariert? Oder direkt ein Paar neue Schuhe kaufen und mit uneingelaufenen Exemplaren weiterlaufen? Fragen über Fragen - aber heute Scheuklappen vor und erstmal los.

Zuerst müssen wir - wieder mal nur mit leichtem Gepäck - mit dem Bus nach Peterhead zurück. Um 9.30 Uhr sind wir da und lassen uns am großen Hafen raussetzen. Von dort steuern wir auf den mächtigen Blickfang zu, der zunächst die Küste optisch beherrscht: das Gaskraftwerk kurz vor dem kleinen ehemaligen Fischerdorf Boddam. War bis vor noch gar nicht so langer Zeit der rot-weiße Leuchtturm von Boddam mit seinen 35 m Höhe das auffälligste Bauwerk in Blickrichtung Süden, so ist es nun dieses Monstrum von "Power Station", das den Leuchtturm nahezu winzig erscheinen lässt. Zwischen dem Sicherheitszaun des Kraftwerks und der Felsenküste passen wir so gerade auf einem schmalen Pfad hindurch, lassen Boddam mit seinem fast 190 Jahre alten Leuchtturm hinter uns und sind wenig später auf der Landstraße. Die Straße ist nicht sehr breit, trotzdem aber ist sie ganz schön befahren. Es wäre recht riskant, selbst hart am Straßenrand zu gehen, deshalb nehmen wir den Pfad unmittelbar daneben. Dieser aber ist sehr uneben und nötigt uns viel Konzentration, ja sogar Anstrengung ab. Als Alternative wird uns für eine kurze Weile eine alte Bahntrasse angeboten, die aber, wie sich bald herausstellt, in Teilen unpassierbar ist. Das Schönste noch an diesen etwa drei Kilometern sind einige Longhornrinder, die nahebei auf der Weide stehen und uns offensichtlich ohne eine Spur von Mitleid hinterhersehen.

Doch auch das hat irgendwann einmal ein Ende und der wirklich schöne Teil des Tages beginnt. Auf einem Wirtschaftsweg bewegen wir uns fort von der Straße und wo vorhin noch reger Autoverkehr oder große Weiden mit hunderten von Schafen unsere Blicke beherrschten, ist es fast unvermittelt die fantastisch sich vor uns ausbreitende Klippenküste von Buchan, ein Gebiet, das sich über mehrere Kilometer nach Süden erstreckt und wohl zu den spektakulärsten Küstenabschnitten des schottischen Festlands zählt.

Ein schmaler Trampelpfad führt an den Klippen entlang und umläuft die verschiedenen Meereseinbuchtungen. Ich freue mich einmal mehr, heute ohne Wheelie unterwegs sein zu können. Natürlich hätte es auch mit ihm wieder irgendwie geklappt, aber wenn es neben einem nahezu senkrecht 30 m und mehr hinabgeht, läuft es sich ohne weitere Belastung doch stressfreier. Immer wieder bleiben Dieter und ich stehen, schauen in Tiefe auf das Wasser hinab oder hinüber auf die senkrechten Wände der gegenüberliegenden Klippen mit ihren Seevögelkolonien, auf die Felseninseln und Felsenbögen, die die Natur in Jahrhunderttausenden hat entstehen lassen, hören das Rauschen des Wassers tief unter uns und das Schreien der Vögel in der Luft, auf dem Wasser oder in ihren Brutnischen in den Klippenwänden. Blumen wachsen pink, rot und gelb am Pfadrand, die Sonne scheint, Himmel und Meer sind blau - es ist einfach mal wieder eine Wonne.

Bei einer besonderen Stelle an diesem Küstenabschnitt, den "Bullers of Buchan", setzen wir uns ins Gras, lehnen uns an einen großen Stein und legen eine Rast ein. Schuhe aus, Luft an die Füße, die vor fünf Tagen in den Rucksack gepackte Banane hat es überlebt und kann gegessen werden, dazu ein paar Schokokekse und ein Schluck aus der Wasserflasche, mehr braucht man nicht. Bei den "Bullers of Buchan" handelt es sich um eine eingestürzte Felsenhöhle, die jetzt einen fast kreisrunden und 30 m tiefen "Topf" bildet. Das Meer bricht durch einen nahezu majestätischen Felsentorbogen ein, was vor allem bei stürmischem Wetter ein grandioses Schauspiel sein muss. Doch jetzt ist es ruhig hier, friedlich, sonnig - und trotzdem überwältigend.

Weiter laufen wir an der Klippenküste entlang, staunen, fotografieren. Auch der Trampelpfad ist uneben und nur mit Konzentration zu gehen, aber wir nehmen es nicht so wahr. Die Schönheit dieser Natur beschäftigt uns mehr. Weit im Süden, gegen die Sonne, erscheint nun die Silhouette von Slains Castle. Es dauert eine Weile bis wir die Ruine erreicht haben. Als das Castle noch keine Ruine war, inspirierte sie den Schriftsteller Bram Stoker zu seinem berühmten Dracula-Roman, den er im Hotel "The Kilmarnock Arms" in Cruden Bay niederschrieb. Nach mehreren Renovierungs- und Erweiterungsmaßnahmen verfiel Slaines Castle, bis 2007 Pläne genehmigten wurden, es wieder instandzusetzen und mit Luxusappartements auszustatten. Dabei hatte man vor allem die Golfer-Gesellschaft im Blick, die sich regelmäßig auf dem nahegelegenen Golf Course von Cruden Bay traf und immer trifft. Die Konjunkturkrise legte die Pläne erstmal auf Eis.

Am Slains Castle endet für heute unsere Klippenwanderung entlang der Küste von Buchan. Nach einem letzten Kilometer sind wir in Cruden Bay, unserem heutigen Etappenziel. An der Straße mitten im Ort stoßen wir auf eine Bushaltestelle und zu unserer großen Freude fährt zehn Minuten später ein Bus Richtung Newburgh. Perfektes Timing! Wo wir heute in den Bus einsteigen, steigen wir morgen wieder aus.

07. Juni

Mist rollin' in from the sea...

Cruden Bay - Newburgh (19 km)

Mein kritischer Blick auf die Schuhsohle gaukelt mir keinen fortschreitenden Verfall vor. Oder ist der Abstand zwischen Schuh und der sich lösenden Sohle doch einen Millimeter größer geworden? Ich bin mir nicht sicher. Dieter hat gestern bereits schon in freundschaftlicher Fürsorge im Internet drei Outdoor-Händler in Aberdeen und Stonehaven (unseren Etappenzielen für morgen und übermorgen) ausfindig gemacht. Vielleicht werde ich sie bemühen müssen. Gefällt mir gar nicht!

Zur gleichen Zeit wie gestern stehen wir wieder an der Bushaltestelle in Newburgh und zwanzig Minuten später sind wir in Cruden Bay. Auf zu neuen Taten! Die Sonne hat es noch nicht durch den Hochnebel geschafft, aber die Luft ist angenehm und der Wind tendiert gegen Null. Nur einen Kilometer lang müssen wir an der Hauptstraße entlang, die aus Cruden Bay herausführt. Dann geht es links ab auf eine kleinere Straße und wir stehen am Beginn eines etwa zehn Kilometer langen Marsches durch prächtigstes Farmland.

Soweit wir blicken können steht alles gut im Grün, das Getreide wird immer höher und ein Bauer lädt gerade mit seinem Trecker und einer entsprechenden Maschine das in Reihen liegende Gras auf seinen Hänger. In regelmäßigen Abständen kommen wir an großen Farmen vorbei - auf denen sich nichts rührt. Aus keinem Stall hören wir einen tierischen Laut, kein Hofhund bellt, kein Geräusch, welches auf menschliches Arbeiten schließen ließe, keine Bewegung ist auszumachen. Was ist hier los? Wir haben keine Ahnung und können es uns auch nicht erklären.

Die Hoffnung, dass es nur eine Frage der Zeit sein kann, bis sich die Sonne wieder gegen den Hochnebel durchsetzen wird, bleibt unerfüllt. Ganz im Gegenteil! Von der See her ziehen, deutlich sichtbar, Nebelschwaden herauf und Dieter und ich denken unabhängig voneinander gleich an den Text des alten schottischen Liedes "Mull of Kintyre", welches auch Paul McCartney sang. "Mist rollin' in from the sea...". Wie eine flauschige, leichte Decke legt sich der Nebel, der aber nicht undurchdringlich wirkt, auf die Landschaft. Irgendwie ist es stiller als sonst, dumpfer. Das einzige, was wir außer unseren eigenen Schritten vernehmen, ist das aufgeregte Tirilieren der Feldlerchen, die wir nur hören, aber durch den Nebel nicht sehen können.

Langsam bringt uns das Sträßchen wieder an die Küste heran und wir erreichen das kleine, ehemalige Fischerdorf Collieston. Bei diesem Örtchen ändert sich die Landschaft entlang der Küste abrupt. Konnten wir in den letzten beiden Tagen mal wieder eine stark zerklüftete Klifflandschaft erleben, so liegen von hier aus erneut kilometerlange Strände mit mächtigen Dünenlandschaften vor uns. Nach einer Rast oberhalb von Collieston, mit schönem Blick auf den alten Hafen und die sich um ihn reihenden Häuser, bekommen wir einen ersten Vorgeschmack darauf. Und was für einen!

Unmittelbar hinter dem Ort betreten wir das riesige Dünengebiet der Forvie Sands, ein National Nature Reserve, das größte Dünengebiet Europas. Von Collieston aus erstreckt es sich fünf Kilometer weit bis zum River Ythan bei Newburgh und zwei Kilometer weit ins Landesinnere. An der Küste fallen die Dünen wie Klippen zum Meer hin ab, und auf angenehmen Pfaden durch die Dünen finden sich immer wieder Blicke auf Felsformationen und kleine Strände. Als wir uns etwa nach halber Strecke der Nord-Süd-Ausdehnung vom Küstenbereich ins Innere der Dünenlandschaft wenden, kommen wir an den Resten der Forvie Kirk vorbei. Sie sind alles, was man heute noch von Forvie sehen kann, einst eine florierende Siedlungsgemeinschaft, im Jahr 1413 aber durch eine Reihe brutaler Stürme unter schnell vorwärtsschreitenden Dünen komplett begraben. Was mag sich damals hier abgespielt haben? Nicht auszudenken...

Tatsächlich dauert es nochmal eine ganze Weile bis wir die Forvie Sands auch in Ost-West-Richtung durchmessen haben, eine eigenartige, nur mit Dünengras bewachsene Landschaft. Erst kurz vor den Ufern des River Ythan, an dessen anderem Ufer wir - immer noch im leichten Nebel - die ersten Häuser von Newburgh sehen, haben wir dieses große und beeindruckende Naturschutzgebiet hinter uns. Über eine Brücke überqueren wir den Fluss und laufen den letzten Kilometer auf einem Uferpfad Newburgh entgegen.

Jetzt sind wir endlich auch zu Fuß dort angekommen, wo wir bereits zweimal übernachtet haben.

08. Juni 2016

Ein kleiner Kreis schließt sich

Newburgh - Aberdeen (27 km)

Unmittelbar neben dem "Newburgh Inn" führt eine kleine Straße nach wenigen hundert Metern in die Dünen. Glücklicherweise müssen wir nur eine Dünenreihe auf einem tiefen Sandpfad überqueren (und das reicht mir mit meinem Wheelie schon!), und wir sehen das breite Mündungsgebiet des River Ythan mit einer großen Zahl von Eiderenten vor uns. Wir sehen aber auch mit Erleichterung, dass weite Flächen nicht mit Wasser bedeckt sind, d.h. die Flut hat noch nicht eingesetzt. Dem nächsten schier endlosen Strandgang steht also nichts mehr im Wege.

Unmittelbar von dort, wo der Fluss in die Nordsee einmündet, hören wir ein vielstimmiges und nahezu schauriges Geheul. Was im ersten Moment von weitem aussah wie eine Ansammlung von grauen und schwarzen Felsen, entpuppt sich als eine Kolonie von mehreren hundert Seehunden. Eng liegen diese Kolosse nebeneinander, teilweise unbeweglich oder sich räkelnd, heulend oder scheinbar schlafend, den Kopf drehend und wendend oder mit den Flossen schlagend, über den Sand oder durchs flache Wasser robbend.

Nahe an der Wasserlinie erreichen Dieter und ich bald wieder den festen Sand, den wir zum Gehen brauchen. Jetzt wieder einfach nur "Strecke machen"! Fast 20 km Strand liegen nun vor uns, rechts die Dünen, links das Meer, über uns ein leicht bedeckter Himmel, unter uns nur Sand... Sand... Sand... Es ist ein ruhiger Tag, nur leichte Wellen rollen heran und wenn wir überhaupt etwas Wind verspüren, dann schiebt er uns sanft von hinten an. Dass die Sonne nicht von einem blauen Himmel scheint, stört uns nicht sehr.

Durch die Ebbe ist der Strand ungeheuer breit. Manchmal wissen wir sogar nicht genau, ob das jetzt noch der eigentliche Strand ist oder es bereits vorgelagerte Sandbänke sind. Mehr oder weniger breite Wasserrinnen durchziehen die Sandfläche und zwingen uns immer mal wieder, von unserem zügigen Schritt abzuweichen. Mit langen Schritten oder kleinen Hüpfern versuchen wir zunächst, die Rinnen zu überwinden, suchen die Stellen, wo die geringste Wassertiefe ist, doch irgendwann ist es uns egal und wir latschen einfach durch.

Meist sind wir mit den Möwen oder dem ein oder anderen Oystercatcher allein auf diesem fast endlosen Strandgang. Vielleicht treffen wir zehn Menschen, mehr nicht.

Aber diese zehn Menschen führen zusammen etwa 30 Hunde aus, eine Frau alleine ist bereits mit 10 Hunden der unterschiedlichsten Rassen unterwegs. Für die Hundehalter ist natürlich der Gassigang über den Strand ideal. Während ansonsten in den Straßen oder den öffentlichen Anlagen mit sehr deutlichen Hinweisen und Ermahnungen auf den Gebrauch der Hundetüten hingewiesen wird, so sieht man am Strand wohl darüber hinweg. Hier wischt die Flut alles weg.

Nach fast drei Stunden Sandtreten wird es Zeit für eine kleine Pause - und ein höchst willkommener Zufall verblüfft mich fast etwas. Seit zwölf Kilometern gab es an diesem Strand nichts anderes als Sand und Wasserrinnen und auf einmal liegt ein wahrhaftiger Klotz von Felsen mitten in der Sandfläche. Wieso liegt jetzt hier so ein Felsen rum? Wir hätten sonst nur drei Möglichkeiten gehabt: uns in den feuchten Sand setzen, weiter Richtung Dünen durch tiefen, trockenen Sand stapfen, um uns dort irgendwo niederzulassen oder weitergehen. Aber nein, da liegt da so ein "Picknickplatz" auf einmal einladend vor uns im Sand. Wir klimmen auf ihn hinauf, machen die Beine lang und danken dem, der vielleicht irgendwann mal dieses Exemplar hierhin gerollt hat.

Schon lange sehen wir weit im Süden eine Landspitze mit einem Leuchtturm in die See hinausragen. Dort hinten liegt Aberdeen, unser heutiges Ziel. Wir gehen und gehen, aber die Stadt kommt kaum näher. Immer öfter passiert es nun, dass die glatten, festen Sandflächen auf unserem Strand immer seltener werden. Die Flut läuft ein und nimmt uns immer mehr von unserer "Rennstrecke". Der Sand wird tiefer, die Wasserrinnen genauso, steinige Abschnitte nehmen zu, kurzum, es wird immer anstrengender.

Gaaanz, gaaanz langsam kommt Aberdeen, die Großstadt zwischen Don und Dee, näher. Das Gehen im tiefen Sand wird immer beschwerlicher. Endlich kommen wir an den Punkt, wo der Don in die Nordsee mündet, und haben damit das Stadtgebiet von Aberdeen endlich erreicht. Wir überqueren die Brücke und haben jetzt nochmal für ein paar Kilometer einen Strand vor uns, diesmal aber den offiziellen Bade- und Familienstrand von Aberdeen. Von der langen Strandpromenade aus sehen wir aber weder Badende noch Familien am Strand, denn auch wenn sich inzwischen die Sonne etwas mehr gegen die Wolken durchgesetzt hat, dürfte das Baden in der Nordsee bei 13 °C Lufttemperatur nur was für ganz Harte sein.

Mit der Gastgeberin unseres Privatzimmers ist vereinbart, dass wir nicht vor 15.30 Uhr vor der Tür stehen. Die meisten der Gastgeber aus dieser Unterkunftssparte gehen nämlich in der Regel noch einem Beruf nach. Mit einer Rast in einem Café bei einem

Vergnügungspark zögern wir unsere Ankunft noch etwas hinaus, dann aber wollen wir ankommen. Durch das große, quirlige Hafengebiet kämpfen wir uns durch zu unserer Unterkunft. Plötzlich taucht vor uns die "Hjaltland" auf, die Fähre, mit der ich von Lerwick (Shetlands) nach Kirkwall (Orkneys) übergesetzt habe. Dort, wo sie jetzt beim Terminal der NorthLink Ferries liegt, lag auch mal die "Hrossey", mit der die Kinder und ich vor mehr als sieben Wochen in einer stürmischen Nacht gemeinsam zu den Shetlands aufgebrochen sind. Was war das für eine Seereise, keiner von uns wird sie wohl jemals vergessen.

So schließt sich ein erster "kleiner" Kreis. Viel habe ich in dieser Zeit erlebt und gesehen, aber die Reise ist noch nicht vorbei. Erst in drei Wochen bin ich wieder zu Hause. Dieter wohl auch.

09. Juni 2016

Risikooo...!

Aberdeen - Stonehaven (30 km)

Jo, unsere Gastgeberin der letzten Nacht, ist schon außer Haus, als wir um kurz vor acht Uhr zum Frühstücken in die kleine Küche kommen. Doch das war angekündigt. Das meiste, was wir brauchen, liegt schon auf dem Tisch bereit, was noch fehlt, holen wir uns aus dem Kühlschrank, den Kaffee bzw. den Tee (Dieter trinkt seit Tagen leidenschaftlich gerne Tee) kochen wir uns schnell selbst. Heute mal kein Full Scottisch Breakfast - und das ist gut so. Jeden Morgen diese volle Packung ist auf die Dauer kaum zu ertragen. Beim Weggehen lege ich den Hausschlüssel auf den Tisch, ziehe die Tür ins Schloss und gemeinsam steigen wir die vielen Stufen hinunter, die von Jo's Wohnung im 1. Obergeschoss direkt hinunter in den Garten führt. Die nächste Etappe kann beginnen.

Es wird wieder eine lange Etappe, aber eine sehr unscheinbare. Das mag man daran erkennen, dass Dieter unterwegs auf einmal von sich gibt: "Fast zwei Stunden schon unterwegs und noch kein Motiv für ein Foto!" Dazu muss man wissen, dass Dieter ein leidenschaftlicher "Fotografeur" ist. Er drückt lieber zehnmal zu viel auf den Auslöser als einmal zu wenig ("Kann man ja dank der Erfindung der digitalen Fotografie alles wieder löschen!"). Aber er hat Recht. Die gesamte Etappe ist irgendwie ohne jede Höhepunkte. Sie plätschert so dahin. Wir bewegen uns etwas von der Küste entfernt, keine besonderen Ausblicke tun sich auf, die Ausläufer Aberdeens bringen noch viele

Außensiedlungsbereiche und wenig ansprechende Natur, eine Eisenbahnlinie bleibt ein beständiger Begleiter und im letzten Teil nervt sogar die autobahnähnliche Hauptdurchgangsstraße A90 beträchtlich. Eine Rast auf einer Bank auf einem Kinderspielplatz in Portlethen ist auch kein großer Hit, eine zweite in einem kleinen Restaurant im Dörfchen Muchalls dank einer leckeren Pilzsuppe zwar sättigend, aber das war es dann auch.

Bleibt das Problem mit meinen Schuhen. Die Spalte bei der Sohle hat sich zwar nicht dramatisch, aber doch um etwa einen Millimeter vergrößert. Hochgerechnet auf noch fast drei Wochen Wandern, kann das wahrscheinlich nicht gutgehen. Eigentlich war ja schon gestern in Aberdeen daran gedacht, bei einem Ausrüster nach einem neuen Paar Ausschau zu halten. Dann aber, nach 27 Kilometer, sitzt einem doch der Vorflüsterer auf der Schulter und sagt: "Morgen! Das kannst du auch noch morgen erledigen. Solange hält der Schuh schon noch!" Und wenn man dann die Info von seinem Wanderfreund bekommt, dass es tatsächlich in Stonehaven auch einen Ausrüster gibt, gibt man diesem Vorflüsterer gerne nach.

Bei der letzten Rast vor Stonehaven schaue ich nach, wo genau in Stonehaven der benötigte Laden ist und muss erfahren, dass es den dort überhaupt nicht gibt. Es gibt zwar diesen Ausrüster, aber der öffnet seinen Laden morgens etwa zwanzig Kilometer von Stonehaven entfernt. "Oh, dann muss ich gestern im Internet wohl falsch geguckt haben", ist der lapidare Kommentar meines lieben Dieter. Na herzlichen Glückwunsch! Geflissentlich schaut er aber sofort nach einer neuen Lösung. Jetzt soll es Arbroath sein, wo wir vielleicht fündig werden. Noch drei Tagesmärsche weiter... Ich bin gespannt, ob das gut geht. Risikooooo... !

Mit qualmenden Socken kommen wir schließlich in Stonehaven an. Von unten am Strand tut sich ein schöner Blick auf den Ort auf. Gottseidank, Dieter hat sein erstes Fotomotiv für heute!

10. Juni 2016

Versteckte Kronjuwelen

Stonehaven - Inverbervie (20 km)

Nachdem ich die Sohle von meinem linken Schuh nochmal kräftig gestreichelt habe, ziehen wir pünktlich um 9 Uhr von unserem kleinen "Hotel Belvedere" in Stonehaven los. Das Wetter an diesem Morgen ist so, wie es schon seit ein paar Tagen jeden Morgen ist: bedeckt, dazu fast windstill und nicht kalt. Nachmittags lockern die Wolken meist auf und die Sonne macht sich bemerkbar. Besseres Wanderwetter kann es kaum geben. Mal sehen, wie lange das noch so weitergeht.

Direkt hinter Stonehaven müssen wir wieder Höhe gewinnen. Unser Weg verläuft für die nächsten zwei Kilometer nun als Pfad oberhalb der Klippen bis zum Dunnotar Castle. Noch ehe wir die Höhe erreicht haben, eröffnen sich uns Postkartenblicke zurück auf Stonehaven. Strand, Stadt, Hafen - Dieter findet alleine jetzt doppelt so viele Fotomotive wie gestern am ganzen Tag zusammen und ist wieder mit der Welt zufrieden.

Kaum haben wir die Hügelkuppe überschritten, kommt auch schon Dunnotar Castle in den Blick. Der Reiz dieser Burganlage, bestehend aus elf zwischen dem 13. und 17. Jahrhundert errichteten Gebäuden, liegt vor allem in seiner malerischen Lage. Die Burgruine steht auf einem Felsen aus rotem Sandstein in der Nordsee, der nur durch einen schmalen Pfad vom Festland aus zu erreichen ist. Das Hochplateau hat eine Fläche von rund vier Hektar und ist von steil abfallenden Klippen (50 m hoch) umgeben. Diese strategisch günstige Lage erlaubte seinen Besitzern nicht nur, die nordschottischen Schifffahrtsrouten, sondern auch die Küste und die Hügel des Hinterlandes zu kontrollieren.

Während der Englischen Bürgerkriege wurden im Castle die Schottischen Kronjuwelen vor den in Schottland einfallenden Truppen Oliver Cromwells versteckt. Als Cromwell das Castle belagerte und zur Kapitulation aufforderte, wurden die Kronjuwelen heimlich ausgelagert. Über das Wie werden zwei Varianten erzählt: Die eine besagt, dass Krone, Zepter und Schwert zwischen Säcken mit Waren versteckt und so hinausgeschafft wurden. Eine andere Quelle berichtet, die Kronjuwelen seien zum Strand hinuntergelassen, dann von Bediensteten in einem Behälter mit Seetang weggebracht und unter dem Fußboden der nahegelegenen alten Kirche von Kinneff vergraben worden. Erst neun Jahre später wurden sie wieder aus der Kirche gebracht und dem wiedereingesetzten schottischen König übergeben.

Dieter und ich stehen am Anfang einer Treppe, die in vielen, vielen Stufen zunächst tief hinunter fast auf Meereshöhe führt, um anschließend wieder auf das Plateau der Burganlage aufzusteigen. Für Dieter steht schnell fest, dass er ja eigentlich schon sehr viele schottische Burgruinen gesehen habe und dass er sie ja auch von hier schon ganz gut habe fotografieren können... und überhaupt... Mir fällt ein, dass ich vor Jahren auch schon mal hier war und die Anlage sehr eingehend besichtigt habe und der Eintritt ganz schön teuer war... und auch überhaupt... Wir schauen nochmal anerkennend zu dieser für die schottische Geschichte so bedeutsamen Burg hinüber und gehen weiter.

Auf kaum befahrenen kleinen Straßen, mit weiten Blicken über Raps- und Getreidefelder und die im Dunst sich verlierende Nordsee, kommen wir zu den Ruinen des vor 90 Jahren aufgegebenen ehemaligen Fischerdorfes Crawton, d.h. es bestand mal nur aus Ruinen, mittlerweile ist das ein oder andere Cottage wieder instandgesetzt und ein Haus sogar neu gebaut worden. Es regt sich wieder Leben in diesem so idyllisch gelegenen Dörfchen am Klippenrand.

Unmittelbar vor Catterline stoßen wie mal wieder auf die Markierungshinweise der National Cycle Route 1. Seit den Shetlands kreuzen sich unsere Wege immer wieder oder laufen eine Zeit lang zusammen. Das wird sich auch bis zum Schluss nicht ändern.

Heute ist in Inverbervie Schluss. Obwohl der Weg heute nicht weit war, kommen wir erst relativ spät in unsere Privatunterkunft. Per E:mail wurden wir gebeten, erst ab 16.30 Uhr zu erscheinen, da man selbst nicht früher zu Hause sei. Wir kennen das und laufen in Inverbervie einen Pub an, um mit drei Bier (zwei für Dieter, eins für mich) die Wartezeit zu überbrücken. Unsere Gastgeber scheinen aber schon auf uns gewartet zu haben, denn kaum stehen wir vor der Tür, wird diese schon aufgerissen und William begrüßt uns. Zusammen mit seiner Frau führt er uns in den Garten - und siehe da, unser Domizil für heute Nacht ist ein Gartenhaus! Und zwar keins der Kategorie Gartengeräteschuppen, sondern mit einem Grundmaß, wie wir es noch nie vorher in einem Zimmer gehabt haben. Selbst für eine Essecke und einen Billardtisch ist Platz genug und fast würde auch noch eine Tischtennisplatte reinpassen. Einziger Haken: Es gibt mal wieder, wie eigentlich in allen Privatzimmern, nur ein Doppelbett und nicht zwei Einzelbetten. Dabei ist für mich nicht das Doppelbett an sich das Problem, sondern die Tatsache, dass diese immer nur eine Decke haben. Bei Eheleuten mag das ja noch für eine gewisse Zeit einen Sinn haben, aber bei uns zwei Kerlen?! Grässlich! Na ja, sooo schlimm auch wieder nicht..., aber wenn er mir die Decke wegzieht, trete ich ihn aus dem Bett!

11. Juni 2016

Schottisches Nationalgericht

Inverbervie - Montrose (26 km)

Der frühe Morgen hält für Dieter ein für ihn unbekanntes Stück schottischer Lebenskultur bereit. Unser Gastgeber William versprach ihm bereits bei unserer Ankunft die eigenhändige Zubereitung eines schottischen Nationalgerichts zum Frühstück, das uns bestimmt geschmacklich begeistern würde: Porridge. Ich musste innerlich etwas grinsen, weiß ich doch aus verschiedenen Aufenthalten in Großbritannien und nach vielen Porridge-Mahlzeiten während meines Jakobsweges mit Töchterchen Anni, dass Porridge seine eigene Geschmacksnuance hat, die nicht jedermanns Sache ist. Und ich müsste mich sehr in Dieter täuschen, wenn es sein Geschmack wäre. Aber er stimmte dem angepriesenen Frühstücksmahl von William zu, wenn auch offensichtlich recht skeptisch.

So sitzen wir denn am Morgen am Tisch und warten gespannt auf unseren Porridge. D.h. Dieter ist gespannt auf den Porridge, ich mehr auf sein Gesicht nach dem ersten Löffel. Stolz kredenzt uns William das Ergebnis seiner morgendlichen Kochkunst - und Dieters Augenlider beginnen unmittelbar etwas zu flattern. Nun sieht ja Porridge schon farblich etwas nichtssagend aus und bei der Konsistenz fällt einem eigentlich nur ein Wort ein: schleimig. Dieter sticht tapfer mit seinem Löffel in diese Masse, führt sie zum Mund - und seine Gesichtszüge entgleisen. In diesem Moment steht fest: Dieser Mann wird dieses schottische Nationalgericht nicht essen! Zumindest nicht komplett. Ich verschlucke mich bald vor innerlichen Lachkrämpfen an meiner Portion und als mein Teller bereits blitzblank ist (zugegeben: Ich habe zur Geschmacksverfeinerung dem ge(ver-)salzenen Porridge jede Menge Marmelade beigemengt), stochert Dieter noch mit langem Hals und leicht gerümpfter Nase in seinem Brei herum. Nahezu auf der Stirn geschrieben steht ihm die Frage: Wie kann ich es meinem politischen Bruder im Geiste, mit dem ich gestern Abend noch prächtig die sozialistische Fahne geschwungen und so manchen Whisky vernichtet habe, antun, seinen hochangepriesenen Porridge zu verschmähen? Schließlich kommt die Frage, auf die ich eigentlich bereits nach dem ersten Löffel gewartet habe: "Tust du mir einen Gefallen? Kannst du das essen? Ich krieg das nicht runter..." Na klar kann ich! Wenig später habe ich mir auch diese Portion einverleibt und für Dieter bleibt nur der Toast.

Beim Abschied vor der Haustür vermeidet William intuitiv die Frage, wie denn nun sein Porridge geschmeckt habe und Dieter kommt von sich aus auch nicht darauf zurück.

Dennoch steht für ihn fest: Bei William und Karen hat es ihm so gut gefallen, da möchte er mit seiner Rosi nochmal für eine Woche hin - bei Full Cooked Scottish Breakfast.

Unser Weg von Inverbervie Richtung Süden läuft nun einige Kilometer auf einer "dismantled railway" entlang, einer ehemaligen Bahntrasse. Irgendwann mal wurde sie für Queen Victoria gebaut und war die erste Eisenbahn in dieser Region überhaupt. Die Dame reiste gerne durch ihr Land, konnte sich aber wohl nicht mit den Pferde- oder Autokutschen anfreunden. Mit der Eisenbahn ging es da schon komfortabler. Natürlich diente die Bahn anschließend dann nicht nur den königlichen Besuchen, sondern auch dem regionalen Personen- und Warenverkehr. Und heute dient uns ihre Trasse eben als Wanderweg. Aber bequem ist er nicht! Ich habe das Gefühl, als hätte man vor vielen Jahren die Bahnschienen zwar weggeräumt, den Schotter aber liegenlassen. Jedenfalls gehen wir eine ganze Weile über einen sehr unebenen und holprigen Untergrund.

Dafür sind die Örtchen recht nett, die am Weg liegen: Gourdon, Johnshaven. Ehemals sehr geschäftige Fischereihäfen. Johnshaven soll sogar mal der viertwichtigste Fischereihafen Schottlands gewesen sein. Heute kaum vorstellbar, aber wo man das Gefühl hat, dass in manchen ehemals bedeutenden Häfen heute so gut wie nichts mehr läuft, treffen wir in Gourdon und Johnshaven immer noch auf Spuren von einer recht intensiven Hummer- und Krabbenfischerei und von kleinen weiterverarbeitenden Betrieben. Und dennoch ist alles nur ein Hauch von dem, was vor 50 -150 Jahren hier mal losgewesen sein muss.

In Johnshaven werden wir auch wieder angesprochen. Der "Eyecatcher" ist immer mein Wheelie. Hat man ja noch nie gesehen, toll! Was ist denn da drin? (Antwort meistens: Eine Gallone Whisky und was fürs Barbecue unterwegs!) Seid Ihr Wanderer? Woher? Wohin? Shetlands??? Unfassbar! Bis zur Grenze? Das ist aber noch weit! Wie lange seid Ihr schon unterwegs? Ungläubige Blicke...

Es geht weiter an der Küstenlinie entlang. Die Ebbe hat Felsen freigelegt, Möwen hocken auf ihnen und vor allem Kormorane, viele von ihnen breiten ihre Flügel zum Trocknen aus. Den ganzen Tag über sprüht leichter Nieselregen auf uns herab, ohne dass er auch nur im Geringsten stört. Die Jacke wird kaum nass, aber wir bekommen permanent eine willkommene Erfrischung bei unserem recht strammen Schritt.

Irgendwann kommen wir unten an der Küste nicht mehr weiter. War es eine Zeit lang noch sehr schön, auf schmalem Pfad an tief rotbraunen Sandsteinfelsen entlangzugehen, hört irgendwann der Pfad auf. Stürmische See hat ihn "gefressen" und nichts als schwergängigen Kiesel hinterlassen. Uns bleibt nichts anderes übrig, als zur Straße hochzusteigen und wiedermal ein Stück dran entlangzutippeln.

Nach einer Rast auf einer etwas heruntergekommenen Bank bei der Kirche von St Cyrus, die uns für unsere Mittagsrast nur bleibt, da kein Pub am Wege liegt, kommt nochmal ein Höhepunkt: Wenige Meter hinter der Kirche kommen wir an die Kliffkante, die uns unvermittelt einen grandiosen Blick hinunter auf den Strand von St Cyrus vermittelt. Auf schmalem Pfad geht es steil durch die Klippe, an Stechginster und vielen Wildblumen vorbei, hinunter ins "St Cyrus Nature Reserve", einem Gebiet unmittelbar hinter dem Strand und zwischen den Klippen und einer Dünenreihe, durch das einst der River Esk verlief, bevor er sein Wasser in die Nordsee entließ.

Knapp eine Stunde später überqueren wir diesen Fluss auf einem alten Eisenbahnviadukt und sind nach einer weiteren Stunde in Montrose, unserem Ziel für heute. Aus unserem "Chapel House B&B" vermelden wir zwei erfreuliche Nachrichten: Nach einer von Dieter angeforderten Personenwaage können wir erfreut feststellen, dass Dieter nach zweieinhalbwöchiger Wanderung mittlerweile viereinhalb Kilo und ich nach siebeneinhalb Wochen immerhin achteinhalb Kilogramm weggeschwitzt haben. Das ist doch schon ein Anfang! Weiterhin erfreulich: Die Schuhsohle ist noch dran!

12. Juni 2016

Eichen- und Buchenwälder

Montrose - Arbroath (28 km)

Inzwischen habe ich mitbekommen, dass zwei große Sportler, die seit meiner frühen Jugend Vorbilder waren, verstorben sind: Muhammad Ali und Rudi Altig. So unübertroffen Muhammad Ali war, an Rudi Altig werde ich hier in Schottland nahezu täglich erinnert. Ihm ist es u.a. zu verdanken, dass ich überhaupt auf diesem Weg bin. Vor 1-2 Jahren animierte mich nämlich eine mehrteilige ARTE-Dokumentation über eine Radtour von Rudi Altig und zwei MitfahrerInnen auf dem Nordseeküstenradweg. Und da dachte ich mir, was mit dem Fahrrad geht, geht auch zu Fuß. Damals bewunderte ich Rudis Leistung, die er in seinem Alter noch zeigte. Jetzt fällt er mir immer wieder ein, wenn ich die Radwegmarkierung sehe.

Bereits seit gestern fällt mir eine weitere Markierung auf: "Angus Coastal Path" steht immer wieder auf hölzernen Hinweistafeln. Damit wird auch deutlich, in welchem Verwaltungsbezirk wir mittlerweile angekommen sind. Ohne Zweifel aufkommen zu lassen, führen uns die Hinweise durch Orte, über Strände, an Wiesen und Feldern entlang. Und immer wieder auch durch kleine Wälder. Bei einem kleinen Wald gerät Dieter nahezu in Verzückung. Er schaut sich um und ruft: "Jetzt guck dir das an! Ich habe noch nie in Schottland einen so schönen Eichen- und Buchenwald gesehen! " - ???? - Eichen?? Buchen?? Ich guck irritiert zu Dieter hinüber. Meint der das jetzt ernst? Oder soll das wieder einer seiner Witze sein? Seine Miene unterstreicht aber absolute Ernsthaftigkeit. Und wenn das ein Witz sein sollte, würde es ihn spätestens jetzt schütteln vor Lachen. Nun bin ich bestimmt kein Botaniker, aber ich kann noch Eichen und Buchen von Lärchen und Ahorn unterscheiden. Lieber Himmel, Dieter, gut, dass Biologie eines der Fächer war, die du an der Schule nicht unterrichtet hast...

Bald nach dem "Eichen- und Buchenwald" kommen wir zur Lunan Bay. Wieder ist wegen der Ebbe Platz genug für uns, um auf festem Sand auf dem Strand zu marschieren. Die Luft ist feucht, auch wenn es nicht regnet. Die Temperaturen kommen seit Tagen schon nicht mehr über die 12 °C hinaus, selbst für Schottland zu dieser Jahreszeit etwas wenig. Die Wellen schlagen nur sehr bedächtig an den Strand, aber dennoch wollen Dieter und ich jetzt einen geschützten Pausenplatz. Wir entdecken eine Art Schutzhütte am Rand eines kleinen Caravan-Camps oberhalb des Strandes und nehmen sie für uns in Besitz. Als ich gerade sitze, fällt Dieter auf, dass es ihm hier eigentlich etwas zu sehr zieht und er sucht sich in der Nähe ein anderes Plätzchen. Meine Hütte hatte ihre Romantik in dem ungehinderten Blick auf Strand und Meer, Dieter findet seinen idyllischen Ort im eingezäunten kleinen Garten auf einem Bänkchen vor einem alten Caravan. Als ich bei ihm vorbeikomme, um ihn wieder aufzuscheuchen, grinst er mich zufrieden und verschmitzt an. "Das war doch mal ein schönes windgeschütztes Plätzchen!" - Jaaaa, Dieter!

Das Grinsen soll ihm bald vergehen! Der "Angus Coastal Path" entwickelt sich bald zu einem "Kneipp-Pfad". Hohes, abscheulich nasses Gras steht entlang des Pfades bzw. beugt sich in den Pfad hinein und gibt uns keine Chance. In kurzer Zeit sind wir klatschnass bis an die Oberschenkel. Dieter nervt auch der etwas unebene Untergrund des Weges und er schimpft hinter mir wie ein Rohrspatz. Jetzt grinse ich!

Glücklicherweise taucht nach etwa eineinhalb Kneipp-Kilometern - Dieter hat schon nicht mehr dran geglaubt - der kleine Ort Auchmithie am Klippenrand auf und mit ihm die Hoffnung auf einen Pub, in dem wir uns etwas erholen und aufwärmen können. Die Hoffnung wird zur Gewissheit und bald sitzen wir bei Kaffee, Tee und Kuchen in einer Sofaecke des "But n Ben". Ganz langsam trocknen unsere Hosen und Dieter kann auch wieder lachen.

Zwei Stunden später ist sowieso wieder alles gut. Wir sind am Ziel in Arbroath, haben ein schönes, großes Zimmer, unsere Schuhe stehen in der Nähe zur warmen Heizung und der Fernseher läuft. Die Tage der Fußball-Europameisterschaft 2016 haben begonnen. Gleich ist Anstoß zum Spiel Deutschland : Ukraine.

13. Juni 2016

Lange rote Leine

Arbroath - Dundee (32 km)

Seit gestern ist die 1000 km - Marke geknackt. Ich klopfe mir heute vor dem Start auf die Schulter und hoffe, dass in Zukunft noch ein paar tausend dazukommen.

Als wir unser B&B verlassen, empfangen uns 99,5 % Luftfeuchtigkeit. Auch wenn wir es in Arbroath selbst noch nicht so merken, sobald wir aber wieder auf dem Küstenweg sind, haut uns der Nebel seine Feuchtigkeit wie einen nassen Lappen um die Ohren. Tausende von Tropfen legen sich auf unsere Anoraks und Brillengläser und verfangen sich in unseren Kopf- und Barthaaren. Wir sehen es mal positiv und glauben, dass das unsere altersschwache Lederhaut nur geschmeidiger macht. Und dennoch: Die grauen Tage könnten jetzt mal für eine Weile aufhören. Wohlgemerkt: Wir haben schon lange keinen richtigen Regen mehr gehabt, aber ein wenig Blau in den Himmel und aufs Meer macht doch alles gleich viel freundlicher. Also, Petrus, streng dich mal ein wenig an!

Die Menschen am Hafen mögen den Nebel bestimmt auch nicht, denn in kurzen, regelmäßigen Abständen ertönt ein Signalhorn, das den Booten draußen wohl den Weg in den Hafen weisen soll. Mich nervt dieser Ton nach fünf Minuten bereits, wie mag das für die Leute hier sein, die das stundenlang ertragen müssen? Oder hören die das gar nicht mehr?

Trotz des Nebels geht es sich hervorragend. Zunächst auf einer Art Seepromenade entlang, später auf gut ausgezeichneten Radwegen. Der Untergrund ist hervorragend, weil meistens Asphalt, und Dieter muss sich nicht über nasses Gras und Unebenheiten aufregen. Wer also zufrieden ist mit seiner Laufspur, wird auch mal belohnt. Am Ortsende, als wir gerade auf einen straßenbegleitenden Radweg einbiegen wollen, stoßen wir am Wegrand überraschend auf einen kleinen Tisch mit Kaltgetränken und einer Dose mit Keksen - zur Selbstbedienung. Daneben befindet sich ein Schreiben, welches darauf hinweist, dass es sich hier um eine "Charity"-Aktion handelt und als ich mich ein wenig umsehe, erblicke ich auch die Spendenbox. Klar, dass ich trinke und spende!

Ein Schluck süßer Saft ersetzt aber noch keine Kaffeerast. Kaffee und Tee bekommen wir erst nach fast drei Laufstunden im Café des Leisure Centers von Carnoustie. Selbstbedienung ist angesagt, Plastik-Schalenstühle bestimmen das Mobiliar und im Nebenraum ist eine kleine Spiellandschaft für Kleinkinder aufgebaut. Mütter füttern ihre Kinder am Nebentisch, krabbeln mit ihnen nebenan auf Matten herum oder nehmen die quiekenden Kleinen nach einer Rutschpartie am Fuße einer aufblasbaren Elefantenrutsche in Empfang. Finde ich herrlich! Hier trifft man sich, hier trinkt mein einen Kaffee, hier spielen die Kinder miteinander, hier füttert man sie, hier können Kinder vor Vergnügen kreischen - und niemanden stört es.

Hinter Carnoustie verläuft der Weg für einige Kilometer mehr oder weniger schnurgerade an der Eisenbahnlinie entlang, die Arbroath mit Dundee verbindet. Es wird aber nicht eintönig oder gar nervtötend. Die Schienen verschwinden nahezu vollständig hinter Büschen, und nur wenn Züge vorbeirasen, nehmen wir die Bahnlinie überhaupt war. Wir unterhalten uns prächtig und merken so kaum, wie Zeit und Kilometer vergehen. Für mich jedenfalls irgendwie schneller als gedacht sind bald die ersten Häuser von Broughty Ferry zu sehen, das bereits ein Vorort von Dundee ist. Früher allerdings, d.h. bis 1878, war Broughty Ferry wegen seiner Fähre über den Firth of Tay ein bedeutender selbständiger Ort, bevor der Bau der Tay Bridge dies änderte.

Genau am Pier der alten Fähre steht der Pub "The Ship Inn", wo gerade die Wirtin ein paar Stühle vor die Tür stellt. Gleich kommt's, denke ich mir, und prompt: "Ich habe einen unbändigen Durst, komm, lass uns hier ein Bier trinken", meint Dieter, mein durstgeplagter Wanderfreund. Auch wenn die Sonne, die sich mittlerweile mal tatsächlich für eine Stunde durch den Nebel gekämpft hatte, schon wieder hinter Wolken verschwunden ist, bestehe ich darauf, draußen zu sitzen. Mir ist nicht kalt, ich will keine Kneipenluft atmen. Zu meiner Überraschung ordert Dieter kein zweites Pint und wir sind bald wieder unterwegs.

Die letzten Kilometer nach Dundee hinein wollten wir eigentlich gar nicht mehr gehen. Über 30 Kilometer würden es dann wieder werden, und das durch Großstadtgebiet, nicht sehr verlockend. Das könnte man dann auch mit dem Bus machen... Aber eigentlich sind wir noch ganz gut drauf, es ist noch relativ früh und die Strecke am Firth entlang ist auch ganz nett... also los, das packen wir auch noch!

Als die Strecke dann gegen Ende doch etwas unattraktiv wird, schlägt das wie erwartet auf Dieters Füße durch. Mit zusammengebissenen Lippen humpelt er in die City von Dundee hinein. Jeder Schritt tut ihm weh. Wir suchen auf der High Street unser Backpacker Hostel. "Bei der Nummer 41 muss das sein. Wo sind hier bloß die verdammten Hausnummern? Wieso können die hier keine Hausnummern neben die Türen schreiben?", knurrt mein waidwunder Wanderfreund. Schließlich finden wir die Hausnummer 71. "Dann kann die 41 nicht weit sein!" Wir gehen weiter... und weiter... Keine Hausnummer mehr! Schließlich merken wir irgendwann, dass die High Street inzwischen einen ganz anderen Namen trägt. Dieter knurrt nicht mehr, er flucht. Er reißt sich die Schuhe von den Füßen. "Bist du dir sicher, dass 41 richtig ist?" Dieter ist sich anscheinend nicht mehr sicher und schaut in seinen Unterlagen nach. Dort findet er als Adresse: High Street 71. Wir haben vor 10 Minuten bereits davorgestanden.

Nach mehr als 32 Kilometern sind wir dann endlich doch am Ziel, Dieter humpelnd, aber ohne Frustausbrüche. Kompliment, alter Mann! Aber sein "lustiger" Tag ist noch nicht zu Ende. Unser Twin Room im Hostel verfügt nicht über ein eigenes Bad, wäre für ein Hostel auch ungewöhnlich. Wir finden aber auf der ganzen Etage kein Bad bzw. keine Dusche. Was wir finden ist eine Behindertentoilette mit Dusche. Nun gut, damit kommen wir auch klar...! Dieter geht, wie meistens, zuerst zur Ganzkörperpflege. Als er gerade bereit ist, den heißen Strahl auf sich hinabprasseln zu lassen, fällt ihm zwischen Toilette und Dusche eine rote Schnur auf. "Aha, wieder so 'n Ding, woran ich ziehen muss, damit heißes Wasser kommt. Kennt man ja inzwischen." In der Tat gehören diese Ziehleinen oder ein zusätzlicher Schalter zur Inbetriebnahme der Heißwasserversorgung zu Großbritannien hinzu wie Porridge. Also: Dieter zieht! In der Tat fließt heißes Wasser. Aber das wäre auch ohne Ziehen an der Leine geflossen. Plötzlich klopft es aufgeregt an der Tür und eine Stimme erkundigt sich besorgt nach Dieters Wohlbefinden. Man ahnt es: Die rote Leine war der Behinderten-Notruf!

14. Juni 2016

Neue Schuhe – im Rucksack

Dundee - Guardbridge (28 km)

Als ich am frühen Morgen mein Gesicht vom Bett aus zum Fenster drehe, traue ich fast meinen schlaftrunkenen Augen kaum. Draußen scheint die Sonne und was ich vom Himmel sehen kann, ist blau. Das verstehe ich zwar aufgrund der Wettervorhersage von gestern Abend gar nicht, aber man kann ja auch mal positiv überrascht werden. Entsprechend dynamisch stehe ich auf und werfe mich in die Klamotten. Das Frühstück fällt mal wieder recht spartanisch aus. Zum einen ist dies in einem Hostel sowieso nicht im Programm, zum anderen werfen unsere Vorräte nicht allzu viel ab. Aber es geht ja auch mal betont einfach.

Beim Öffnen der Hosteltür dann die Ernüchterung: Von Sonne und blauem Himmel kann keine Rede mehr sein - es regnet aus einem durchweg tiefgrauen Himmel. Der erste Teil der heutigen Wanderung dauert genau drei Minuten, dann stehen wir vor einem Outdoor-Laden. Ich habe es mir überlegt, ich kaufe mir jetzt ein Paar neue Schuhe. Das heißt aber noch lange nicht, dass ich mit ihnen auch heute schon wandere, ja ob ich überhaupt mit ihnen auf dieser Tour wandern werde. Ich hole mir jetzt leichte Wander-Halbschuhe als Edelreserve und stecke sie in den Tagesrucksack, bis mir von meinem alten Schuh die Sohle abfällt. Vielleicht fällt sie mir aber gar nicht ab, sondern hält heroisch bis zum Ende durch. Dann gehe ich mit ihnen auch bis zum Ende! Ich kann doch meine treuen Begleiter von so vielen hundert Kilometern (sie waren ja schon mit auf dem Grünen Band!) nicht einfach so hier in Schottland "in die Tonne kloppen"! Die haben doch auch eine Seele! Sie haben doch, genau wie drei andere meiner früheren Schuhpaare, zu Hause ein gepflegtes Altenteil verdient! Auf der Baustelle z.B., oder wenn ich mal wieder im Dorf den Kinderspielplatz saubermache. Ich als Ruheständler und meine alten Schuhe als Ruheständler...!

Innerhalb von 20 Minuten sind die neuen Schuhe gekauft, davon entfallen 10 Minuten auf die Zeit, die die junge Verkäuferin benötigt, um mir von meinem ausgesuchten Modell die richtige Größe aus dem Lager zu holen. Dieter holt sich noch einen Regenschutz für seinen Rucksack und einen Buff für die Öhrchen und somit wähnen wir uns bestens ausgerüstet für den Rest unserer Tour.

Der leichte Regen hat uns während der Shoppingtour leider nicht den Gefallen getan, den Betrieb einzustellen. Es nieselt weiterhin leise vor sich hin. Das wird auch nicht unbedingt besser, als wir auf der ca. drei Kilometer langen Tay Bridge den Dundee Firth überqueren, wir beiden Fußläufigen im abgesicherten Mittelbereich, der uns umtosende Autoverkehr links und rechts von uns auf den beiden Doppelfahrbahnen. Auf der Brücke frischt der Wind merklich auf und Dieter hat Glück, dass ihm seine Kappe zwar vom Kopf, aber nicht von der Brücke oder auf die viel befahrene Fahrbahn fliegt. Das hätte noch gut in die Reihe von Dieters kleinen Missgeschicken gepasst.

Auf der anderen Seite des Dundee Firth marschieren wir auf Tayport zu, ständig auf der gegenüberliegenden Seite die Häuser von Dundee und Broughty Ferry liegen sehend. Tayport selbst merkt man an, dass es nach vielen Jahren als wichtige Fährstation auf der Fahrt in den schottischen Norden nun im wahrsten Sinne des Wortes etwas ins Abseits geraten ist. Der Verkehr läuft an dem Städtchen vorbei, auch wenn der kleine Hafen mit Sportbooten recht gut gefüllt ist. Mit Blick auf diesen Hafen nehmen wir uns im Hafencafé die erste Rast für heute.

Von Tayport an wandern wir von jetzt an bis kurz vor Edinburgh auf dem "Fife Coastal Path", einem der bekanntesten Longdistancewalks Schottlands bzw. des gesamten UK. Mal sehen, was er uns in den nächsten Tagen so bringt. Zunächst einmal stärker werdenden Regen und einen großen Wald, Tentsmuir Forest. Mindestens zehn Kilometer sind wir in diesem vor vielen Jahren mit Scottish Pines bepflanzten Dünengelände in Küstennähe auf einer langen Schneise unterwegs, von denen immer wieder andere Schneisen abzweigen.

Irgendwo auf dieser Schneise beginnt irgendwann Dieters heutige Leidenszeit, und das meine ich überhaupt nicht ironisch. Eine Sehne im unteren Wadenbereich bereitet ihm Schmerzen, er humpelt beträchtlich, wird langsamer. Sein Blick, nur noch nach vorne auf den Weg und, nach erfolgreicher Durchquerung des Waldes, auf die Straße gerichtet, spricht Bände. Er benötigt jetzt dringend die nächste Pause, aber sich mal eben hinsetzen und sich gegen einen Baum lehnen ist nicht, es regnet immer stärker. Bis Leuchars, dem nächsten Ort, durch den wir kommen, dauert es noch etwas.

Doch dann hat er es geschafft. In Leuchars treffen wir gottseidank auf einen geöffneten Pub und die beste Medizin für Dieter ist immer noch: Schuhe ausziehen und ein Bier, eventuell auch zwei! Genauso geschieht 's im "Commercial Arms". Während draußen immer mehr der Regen niedergeht, zaubert das kühle Bier auch wieder ein Lächeln in Dieters Gesicht. Und als wir weiterziehen, ist er sogar relativ entspannt und guter Dinge.

Doch dann kommt es ganz dicke! Der Regen nimmt langsam, aber unerbittlich sintflutartige Ausmaße an. Anstatt aber unsere Regenschirme zu bemühen, versuchen wir weiterhin, die letzten zwei, drei Kilometer ohne sie zu bewältigen. Doch irgendwann geht es nicht mehr anders, wenn wir nicht bis auf die Knochen nass werden wollen. Die Wolken scheinen aufgeplatzt, es schüttet wie aus Kannen. Das Wasser steht auf der Straße und auf den Bürgersteigen. Wir achten peinlichst genau darauf, wo die größten Pfützen sind, damit uns die vorbeirauschenden Autos oder LKW nicht ein oder mehrere Ladungen Wasser entgegenschleudern.

Irgendwann stehen wir tropfnass im Flur unserer "Seggie Farm B&B". Unsere Gastgeberin bedauert uns ausreichend, sorgt sich um unsere nasse Kleidung und stopft sie in ihren Trockner. Zur Krönung reicht sie uns nach einer Stunde sogar noch einen Teller voll Selbstgebackenes herein - wie nett!

15. Juni 2016

Kein gutes Gefühl

Guardbridge - St Andrews (10 km)

Unsere nassen Sachen von gestern liegen heute Morgen wieder draußen vor unserer Zimmertür, gewaschen und getrocknet. Ein Dank an die Gastgeberin! Aber das ist nicht ihre einzige gute Tat, die sie uns angedeihen lässt. Viel entscheidender ist ein guter Rat von ihr, der auch gewisse Bedenken von mir, die ich schon die ganze Zeit mit mir herumtrage, bestätigt.

Ich wusste bereits, dass der Fife Coastal Path ab St Andrews südwärts in Abschnitten schwer zu gehen sein wird. Die Informationen, die ich habe, bezogen sich dabei jedoch eher auf die Unpassierbarkeit während der Flut. Die neuen Informationen weisen jetzt zusätzlich noch auf Schwierigkeiten hin, die ich mit meinem Wheelie bekommen könnte. Sowohl unsere Gastgeberin als auch ihr Mann warnen vor einem ganz schmalen Pfad, rechts Zaun, links freier Fall, teilweise sehr steinige oder glatte Abschnitte. Sie raten uns zu zwei alternativen Vorgehensweisen: 1. Überbrücken der nächsten beiden Tage mit einem Taxi (Wie bitte? Geht ja gar nicht!), 2. Gepäck mit einem Taxi transportieren lassen, wie es entlang des Fife Coastal Path oft praktiziert wird. Letztere Alternative hört sich doch schon mal ganz gut an, damit müssen wir nicht auf einen der interessantesten Abschnitte der Wanderung verzichten und würden ein zu hohes Risiko weitestgehend ausschließen. Das mögliche Problem mit der Flut würde zwar weiterhin bestehen, aber in diesem Fall könnten wir ins Inland ausweichen, zur Not wieder über Mauern und Zäune.

Beim Abmarsch von der Seggie Farm finden wir draußen wieder einen kuscheligen Novembertag mitten im Juni vor: bestimmt nicht mehr als 10 °C, leichter Nieselregen, Nebel, vorherrschende Farbe: Grau. Unsere Regenschirme sind zwar wieder am Wheelie verstaut, aber in Alarmbereitschaft. So etwas wie gestern soll uns nicht nochmal passieren. Die Laune ist nichtsdestotrotz eigentlich ganz gut, denn Dieters Fußprobleme von gestern (Fußballen- und Sehnenschmerz) sind auf wundersame Weise verflogen, worauf er immer wieder begeistert hinweist. Er verschweigt zu diesem Zeitpunkt aber, dass sich ein neues Problem ankündigt: der kleine Zeh des rechten Fußes.

Auf einem breiten Radweg marschieren wir St Andrews entgegen, erst recht zügig, dann merke ich, wie Dieter immer ruhiger und zusehends langsamer wird. Ich sehe auch, dass sein Blick nur stur vor seine Füße gerichtet ist - typischer Fall von "Tunnelblick". Schmerzen und Wettertristesse, ein übles Bündnis.

Nach knappen sieben Kilometern erreichen wir St Andrews, "Home of Golf". Von jetzt an ist Dieter mehr oder weniger "out of order". Den "Old Golf Course", Mekka des internationalen Golfsports, nimmt er nur noch am Rande wahr, genauso die Universität, die drittälteste Schottlands, und die gewaltige Ruine der Kathedrale. Er humpelt mit mir zur Touristen-Information an der Market Street, wo ich mir eine noch notwendige Wanderkarte kaufen will, und lässt sich dort sofort auf einen Stuhl fallen. Armer Kerl!

Welch ein Glück, dass wir heute gar nicht weiter als bis nach St Andrews müssen. Zehn Kilometer sind wenig, können aber manchmal viel zu viel sein. Auch wenn wir nur noch zwei Kilometer von unserer Unterkunft entfernt sind, empfehle ich Dieter eine Rast am kleinen Hafen in einem Container-Imbiss, der sich "Hafencafé" nennt. Die Rast tut ihm vielleicht ganz gut, hilft aber im Endeffekt nicht wirklich. Der letzte Kilometer am East Sand, dem kleineren der beiden Strände von St Andrews, entlang bleibt für Dieter schmerzhaft. So langsam beginnen die Gedanken zu kreisen: Was soll jetzt werden?

Im Zimmer unserer Unterkunft präsentiert mir Dieter einigermaßen zerknirscht seinen kleinen Zeh. Dick angeschwollen und rot wie eine Barlampe! Sieht gar nicht gut aus...! Eins steht fest: Morgen kann er auf keinen Fall mitlaufen. Und nur mit einem Tag Pause wird das auch nicht erledigt sein. Ich empfehle ihm, schnellstmöglich einen Arzt aufzusuchen. "Heute geh ich keinen Schritt mehr aus dem Haus!", kommt seine klare Ansage. "Ich fahre morgen mit dem Bus nach Crail und da guck ich mal, ob ich einen Arzt finde." Als wir uns mit unserem Gastgeber unterhalten, ergibt sich eine andere Variante. Morgen früh fährt er Dieter nach dem Frühstück und meinem Abmarsch ins Krankenhaus, wo es eine Orthopädie geben soll. Nach einer Diagnose und einer so oder so ausgefallenen Behandlung fährt Dieter dann mit meinem Wheelie im Bus (oder im Taxi?) nach Crail. Und dann sehen wir weiter.

Draußen regnet es schon den ganzen Nachmittag ergiebig. Passt irgendwie zur Gesamtsituation. Nur gut, dass im Moment die Fußball-Europameisterschaft stattfindet.

Dieter sitzt vor dem Fernseher. Gerade spielt Rumänien gegen die Schweiz, heute Abend läuft das nächste Spiel. Das lenkt Dieter vielleicht ein wenig ab. Ich will ja optimistisch sein, habe aber kein gutes Gefühl.

16. Juni 2016

Heute mal wieder alleine

St Andrews - Crail (18 km)

Vor dem Einschlafen gestern Abend trommelte der Regen auf das Glasdach des kleinen Wintergartens, der zu unserem Zimmer gehört. Ich dachte mir, sehen wir es positiv, alles was jetzt vom Himmel fällt, macht mich morgen nicht mehr nass. Als wir morgens aufstehen, ist zwar immer noch alles grau, aber es scheint tatsächlich nicht mehr zu regnen. Ist ja schon mal was...

Dieter ist etwas zuversichtlich. Wiederholte vorsichtige Bewegungsübungen mit seinem kleinen Zeh in Schlafpausen scheinen eine grobe Verletzung oder gar einen Ermüdungsbruch auszuschließen. "Da wächst was raus! Und wenn ich da draufdrücke, tut das weh!" - ???? - Ein Schlangenkopf? Würmer? Oder nur ein dicker, fetter entzündeter Pickel? Jedenfalls reicht die Selbstdiagnose nicht mehr dazu aus, die Notwendigkeit einer Arztkonsultation in St Andrews einzusehen. Schon vor dem Frühstück steht für ihn fest: Mit dem Bus (und mit meinem Wheelie) fährt er gleich nach Crail und guckt dort nach einem Arzt.

Ich begleite ihn auf seinen Wunsch hin noch bis zur Hauptstraße, bis zur Bushaltestelle kann es jetzt nicht mehr weit sein. Ich drehe wieder um und begebe mich auf dem kürzesten Weg zurück auf den Fife Coastal Path.

Während Dieter schnell und trocken Crail zustrebt, wird es für mich nun (mal wieder) etwas feucht und anstrengend. Anfangs ist der Weg noch einfach zu gehen, aber das soll sich ändern. Susan, unsere Gastgeberin von der Seggie Farm, lag in ihrer Einschätzung wohl nicht verkehrt. Mit meinem Wheelie wäre es sehr schwer geworden, aber das muss ich auch sagen: nicht unmöglich. Es geht Steinstufen rauf und runter - hatte ich schon öfter. Es wird eng auf dem Pfad und wegen des leichten Regens teilweise rutschig - hatte ich auch schon. Risikoreich wird es an keiner Stelle. Trotzdem, mit Wheelie wäre es noch anstrengender geworden und ich hätte viel mehr Zeit benötigt. So genieße ich den Pfad, was mir noch leichter fällt, als nach etwa einer Stunde der Regen tatsächlich aufhört.

Ein Problem aber bleibt. In den Beschreibungen des Weges wird immer wieder darauf hingewiesen, dass bestimmte Teilabschnitte des heutigen Weges nicht bei "high tide" zu gehen sind, und diese rückt immer näher. An zwei Stellen muss ich einfach ganz runter ans Wasser, ein Ausweichen über höhere Regionen ist nicht möglich. Ich klettere über Felsen, muss über einen groben Kiesstrand. Einige Eiderenten und Kormorane beobachten mich, als wollten sie sagen: "Beeil dich, viel Zeit hast du nicht mehr!" Zwischenzeitlich kommt mir der Golfplatz von Kingsbarns beim Cambo Beach zu Hilfe. Entweder führt der Pfad ganz offiziell ein Stück über die Anlage oder ich nehme mir einfach die Freiheit, den grünen Teppich für ein Weilchen zu betrampeln.

Doch dann ist Schluss. Das nächste Stück Felsenküste, dass ich überqueren müsste, ist nicht mehr begehbar. Die Flut hat sie eingenommen. Ich muss die vorgeschriebene Alternativroute nehmen, durchs Inland. Keine Küste mehr, kein Strand, das Rauschen der Wellen wird immer leiser. Jetzt sind Getreide- und Kartoffelfelder dran. Große, unaufgeräumte Höfe liegen am Weg, wie so oft schon ohne eine menschliche Regung, ohne Hundegebell, nahezu gespenstisch still. Dann kurz an einer Hauptstraße entlang, nochmal ein Wirtschaftsweg - und ich bin angekommen für heute.

Das "Kalliope B&B" liegt etwa einen Kilometer nördlich von Crail. Als ich durch die Eingangstür komme, steht mein Wheelie wohlbehalten im Flur, aber Dieter ist nicht in unserem Zimmer. Philipp, unser Gastgeber, teilt mir mit, dass er in Crail sei. Prima, denke ich mir, er ist beim Arzt. Ich habe bereits geduscht und die Entspannungsphase im Bett eingeläutet, als Dieter strahlend durch die Tür kommt. Als ich ihn umgehend nach der Diagnose des Arztes frage, kann er mir nur mitteilen, dass er gar nicht bei einem Arzt war, weil es in Crail gar keinen Arzt gibt. Na bravo! Ersatzweise war er einkaufen, denn uns ist mal wieder das "Wasser des Lebens" ausgegangen, ein Zustand, den Dieter nun überhaupt nicht ertragen kann. Aber halt: Er hat auch Brot, Wurst und Käse gekauft, da muss man ja fair bleiben. Und außerdem geht es dem Zeh auch schon wieder ganz gut! Immerhin ist er heute bestimmt schon fünf Kilometer gelaufen, zweimal Crail hin und zurück. "Das ging wunderbar!" Na ja...

Der Plan für morgen: Dieter geht mit, solange es geht. Wenn es nicht mehr geht, steigt er in einem der nächsten Orte, die von nun an wie auf einer Perlenschnur aufgereiht an der Strecke liegen, in einen Bus ein und fährt damit nach Leven, unserem nächsten Etappenziel. Und da geht er dann zum Arzt. Wer glaubt das?

17. Juni 2016

85 Minuten Verspätung

Crail - Leven (36 km)

Inzwischen sind wir ja schon zufrieden, wenn es morgens beim Loslaufen nicht regnet. Aber diese Freude wurde uns in den letzten Tagen nicht oft beschert. Als wir heute am "Kalliope B&B" starten, ist der Landregen noch immer dran. Auf das Ende des Regens oder auf eine Regenpause zu warten ist sinnlos, denn erstens wissen wir nicht, wann das eine oder das andere eintritt und zweitens können wir uns keinen Zeitverlust erlauben, der Weg heute ist lang.

Dieter wähnt sich anfangs in Jahrhundertform, er läuft wie aufgedreht. "In St Andrews hätte ich nicht gedacht, dass ich überhaupt noch einen Kilometer wandern werde", kommentiert er erleichtert seinen flinken Schritt, "jetzt geht es wieder, wie geschmiert!" Na hoffen wir das Beste!

Der Weg ist recht abwechslungsreich und kurzweilig, weil wir alle vier bis fünf Kilometer durch kleine Fischerorte kommen: Crail, Anstruther, Pittenweem, St Monans, Elie. Überall die kleinen Häfen mit ihren hohen Kaimauern und meist kleinen Fischer- oder Segelbooten, den alten Häusern, die den Häfen manchmal eine filmreife Kulisse verpassen, bunt in den Farben, aber manchmal auch etwas renovierungsbedürftig. Manchmal umweht uns noch ein leichter Fischgeruch und wir entdecken kleine Fischläden oder Verarbeitungsbetriebe, wo die letzten Fänge verkaufsbereit gemacht werden. Spezialität der Gegend hier: Hummer. Fangkörbe und Reusen stapeln sich auf den Kais, Boote werden repariert und breit ausgelegte Netze geflickt. Bis auf Anstruther, wo der Tourismus recht ordentlich Einkehr gehalten hat, geht es überall jedoch recht besinnlich zu. Nicht zu vergleichen mit den Tagen, als die Menge der Fischerboote in Zeiten des großen Heringbooms kaum Platz in den Häfen fanden. Die Anzahl der Pubs ist, ganz im Gegensatz zu früher, recht überschaubar, und bei manchem, der noch übriggeblieben ist, sieht man schon von außen, dass er mal bessere Zeiten (jedenfalls was den Verdienst betrifft) gesehen hat.

Da wir mal wieder ohne Regenschirm unterwegs sind (immer nach dem Motto, vom Schwitzen werden wir sowieso nass), sind wir spätestens in Pittenweem ganz schön durchgeweicht, und die kaum zweistelligen Temperaturen lassen auch nicht unbedingt angenehmes Wohlbefinden aufkommen. Deshalb versuchen wir es mit einer Rast in einem Café. Drinnen ist es gemütlich und warm, die Bedienung ist außerordentlich freundlich, Tee, Kaffee und ein Scone füllen etwas den Magen aus - die vorher etwas geschwächten Lebensgeister kehren nach solch einer Pause manchmal gerne gestärkt zurück.

Nach weiteren nassen Kilometern wollen wir diese angenehme Erfahrung in Elie wiederholen, aber entweder lag kein Café dort auf unserem Weg oder wir haben es schlicht übersehen. Im nächsten Ort Earlsferry dasselbe Spiel, wieder keine Einkehrmöglichkeit, und welcher Wanderer, der mehr als 30 Kilometer Tagespensum vor sich weiß, rennt schon die Straßen rauf und runter, um eventuell doch eine zu finden? Und irgendeine Bank im Regen ist auch nicht unbedingt das, was man sich so vorstellt.

Leider kommt genau jetzt der Moment, an dem Dieters Fuß sich wieder meldet. Diesmal ist es nicht sein Zeh, der ihm Pein bereitet, sondern ein altes Leiden, sein Fußballen. Tragischerweise ist zur selben Zeit festzustellen, dass die Strecke nicht unbedingt einfacher wird. Vor uns liegt eine kleine Dünenlandschaft, die die West Bay von einem Golfplatz trennt, danach geht es steil hinauf auf eine Klippe und anschließend ähnlich steil auch wieder hinunter. Die Wegqualität ist vorhersehbar: ein enger, unebener, wegen des Regens teilweise sehr glitschiger Pfad. Dieter wird ruhiger, langsamer - Wanderbegeisterung sieht anders aus.

Steinstufe um Steinstufe mühen wir uns den Anstieg auf die Klippe hinauf. Auf halber Höhe kündigt sich ein kleiner Trost an: Am Pfadrand steht eine Bank im Schatten eines dicken Sandsteinfelsens. Hier muss Rast gemacht werden, zumal der Regen tatsächlich aufgehört hat. Zeit fürs Mittagessen: Zwei Bananen, die ich heute Morgen am Frühstücksbuffet habe mitgehen lassen, und ein paar Kekse verschwinden in meinen hungrigen Magen. Für Dieter steht fest: Er will so bald wie möglich die Etappe abbrechen, aber wo... und wie weiter? Wie kann er zur Unterkunft nach Leven kommen? Wir überlegen und überlegen, schauen auf die Wanderkarte, ziehen einen Busfahrplan zu Rate. Ergebnis: Wir müssen erstmal über den Berg, also weiter die Steinstufen hoch, dann auf der anderen Seite hinunter bis zum großen Campingplatz. Vielleicht ergibt sich dort irgendwas.

Als wir unsere Bankpause und die restlichen Steinstufen hinter uns haben, wird der Weg nicht unbedingt einfacher. Im Gegenteil! Als schmaler, sehr schmaler Pfad zieht er sich am sehr steil abfallenden Hang dahin - und er ist rutschig wie Schmierseife. Es wird etwas haarig mit meinem Wheelie, und einmal habe ich Glück, dass ich mich noch so gerade mit der rechten Hand an einem Grasbüschel festhalten kann, während Füße und Wheelie bereits langsam in eine Richtung rutschen, die besser nicht meine sein sollte.

Doch irgendwann haben wir auch das geschafft, haben die Steinstufen bergab ebenfalls hinter uns, genauso wie den schmalen, unebenen, sich noch lang hinziehenden Pfad bis zum Campingplatz - und Dieter hat endgültig genug. Weiter geht es mit ihm heute nicht. Im Campingplatz-Café fragen wir nach der Möglichkeit, mit einem Bus nach Leven zu kommen. Nach einigen Überlegungen und Ratschlägen erklärt sich ein Mitarbeiter der Campingplatz-Verwaltung bereit, Dieter in den nächstgelegenen Ort zu fahren, von wo in einer halben Stunde ein Bus nach Leven fährt. Hört sich nach einer prima Lösung an, zumal der nette Mitarbeiter auch noch meinen Wheelie mit in seinen Wagen verstaut, damit Dieter ihn mit nach Leven nehmen kann. Denn ich gehe die restlichen zehn Kilometer natürlich auch noch - und ohne Wheelie natürlich besser und schneller.

Während Dieter im Auto Richtung Bushaltestelle verschwindet, trinke ich noch in Ruhe meinen Kaffee aus und ziehe dann wieder los. Glücklicherweise wird es ab sofort recht einfach. Die Ebbe erlaubt mir zwei ausgedehnte Gänge über die Strände der Largo Bay, nur unterbrochen durch etwa zwei Kilometer auf einer alten Bahntrasse oder über den Asphalt der kleinen Straßen von Lower Largo.

Zwei Stunden später bin ich nach insgesamt 36,5 km in unserem "Caledonia Hotel" in Leven - und Dieter ist auch gerade angekommen, jawohl, gerade erst. Sein Bus hatte bei der vorgesehenen Haltestelle 85 Minuten Verspätung! Wie das geht? Anscheinend ist er komplett ausgefallen! Als sich Dieter, nach einiger Wartezeit natürlich hochgradig angefressen, bei der Busgesellschaft telefonisch nach dem Verbleib des Busses erkundigen will, muss er feststellen, dass sein Handy leer ist. Also bleibt ihm nur, mit viel Groll, aber auch Hoffnung im Herzen, auf den nächsten Bus zu warten. Tja, auf diese Art und Weise ist man dann nicht viel schneller als ein Wanderer.

Das Schöne an Dieter ist, dass er nach gewisser Zeit, nach allen Schmerzen und Missgeschicken wieder lachen kann, und nach ein paar Bier und Whisky sowieso.

18. Juni 2016

Bullige Kerle

Leven - Dysart (15 km)

Kurzer Tag, kurzer Bericht.

Beim Aufstehen regnet es nicht! Es regnet den ganzen Tag nicht! Lange nicht mehr gehabt. Zufrieden mit dem, was wir draußen sehen, marschieren wir los. Dieter ist gut wiederhergestellt, ich bin im Prinzip auch fit. "Im Prinzip" heißt aber ja auch - nicht so ganz. Seit einiger Zeit meldet sich bei mir im linken Knie etwas, das möglicherweise mit meinem Meniskus zusammenhängt. Da ich aber noch nie dort derlei Beschwerden hatte, bin ich mir eben nicht sicher, ob sie nun wirklich vom Meniskus stammen. Mal sehen, was sich da so entwickelt...

Die ersten vier Kilometer geht es durch das Siedlungsgebiet von Levenmouth, den mittlerweile zusammengewachsenen Siedlungsbereichen von Leven, Methil und Buckhaven, alles ehemalige Bergbau- und Industrieorte am Ufer des großen Firth of Forth. Als wir durch die Straßen gehen, ohne jeden Blick auf die Nordsee, fühle ich mich manchmal an das frühere Ruhrgebiet erinnert. Alles in allem durchqueren wir hier nicht einen schönen Teil des Fife Coastal Walks.

Erst hinter Buckhaven kehrt die typische Landschaft für diesen Weg zurück. Streckenabschnitte unmittelbar entlang der schroffen Felsenküste, hohe Sandsteinklippen, Kormorane, Entenfamilien und Möwen, auf dem Firth of Forth drei Ölplattformen und einige Schiffe und mit East und West Wemyss schöne, kleine Fischerdörfer.

Nach halber Strecke wollen wir, die wir heute mal wieder ganz gemächlich unterwegs sind, eine Pause einlegen, gehen aber an einer Reihe von Holzbänken am Ufer bei East Wemyss ganz bewusst vorbei, in der Hoffnung, gleich, da hinten, ein Café anzutreffen. An der letzten Bank sind wir schon lange vorbei, das "da hinten" vermutete Café ist aber keins - also: Chance vergeben! In West Wemyss dann aber der gemütliche Ersatz. Im "Suburban Pantry", wieder mal einer kommunalen Einrichtung auf Volunteer-Basis, finden wir ein gemütliches Plätzchen, direkt gegenüber von einem großen Fernseher, in dem gerade das Rugby-Länderspiel Japan : Schottland läuft.

Ein Rugbyspiel dieses Kalibers habe ich bisher kaum mal gesehen und ich kann nur sagen: American Football ist dagegen Rhythmische Gymnastik. Vor allem, wenn man bedenkt, dass die bulligen Kerle außer Suspensorium und Mundschutz keinen anderen Körperschutz tragen, aber immer zusammenrasseln, dass es nur so kracht. Also den Mundschutz sehe ich, wenn die Jungs ihn mal von ihren lückenhaften Zähnen nehmen, das Suspensorium vermute ich jetzt mal. Wenn ich mir nur vorstelle, dass... aua, aua...

Nach einer (für mich) amüsanten halben Stunde, machen wir uns an den kurzen Rest der Strecke und bereits um kurz nach 13 Uhr sind wir in unserem kleinen Hotel in

Dysart. Es sieht von außen ganz nett aus, ebenso der Gastraum, das Zimmer ist allerdings unterer Standard und Wifi funktioniert nicht. Als Dieter am Nachmittag dem Koch begegnet, ist er einigermaßen erschrocken und er beschließt, heute Abend hier nicht zu essen. Als er aber bei einem Nachmittagsspaziergang zu einem funktionierenden Wifi, sprich zum nächsten Pub geht und dort erfahren muss, dass kein Essen angeboten wird, schmecken ihm dann abends die Muscheln im Hotel doch ganz gut.

19. Juni 2016

Geheimnis gelüftet

Dysart - North-Queensferry (33 km)

Als sich im Laufe des gestrigen Nachmittags der blaue Himmel immer mehr durchsetzte und abends fast kein Wölkchen mehr am Himmel war, wollten wir schon fast frohlocken. Doch kaum sind wir heute unterwegs, zieht sich der Himmel wieder zu. Aber eins steht fest: Die Temperaturen sind um sensationelle 3 °C auf 17 °C gestiegen. Wie halten wir diese Hitze nur aus?

So - und jetzt muss ich es schreiben, sonst platze ich! Meine Lieblingstochter hat es mir erlaubt. Es war in Wick vor einigen Wochen, als mein Freund Wolfgang mich besuchte. Er brachte mir von Annika einen dicken Briefumschlag mit, da drin sei irgendwas von Sohn Florian, ich soll da mal was unterschreiben. Ich öffnete den ersten Umschlag - und zum Vorschein kam ein zweiter Umschlag. Ich öffnete den zweiten Umschlag - und zum Vorschein kam ein kleinerer dritter Umschlag. - ???? - Mich beschlich eine Ahnung, mir kribbelte es im Magen, mir wurde heiß. Ich öffnete den dritten Umschlag - und zum Vorschein kam..., rrrröööchtööög... der nächste Umschlag... und noch einer... und noch einer... Jetzt war ich mir sicher und ich platzte fast vor Freude. Der letzte kleine Umschlag förderte eine Ultraschallaufnahme zutage. Mein kleines Mädchen wird Mama! Ich konnte damals die Nacht kaum schlafen vor Freude. Auf meiner nächsten Langzeitwanderung werden zwei Enkelkinder mehr zu meinem Clan gehören. Ein Spaziergang mit der ganzen Familie nimmt immer mehr das Ausmaß eines Klassenausflugs an.

Jetzt aber zu heute! Die ersten Kilometer sind Stadtkilometer mit Seeluft. Kilometerlang stapfen wir auf der in meinen Augen vollkommen überdimensionierten "Esplanade", der Seepromenade, von Kirkcaldy entlang. Ich kann mir beim besten Willen nicht vorstellen, dass sie in dieser Stadt ihren Ausmaßen auch nur im Geringsten gerecht wird. Für mich ist sie ein Monstrum, gefällt mir nicht. Der Küstenpfad Richtung Kinghorn schon eher. Breit, guter Untergrund, schöne Blicke aufs Meer, ein paar heulende Seehunde, auch Dieter gefällt es. Und Dieters Ansprüche an einen guten Wanderpfad sind hoch. (Er hat nämlich den Unterschied zwischen einem Wanderpfad und einem Kurparkweg immer noch nicht verstanden.)

Nach über zwei Stunden die erste Pause vor einem kleinen Imbiss am Strand von Kinghorn. Dieter schlürft seinen Tee, ich meinen Kaffee, ergänzt durch einen "Selfmade pancake with icecream". Der Kaffee schmeckt etwas nach Fisch, der Pancake nach Seetang, aber vielleicht muss das hier an der See so sein, alles mit einer gewissen unveränderlichen lokalen Note. Eine gute Note bekommen von mir auch die zwei Jungs von der benachbarten Lifeboat Station, die zur körperlichen Abhärtung äußerst cool und nur in Badehosen über den Strand den Fluten entgegengehen und auch tatsächlich ins Wasser laufen. Dieter und ich sind uns einig: Wir beiden wären - bekleidet nur mit Badehosen - schon auf dem Weg über den Strand erfroren.

Aber wir beide sind auch Helden! Mutig betreten wir trotz einlaufender Flut den großen Strand vor Burntisland, relativ sicher, es bis Burntisland trockenen Fußes zu schaffen. Doch Burntisland kommt einfach nicht näher, die Flut aber schon. Inzwischen tapsen wir durch Wasser, das zwar noch nicht in die Schuhe läuft, aber was nicht ist, kann ja noch werden. Unangenehm ist, dass wir den überwässerten Strand auch nicht einfach verlassen können, eine extrem steile Straßenbefestigung macht uns das unmöglich. Immer weiter werden wir an den Rand gedrängt und ich denke schon darüber nach, ob wir nicht so langsam die Schuhe ausziehen sollten, als wir fast im letzten Moment einen Durchlass zur Straße erreichen. Ich sag es ja immer: Alles fügt sich, aber diesmal war es knapp.

Dieter hat inzwischen wieder Fußprobleme und möchte in Burntisland abbrechen. Ich finde es gut, dass er nicht auf Biegen und Brechen und trotz Schmerzen durchziehen will. Er schafft mindestens die Hälfte der Tagesstrecke, vielleicht ist irgendwann die richtige Medikation gefunden und dann tänzeln wir beide gemeinsam in etwas mehr als einer Woche dem Ziel entgegen. Jedenfalls setzt er sich im Zentrum von Burntisland auf eine Bank an einer Bushaltestelle und hofft, dass in zehn Minuten der Bus kommt. Selbstverständlich ist das ja nicht, wie er schon mal zu seinem Leidwesen erfahren musste. Ich stelle ihm meinen Wheelie neben seine Bank und hoffe, dass er gleich nicht ohne ihn in den Bus einsteigt.

Die zweite Hälfte des Wandertages gestaltet sich zunächst recht einfach. Der Weg ist so bequem, dass sogar Dieter seine Freude daran gehabt hätte und die zweite Rast des Tages am Strand von Silversand Bay kurz vor Aberdour hat fast etwas von Ostseeurlaub. Familien spazieren umher, Kinder spielen im Sand, auf der Wiese, der großen Hüpfburg oder dem kleinen Spielplatz, der Eisverkäufer hat Hochkonjunktur, überall wuseln Hunde herum, drinnen im Selbstbedienungsrestaurant riecht es überaus fettig - es ist Sonntagnachmittag. Ich bediene mich an der Ausgabetheke mit einer Cola, setze mich draußen auf die große Terrasse und beobachte Menschen und Hunde. Auf dem Firth of Forth schippern kleine Segelschiffe und große Tanker und drüben am anderen Ufer meine ich schon Häuser auszumachen, die zu Edinburgh gehören. Morgen werden Dieter und ich dort sein.

Die Sicht ans gegenüberliegende Ufer ist zu gut. Die Berge bei Edinburgh scheinen zum Greifen nahe. Kein gutes Zeichen. Es wird Regen geben, denke ich mir, aber hoffentlich erst heute Nacht. Falsch gehofft! Kaum bin ich wieder eine halbe Stunde unterwegs, fallen die ersten Tropfen. Dann wird auch noch die Strecke nervig. Ehemalige Industriegelände, wo einst Schiffe verschrottet wurden, jetzt Brachland oder aufgehübscht durch Wohnviertel. Lang zieht sich der Weg nach Inverkeithing hinein und mindestens genauso lange wieder hinaus. Da kann auch der Blick auf die im Regendunst verschwimmende riesige Forthbridge nichts dran ändern. Dann der Abzweig nach North Queensferry. Ich wähne mich fast am Ziel. Aber immer noch geht es durch einen immer stärker werdenden Regen weiter, weiter, weiter...

Endlich senkt sich die Straße nach North Queensferry hinab, genau dorthin, wo früher die Fähre von South Queensferry, jenseits des Firth of Forth, anlandete, bevor die mächtige Forthbridge gebaut wurde, auf der heutzutage die Züge verkehren. Praktisch direkt unter diesem monströsen Bauwerk steht unsere Unterkunft, das "Ferrybridge Hotel". Nass wie ein Pudel komme ich dort an. Dieter ist schon länger da. Diesmal hatte der Bus nicht 85 Minuten Verspätung.

20. Juni 2016

Brückengiganten auf engstem Raum

North-Queensferry - Cramond/Edinburgh (17 km)

Die Menschen von North Queensferry müssen seit weit über 120 Jahren zu jeder Tages- und Nachtzeit mit einem immer wiederkehrenden Vibrieren, Rumpeln und Donnern leben. Direkt über ihre Dächer hinweg rollen die Züge zwischen Edinburgh und Perth auf der gigantischen Forth Bridge. Aber wahrscheinlich hören sie das gar nicht mehr. Während der Nacht höre ich das dank Ohropax auch nicht, aber ein regelmäßig wiederkehrendes Vibrieren erinnert mich schon daran, dass hoch über mir mal wieder der Schienenverkehr rollt.

Mit dem Bau der Forth Bridge begann man 1883, nur wenige Jahre nach dem verhängnisvollen Kollaps der neuen Tay Bridge bei Dundee, der vielen Menschen das Leben kostete. Diesmal wollte man nichts riskieren, wollte sichergehen, dass diese neue Brücke über den Firth of Forth nicht unter dem Gewicht von einem Zug oder der Gewalt eines Sturmes in sich zusammenfällt. Bei ihrer Eröffnung 1890 hatte die Auslegerbrücke die größte Spannweite aller Brücken weltweit. Diesen Rekord musste sie erst 1919 an die Quebec-Brücke abtreten. Sie gilt als die erste Brücke, die vollständig aus Stahl (im Gegensatz zu dem bis dahin verwendeten Schmiedeeisen) hergestellt wurde. Die Forth Bridge ist fast drei Kilometer lang, ihre drei Türme erreichen eine Höhe von über 100 m und die Züge überqueren den Firth of Forth in einer Höhe von etwa 50 m. 4.000 Männer waren während des Baus hier beschäftigt, von denen allein 450 dabei verletzt und 95 getötet wurden.

Obwohl die Brücke im März 1890 offiziell eröffnet wurde, kam es bereits sechs Wochen vorher zu einem ersten Test. Zwei über 300 Meter lange Züge, jeweils bestehend aus einer Lokomotive und 50 Waggons, die jeweils wiederum über 900 Tonnen wogen, rollten nebeneinander auf den beiden Gleisen über die gerade fertiggestellte Brücke. Die Forth Bridge überlebte den Test, aber man kann sich die Gefühle des Zugpersonals ausmalen, als es - eingedenk des Tay-Desasters - aus 50 m Höhe ins Wasser blickte.

Dieter und ich blicken an diesem Morgen nicht von dieser rostroten, North Queensferry überschattenden Mammutkonstruktion ins Wasser, sondern von der zweiten Brücke, die von diesem kleinen Ort aus den Firth zum gegenüberliegenden South Queensferry überspannt, der Forth Road Bridge. Im September 1964 gab das britische Königspaar das als Hängebrücke konzipierte Bauwerk für den Autoverkehr frei. Sie war damals die größte Brücke ihrer Art in Europa. Sie ist gut 2,5 Kilometer lang, besteht aus insgesamt fast 47.000 Tonnen Stahl, darin eingeschlossen die zusammen fast 50.000 Kilometer (!) langen Drahtseile des Tragwerks. Überall auf der Welt würde eine Brücke dieses Ausmaßes sofort alle Blicke auf sich ziehen und eine besondere Attraktion sein, doch diese hier steht nur im Schatten ihrer großen Schwester, der Forth Bridge.

Dieter und ich müssen über einige Treppenstufen die Fahrbahnhöhe der Forth Road Bridge erklimmen, dann aber sind wir für eine halbe Stunde auf einem Geh- und Radweg neben dem rauschenden Autoverkehr auf ihr unterwegs. Unter unseren Füßen vibriert der Asphalt, beim Fotografieren kann ich froh sein, dass die Anti-Verwackel-Automatik meiner Kamera scharfe Bilder der benachbarten roten Forth Bridge überhaupt erlaubt. Das Wetter ist klar, oft dringt sogar die Sonne durch die Wolken, es ist nicht kalt, sogar der Wind hält sich in Grenzen. Der Ausblick ist fantastisch, der Firth of Forth glitzert teilweise in der Sonne.

Doch inzwischen gibt es von der Road Bridge nicht nur die 2015 von der UNESCO in die Weltkulturerbe-Liste aufgenommene Eisenbahnbrücke und den Firth zu bestaunen, sondern mittlerweile auch die schon sehr weit fortgeschrittene Baustelle einer zweiten gigantischen Autobahnbrücke. Noch in diesem Jahr 2016 (dann müssen sie sich aber beeilen!) soll "Queensferry Crossing" für den Verkehr freigegeben werden. Die Türme stehen schon und bald werden die Lücken zwischen den einzelnen Auslegern geschlossen sein. Der immer stärker werdende Verkehr mit immer höher werdendem Lastenaufkommen macht eine zweite Autobahnbrücke notwendig. Erst recht, seitdem man in den vergangenen Jahren Korrosion in den Stahlsträngen der Haupttragekabel feststellen musste und was es notwendig erscheinen lässt, den Schwerlastverkehr in Kürze von der Forth Road Bridge fernzuhalten.

Mit dem Überqueren des Firth of Forth ist unsere Wanderung auf dem Fife Coastal Path zu Ende. In South Queensferry stoßen wir auf den John Muir Way, dem wir nun, immer am Südufer des Firth of Forth entlang, bis Dunbar folgen. Immer nah bei ihm bleibt die National Cycle Route 1, ein alter Bekannter seit den Tagen auf den Shetlands. Über die Cramond Bridge queren wir den River Almond, an dessen Mündung in den Firth of Forth sich bereits die Römer bei ihrer zweiten Schottland-Invasion 140 v.Chr. ein Fort errichteten, um von hier aus ihren Antoniuswall, der sich von hier bis zum River Clyde erstreckte, zu überwachen.

Wo früher das Römerfort stand, beginnt heute ein Golfplatz, und wo der Golfplatz auf die Küste des Firth trifft, steht unsere Unterkunft, the "Almond House Lodge". Nur 17 km war die Strecke heute lang, aber für uns beide heute lang genug. Für Dieter wegen seines Fußes, für mich, weil mir die Dreißiger-Etappen der letzten Tage noch etwas in den Knochen stecken. Viel mehr als meine linke Schuhsohle, die sich noch immer tapfer hält, macht mir mein linker Meniskus Sorgen. Beim Gehen merke ich kaum etwas, am Ziel angekommen kann ich mein Knie manchmal nur noch mit Schmerzen krümmen. Ja, ja, man wird nicht jünger...

21. Juni 2016

Edinburgh - zum Zweiten

Ruhetag

Ich glaube, ich habe gestern am Ende meines Berichts ganz vergessen zu erwähnen, dass wir mit unserer Unterkunft "Almond House Lodge" den äußersten Rand von Edinburgh erreicht haben. Vor neun Wochen begann hier meine Reise.

Wandernd werden wir uns nicht in die Stadt hineinbegeben, da morgen unser John Muir Way auch nicht durchs Zentrum gehen wird, sondern weiterhin der Küstenlinie des Firth of Forth über Leith und Portobello folgt. Aber natürlich legen wir nicht einen Ruhetag in Edinburgh ein, ohne im touristischen Kerngebiet gewesen zu sein. Denn erstens kennt Dieter die Stadt nicht und zweitens kann ich sie mir auch ein fünftes Mal gerne ansehen. Und drittens wäre die Frage, was wir sonst den ganzen Tag machen sollten. Faulenzen? Geht gar nicht!

Unerwartet eröffnet sich von unserer Unterkunft aus die Möglichkeit zur Nutzung eines Shuttlebusses, ab Hotelparkplatz bis ins Zentrum. Pünktlich zur geplanten Abfahrtszeit um 9.30 Uhr stehen wir auf dem Parkplatz - aber kein Bus kommt. Erst der nächste um 10 Uhr ist pünktlich. Auf unsere Frage hin, wo denn der erste geblieben sei, kommt nur die lapidare Antwort: "Der war schon voll!" Anscheinend war dieser genau wie der jetzige ein Achtsitzer, und der ist mit Dieter und mir jetzt auch voll. Glück gehabt!

Nicht weit von der Princes Street werden wir abgesetzt, dort, wo wir uns um 16.30 Uhr auch wieder für die Rückfahrt einfinden müssen. Dann beginnt das übliche Besichtigungsprogramm: ein paar hundert Meter durch den Princes Garden unterhalb der Burg, dann bei der National Gallery rauf zur Altstadt und zur Royal Mile, rechts rum Richtung Edinburgh Castle. Was auffällt sind die Massen an Menschen, die mittlerweile die schottische Hauptstadt bevölkern. Touristenströme bewegen sich durch die Gassen und über die Plätze - und stehen vor allem an diesem Morgen in langen Reihen vor dem Ticketverkauf zum Castle. Genauso fällt auf, dass jetzt die "Esplanade", der große Vorplatz der Burg, kein Platz mehr ist, sondern eigentlich ein von drei Seiten von Zuschauerrängen umschlossenes Stadion, nur offen hin zum Eingang der Burg. Alle Vorbereitungen laufen zum nächsten, immer die ersten drei Wochen im August stattfindenden "Edinburgh Military Tattoo", einem großen Militärkapellen-Spektakel, mit Pipe-and-Drums-Bands, vielen Kilts und Dudelsäcken, mit Formationsmarschieren, bekannten schottischen Weisen und "Auld lang syne" am Schluss, stimmlich begleitet aus tausenden Zuschauerkehlen. Hat schon was! Würde ich gerne mal live erleben.

Nach 20 Minuten Schlangestehen an der Kasse (vor neun Wochen mit den Kindern war das in zwei Minuten erledigt), stürmen wir die Burg - und mit uns Hunderte von anderen Touristen. Jetzt kenne ich das Castle, könnte mich eigentlich als Fremdenführer verdingen. Nach der Burg dann runter zum Grasmarket, dorthin, wo heutzutage abends reger Kneipenverkehr herrscht, im Mittelalter und bis hin ins 18. Jahrhundert hinein der Galgen stand. Wir gönnen uns im Pub "The Last Drop" ein Bier, an gleicher Stelle, wo früher auch den Todeskandidaten ein letzter Schluck vergönnt war. Dann Greyfriars Kirkyard mit dem Grab von Greyfriars Bobby, einem kleinen Hund, der sage und schreibe 14 Jahre lang am Grab seines verstorbenen Herrchens ausharrte, bevor er selbst hier starb. Von dort wieder hoch zur Royal Mile, an Dudelsack- und Gitarrenspielern und anderen Straßenkünstlern vorbei bis zur Kathedrale St Gile's. In der Kathedrale setzt sich Dieter in die Sitzreihen, nicht etwa um insichzugehen, sondern schlicht um sich von der anstrengenden Besichtigungstour zu erholen. Über die North Bridge, an Waverley Station vorbei und durch die Newtown trotten wir wieder zurück zum Bus.

Es reicht jetzt auch. Den Rest "machen" wir bei unserem nächsten Tag in Edinburgh, am Ende unserer Wanderung, einen Tag bevor es mit dem Flieger wieder nach Hause geht. Jetzt fahren wir wieder ins "Almond House" und gucken das nächste Spiel "unserer Jungs" bei der Fußball-Europameisterschaft. Gleich ist Anstoß!

22. Juni 2016

Frühstück weg!

Cramond/Edinburgh - Port Seton (30 km)

Unser Frühstück ist weg! Gestern frisch eingekauft und jetzt einfach weg! Wir wollten uns die Extrazahlung fürs Frühstück im Almond House sparen und jetzt haben wir nur noch trockenen Toast, den die Schotten hier "Brown Bread" nennen. Käse, Wurst - weg! Dieter ist darüber noch etwas erschütterter als ich und protestiert bei der Rezeption. Ergebnis: Wir bekommen das Hausfrühstück heute Morgen umsonst (immerhin £6 pro Person) und das von gestern, welches wir uns gegönnt hatten, brauchen wir auch nicht zu bezahlen. Ich stelle fest: Man sollte sich viel öfter seinen eigenen Proviant klauen lassen.

Als wir Almond House verlassen, schlagen uns unfassbare 17 °C entgegen. Wir warten ab, ob uns auf dem Küstenweg der von Dieter gefürchtete "eisige Wind" wegbläst, da dieser das aber nicht tut, reißen wir uns nach Wochen mal wieder die Anoraks vom Leib und gehen im Hemd. Wie angenehm!

Auf einer Art Uferpromenade laufen wir am Ufer des Firth of Forth entlang und unsere Wegmarkierung ist das Schild des "John Muir Way", mit dem Portrait seines Namensgebers. In Dunbar, seinem Geburtsort, werde ich auf ihn nochmal zurückkommen. Granton ist der nächste Ort durch den wir kommen, früher mal selbstständig, heute ein Vorort von Edinburgh. Obwohl wir für eine Weile von der Küste entfernt sind, kommen wir am "Granton Lighthouse" vorbei, das aber gar kein Lighthouse ist. Das Gebäude mit dem leuchtturmartigen Gebäude war mal das Depot des "Northern Lighthouse Board" (NLB), der Institution, die für die Errichtung und die Versorgung aller schottischen Leuchttürme zuständig war. Versorgungsgüter für die Leuchttürme wurden hier gelagert und mit Schiffen, die ebenfalls der NLB gehörten, zu den verschiedenen Leuchttürmen gebracht. Die Kuppel auf der Spitze des Gebäudes, einer echten Leuchtturmspitze sehr ähnlich, wurde zu Übungszwecken genutzt und um die Signallampen zu testen, bevor sie in die echten Leuchttürme eingebaut wurden.

Am Hafen von Newhaven vorbei, mit seinem alten Leuchtturm und den neuen Gebäuden im Hintergrund, kommen wir nach Leith. Seit mindestens tausend Jahren gibt es hier einen aktiven Hafen und seitdem die Kontrolle über ihn vor vielen hundert Jahren an Edinburgh überging, sind die beiden Städte zusammengewachsen und Leith ist der Haupthafen der schottischen Hauptstadt. War gerade das Hafengebiet noch vor einigen Jahren ein ziemlich heruntergekommenes Gebiet, hat es sich inzwischen enorm zum Positiven entwickelt. Besonders dazu beigetragen haben die Neubauten des mächtigen Bürogebäudes Victoria Quay und des Ocean Terminal Shopping Centres, vor dem an einem Kai auch die ausgemusterte ehemalige "Royal Yacht Britannia" liegt, mit der Elizabeth und Philipp auf ihren Staatsbesuchen die Welt bereisten. Jetzt wird sie von Touristen überrannt, die gerne mal sehen wollen, in welchem Bett an Bord die Queen geschlafen hat. Wir schenken uns das und gehen bei Starbucks im Shopping Centre einen Kaffee trinken.

Hinter Leith dann die Kilometer zum geistigen Abschalten. Lagerhäuser, Warenhäuser, Tank- und Waschanlagen, Möbeldiscounter, Fastfoodtempel, rauschender Verkehr - bis kurz vor Portobello. Eine kleine, mittlerweile für den Autoverkehr gesperrte Straße bringt uns hinunter an den langen und ungeheuer sauberen Sandstrand mit seiner gepflegten Strandpromenade. Auch wenn auf dem Strand nicht die Strandkörbe aufgeschlagen sind und bestimmt auch kein Mensch einem kühlen Badevergnügen nachgeht, Menschen flanieren die Promenade entlang, sitzen draußen an den Tischen der Straßencafés, Kinder plündern die Eisdielen. Schon immer war Portobello das Stranderlebnis für die Edinburgher und wer hier wohnt, genießt es erst recht.

Nächstes Zwischenziel: Musselburgh. Nach Caithness, Sutherland, Angus, Fife und Edinburgh bin ich jetzt in East Lothian und mit Musselburgh in der ältesten Stadt Schottlands. Doch der John Muir Way führt nur am nördlichen Rand der Stadt entlang, streift hinter der Mündung des River Esk in den Firth of Forth mit seiner Schwanenkolonie die rekultivierte Landschaft der ehemaligen Kohlenaschehalde des alten Kohlekraftwerks von Prestonpans. Vom alten Kraftwerk in Prestonpans stehen auch nur noch zwei dunkle Kästen in der Landschaft. Nichts erinnert mehr an frühere Tage, aber richtig schön ist es hier auch nicht.

Dieter ist heute gut dabei, besteht aber auf seine Pausen alle eineinhalb Stunden. Bis Leith haben wir heute Morgen dies fast auf die Minute geschafft, für die ehemalige Bergarbeiterstadt Prestonpans gelingt uns das auch. Im "The Goth", einem originellen und historischen Pub, bekommen wir, auch wenn die Küche so gut wie kalt ist, noch eine Soup of the Day, trinken was dazu und dann geht es an den Endspurt.

Doch der Endspurt wird lang. Erst aus Prestonpans heraus, das alte Kraftwerk umkurvt, nach Cockenzie and Port Seton hinein, einmal komplett durchquert, dann noch an den südlichen Ortsrand. Als wir endlich vor der Tür unseres Privatquartiers bei Dave und Helen stehen, haben wir wieder 30 Kilometer hinter uns. Dieter staunt über sich selbst, dass er das relativ problemlos weggesteckt hat. Ich staune auch.

23. Juni 2016

Brexit?

Port Seton - North Berwick (20 km)

So wie wir das immer machen bei unseren Privatzimmer-Gastgebern, verabschieden wir uns auch von Helen vor der Haustür. Schön war es bei ihr und ihrem Mann Dave. Das Zimmer war zwar etwas eng, so dass man das Schrankbett hochklappen musste, um eine zweite Sitzgelegenheit hinstellen zu können, aber wir haben uns wohlgefühlt. Alles war pieksauber, der Kühlschrank für uns gut gefüllt und die Gastgeber überaus liebenswürdig.

Ich glaube, heute ist der zweite Tag für mich und der erste für Dieter, an dem wir direkt im Hemd losmarschieren. 20 °C erreicht heute das Thermometer - ein Rekordwert. Das Wasser des Firth of Forth liegt spiegelglatt vor uns und das, was am Strand von Seton Sands an Land schwappt, hat die Bezeichnung Welle nicht verdient. Etwa eine halbe Stunde lang haben wir wieder hautnah Tuchfühlung mit Sand und Wasser, die Sonne brennt nahezu auf uns herab, es riecht mal wieder ein wenig nach Seetang und Möwen und Oystercatcher fliegen solo oder in Formation laut schreiend an uns vorbei. Über dem Firth sehe ich ab und zu ein Flugzeug Richtung Edinburgh Flughafen einschweben und werde mir damit langsam der Tatsache bewusst, dass auch diese Wanderung für mich bald zu Ende ist. Bald werden Dieter und ich im Flieger sitzen, und in einer Woche um diese Zeit werde ich wieder im eigenen Bett aufgewacht sein.

An der weitgezogenen Gosford Bay geht es auf dem straßenbegleitenden Radweg entlang. Auch sie füllt eine weite Sandfläche aus, die für uns aber unpassierbar ist. Erstens verhindert ein dichter Felsengürtel, dass wir überhaupt auf sie gelangen können und zweitens ist sie von vielen Wasserrinnen durchzogen. Außerdem sind wir bereits so viele Kilometer auf Stränden entlanggezogen - wir wissen inzwischen, wie sich das anfühlt.

Dieter hat Glück! Die von ihm für die letzten Tage eingeforderten Pausenintervalle von eineinhalb Stunden können auch heute tatsächlich eingehalten werden. Unser erster Boxenstopp ist in Aberlady, einem kleinen, beschaulichen Örtchen etwas im Landesinneren. Kleine Einfamilienhäuser in typisch britischer Bauweise, viele Blumen im Vorgarten, blühende Büsche, hohe Rosenstöcke, kurzer Rasen. Am Straßenrand stehen auf einmal viele parkende Autos, Menschen laufen mit ernstem Gesicht und einem Zettel in der Hand einer unscheinbaren Hauseinfahrt entgegen. Jetzt erst fallen sie mir auf: Kleine Plakatständer stehen neben der Einfahrt auf dem Bürgersteig. "Vote Leave!" und "Vote Remain!" ist mit großen Lettern geschrieben, ein letzter Versuch, die wahlberechtigte Bevölkerung zu beeinflussen. Es geht um das britische Referendum zum Verbleib oder zum Verlassen der EU, um den sog. "Brexit". Wir gehen an einem Wahllokal vorbei. Mal sehen, wie man sich entscheidet, es könnte jedenfalls eng werden. Morgen erst werden wir und die Briten das Ergebnis erfahren.

Nicht weit vom gesehenen Abstimmungsort finden wir unseren Rastplatz, der uns im Moment wichtiger ist als das Referendum: die Bar "The Duck". Wir suchen uns draußen einen Platz im Schatten. Ja, wir suchen den Schatten, wer hätte das vor wenigen Tagen noch gedacht. Bei Dieter sitzt die Enttäuschung tief. Alkohol, also ein Bier für ihn, gibt es nicht vor 11 Uhr. Wir haben kurz nach 10. So muss es mal wieder der Tee für ihn tun, ich bleibe bei meinem Kaffee, mit einer eiskalten Cola gegen den ersten Durst (obwohl ich ja eigentlich weiß, dass Cola bei mir keinen Durst löscht).

Nach Aberlady kommt ein Golfplatz nach dem anderen. Vor Gullane einer, nach Gullane einer. Sogar ein bei Kennern ganz berühmter: Muirfield Golf Course, Heimat des ältesten Golfclubs der Welt (The Honourable Company of Edinburgh Golfers), Austragungsort etlicher Open Championships, des Ryder Cup, des Walker Cup. Die Weltelite hat hier den Schläger geschwungen, u.a. Nick Faldo, Jack Nicklaus. Der nächste Golfplatz folgt bei Dirleton, ein weiterer kurz vor North Berwick, mit tollem Blick auf den dicken Brocken der Felseninsel Bass Rock. Auf allen Plätzen ziehen sie wieder dahin, die nobel gekleideten Golfenthusiasten, männlichen und weiblichen Geschlechts, mit ihren schlägerbespickten Trolleys. Sie schlagen ab und putten ein, schauen ihrem Spielpartner zu, schlagen sich, wenn angesagt, anerkennend auf die Schultern und natürlich - shake hands!

Kurz vor North Burwick ein kritischer Moment: Nach einem ganzen Tag angenehmer Wegführung über glatten Sand, glatte Straßen oder breite und glatte Waldpfade, auf einmal ein enger Trampelpfad am Rand eines hohen Getreidefeldes entlang, kaum länger als fünf Minuten zu gehen, aber für Dieter ein nahezu unverzeihliches Ärgernis. Knurrig trampelt er hinter mir her - und hätte jetzt ein Bus neben ihm gehalten, er wäre eingestiegen.

Da aber kein Bus neben einem Trampelpfad hält, schaffen wir es doch noch gemeinsam nach North Berwick. An der Highstreet, der Hauptstraße des Städtchens, liegt unser Privatquartier - im dritten Stock. Immer wieder eine Freude, den Wheelie in solche Höhen wuchten zu müssen. Ein junges Paar begrüßt uns, entschuldigt sich dafür, dass es noch mit Putzen beschäftigt ist. Es sei noch nicht lange her, dass ihre letzten Gäste die Wohnung verlassen hätten.

Dieter und mich stört das nicht im Geringsten. Nur dass es wiedermal ein enges Doppelbett ist, mit einem einzigen zentnerschweren Zudeck, mag mich nicht erfreuen.

24. Juni 2016

Brexit!!!

North Berwick - Dunbar (25 km)

Hoppala, da haben wir ihn, den Brexit! Die Mehrheit der Briten hat sich entsprechend entschieden. Bestimmt nicht die Mehrheit der Schotten, auch nicht die Mehrheit der jungen Menschen. Den Lebenspartner von Freya treffen wir heute früh im Flur. Mit bitterer Miene gesteht er, Freya und er seien geschockt. "It's a bad day!" Mensch, Mensch, diese Insulaner...! Mal sehen, welche Auswirkungen das nun auf lange Sicht hat.

Das Ergebnis von gestern ist bestimmt auch Thema auf den britischen Golfplätzen. Auch auf dem von North Berwick, zu dem wir kommen, kaum dass wir das Stadtgebiet verlassen haben. Allerdings lässt sich zunächst kein Golfspieler blicken, wahrscheinlich diskutiert man noch über die möglichen Folgen bei einer Tasse Tee im Vereinsheim, sorry, im Clubhaus. Nur der Greenkeeper ist mit seinem (wahrscheinlich) elektrobetriebenen Spezialwägelchen unterwegs und schaut nach dem Rechten. Als er uns dabei ertappt, wie wir gerade quer über den Platz gehen wollen (weil wir wirklich keinen anderen Pfad entlang der Küste sehen), weist er uns höflich darauf hin, dass dies bitteschön nicht möglich sei. Aber da hinten, ganz am Rand, sei ein schmaler Pfad. Ob das allerdings mit diesem "Fahrzeug" (er zeigt auf mein Wheelie!) gehe, wisse er nicht. Damit ist er seiner (wahrscheinlichen) Pflicht nachgekommen und hat uns vom Golfplatz geschmissen.

Denkt er! Wir finden zwar den Pfad, entscheiden uns aber einvernehmlich und ohne Absprache, dass wir ihn nicht als den Unsrigen akzeptieren. Er ist sehr schmal, mit hohem, nassem Gras überwachsen und kurvt wie eine Achterbahn rauf und runter durch den Hang. In einem beständigen Abstand zu ihm von zwei bis fünf Metern befindet sich das kurzgemähte, fast ebene Golfgelände. Da versteht sich eigentlich von selbst, woher wir unsere Füße lenken. Da kann der Greenkeeper gucken, wie er will! Die ersten Golfer, die wir treffen, scheinen wir sowieso nicht zu stören. Auf unser freundliches Grüßen grüßen sie genauso freundlich zurück.

Eine kleine Strafe kommt allerdings. Als es auf dem Golfplatz nicht mehr weitergeht und wir auf die Straße ausweichen müssen, bleibt uns keine andere Möglichkeit, als eine Mauer zu überklettern. Mir gelingt das, mit Dieters Hilfe auch meinem Wheelie, nur Dieter selbst bleibt mit einem Fuß an einem der senkrecht vermauerten Natursteìne hängen und landet mit dem Bauch auf dem Bürgersteig. Ich bitte ihn, diesen Stunt nochmal für ein Foto zu wiederholen, aber er lehnt glatt ab.

Beim kurzen Marsch entlang der Straße kommt Tantallon Castle in den Blick, eine mächtige Ruine, im finsteren Mittelalter direkt an der Kliffkante gebaut, mancher Belagerung erfolgreich widerstanden, schließlich von Truppen Oliver Cromwells genauso erfolgreich zerstört. Bald sitzt Dieter bei wärmender Sonne im früheren Hof der Burganlage auf einer Bank, was unmissverständlich bedeutet: "Hier mache ich jetzt eine Pause!" Der Platz und der Moment sind aber auch wie geschaffen dafür. Die Sonne wärmt den Pelz, der Blick geht aufs blaue Meer hinaus und hinüber zum Bass Rock, dem wuchtigen vorgelagerten Vulkanfelsen mit seinem alten Leuchtturm.

Der gesamte Felsen schimmert weiß gegen den blauen Himmel und was da so schimmert, ist nicht etwa die Hinterlassenschaft der Seevögel, die wir rundum umherfliegen sehen, sondern es sind die Seevögel selbst, Tausende von ihnen, die größte Basstölpel-Population Europas. Wer will, kann sie sogar beim Brüten aus nächster Nähe beobachten. Webcams schicken permanent Bilder ins Sealife Museum nach North Berwick, aber auch Ausflugsboote fahren hinüber und kurven um Bass Rock herum. Außer Wissenschaftlern kann aber kein Mensch den Felsen betreten.

Während Dieter so sitzt und zu den Basstölpeln rüberguckt, stöbere ich etwas intensiver in der imposanten Ruine herum. Wieder denke ich an meine Zeitmaschine, die es mir doch mal ermöglichen könnte, am Festmahl des Burgherrn in der Great Hall teilzunehmen. Wäre doch mal interessant zu erfahren, was da so auf den Tisch kommt.

Während wir uns am Tantallon Castle aufhalten, zieht hinter uns starke Bewölkung auf. Zwanzig Minuten später fallen die ersten Tropfen. Zu dieser Zeit durchqueren wir das Mini-Dörfchen Seacliff, das außer aus einem großen Reiterhof nur noch aus zwei, drei Cottages besteht. Eine ältere Frau in Arbeitskleidung spricht uns an, wie das öfter unterwegs mal geschieht. Woher? Wohin? Welch tolles Teil da! (Gemeint ist mein Wheelie.) Doch dann auch: "Haben Sie gehört? Von unserem Referendum gestern? Schlimm, schlimm, ein trauriger Tag!" Die Bestürzung darüber scheint sie kurz zu verwirren, denn sie schickt uns in die falsche Richtung. Oder sie hat einfach links und rechts verwechselt. Dieter und ich wähnen uns jedenfalls sicher, bis mir die Richtung irgendwann komisch vorkommt. Doch da ist ein Umkehren schon nicht mehr sinnvoll und die Straße ist mal wieder die einzige Alternative, und zwar ein recht langes Stück Straße. Ich ärgere mich darüber, denn das, was wir auf diese Weise verpasst haben, hatte ich mir eigentlich als einen recht reizvollen Abschnitt vorgestellt. Doch etwas Positives kommt dann doch dabei heraus: Auf einem alten Straßenschild im Ort Whitekirk entdecke ich erstmalig den Hinweis auf "Berwick", gemeint ist Berwick upon Tweed, unser endgültiges Ziel und die erste Stadt jenseits der schottisch-englischen Grenze. 36 3/4 Meilen sollen es bis dahin noch sein - ein Ende ist also absehbar.

Auch wenn das Straßenlaufen nicht unbedingt anstrengend ist, so kann Autoverkehr und die gewisse Eintönigkeit nerven und auf die Dauer zu einem mentalen Problem werden. Ich versuche, diese Phasen meist mit Singen so gut wie möglich zu überbrücken. Dieter bekommt den Tunnelblick, hört und fühlt ganz besonders gut in seinen Körper hinein umd findet immer was, wo etwas zwickt und zwackt. Dann wird er spürbar langsamer und giert nach einer Pause. Kommt eine gute Möglichkeit dazu, ist alles gut, kommt sie nicht, habe ich was falsch gemacht. Jetzt aber kommt sie: ein kleiner "Coffee Shop" in der ehemaligen Schmiede von Tyninghame. Wir können draußen sitzen, die Sonne scheint wieder, Kaffee und Tee, Soup of the Day und Schoko-Kokosnusskuchen schmecken - die Welt ist wieder in Ordnung.

Wäre diese Erholung für Körper und Geist nicht gewesen, Dieter hätte die letzte Herausforderung des Tages nur mit Mühe geschafft. Wieder ist es ein enger, unebener Pfad entlang des trockengefallenen Mündungsbereichs des River Tyne, der ihn hinter mir rummosern lässt, allerdings mit einem gewissen Grad an Galgenhumor, das muss ich zugeben. Dann nochmal ein Stück Salzmarsch, ein Stück Strand, über eine kleine Fußgängerbrücke über den Tyne, eine Straße am Stadtrand von Dunbar, unserem heutigen Tagesziel, entlang - und endlich stehen wir vor "Rowan Cottage", unserem B&B.

Eine freundliche Lady begrüßt uns herzlich, lässt mit einer liebenswerten Schüchternheit, aber auch einem gewissen Stolz unser Lob für ihren blumengeschmückten Vorgarten über sich ergehen und führt uns dann hoch ins Dachgeschoss in unser großes Zimmer. Doch eins hat auch sie heute gemein mit den allermeisten Schotten: ihr Entsetzen über das Referendum-Ergebnis. "Sturgeon (die schottische Regierungschefin) plant jetzt ein neues Referendum zum Austritt Schottlands aus dem UK. Das ist auch nicht gut." Sie will anscheinend einfach nur, dass alles so bleibt wie es ist. Aber diese Zeit ist wahrscheinlich vorbei.

25. Juni 2016

Komischer Tag

Dunbar - Cockburnspath (17 km)

Noch dreimal die Wanderschuhe schnüren, dann ist es vorbei. Zum Schluss wird es nochmal etwas kompliziert. Heute geht es nach Cockburnspath, wo es aber keine Unterkunft für uns gibt. Dafür jedoch eine Bushaltestelle. Wegen des heutigen Samstags werden uns zwei Busse zur Verfügung stehen, die wir erreichen sollten, um von dort zu unserem Tagesziel von morgen, Eyemouth, vorzufahren: um 12.38 Uhr und um 14.38 Uhr. Dort nehmen wir Quartier, fahren morgen früh wieder zurück nach Cockburnspath und erreichen nachmittags Eyemouth ein zweites Mal, nur diesmal zu Fuß. Übermorgen kommen wir zur schottisch-englischen Grenze bei Burwick upon Tweed, übernachten dort aber nicht mehr, sondern fahren mit dem Zug und noch qualmenden Socken nach Edinburgh. Weil dienstags von dort kein Flieger nach Köln abhebt, Dieter aber sowieso sein Besichtigungsprogramm Teil 2 absolvieren will, bleiben wir den Tag noch komplett in Schottlands Hauptstadt und treten erst am Mittwoch die Heimreise an. Ich hoffe, das ist verstanden worden.

Inzwischen habe ich schon seit zwei Tagen meine letzte Karte "in Arbeit", auch ein sicheres Zeichen, dass eine Wanderung aufs Ende zugeht. Erstaunlicherweise trage ich aber immer noch meine Schuhe! Sie wollen es sich wahrscheinlich nicht nachsagen lassen, dass sie mich bei einer Wanderung im Stich gelassen haben. Die Sohle hat sich nur geringfügig weiter gelöst, dafür habe ich aber vorne bei beiden Schuhen null Profil mehr. Es wird also Zeit, dass ich sie von ihrem heldenhaft ertragenen Leiden bald erlöse und ankomme.

Kurz nach dem Abmarsch vom Rowan Cottage kommen wir zum Hafen von Dunbar. Krabbenkörbe liegen aufgestapelt auf der Kaimauer und einige Boote scheinen kurz vor dem Auslaufen zu sein. Bei einem Boot haben sich einige Männer eingefunden, ausgerüstet mit seefester Kleidung, Angeln und großen Kühlboxen. Gleich werden sie an Bord gehen und einen Hochseeangeltripp machen.

Auf einem Felsen oberhalb des Hafens steht etwas, was man mit viel Fantasie als Ruine einer Burg ausmachen kann. Es sind die traurigen Überreste von Dunbar Castle. Was im hohen Mittelalter mal eine der wehrhaftesten Burgen Schottlands war, wurde letztendlich nur noch als Steinbruch für das Baumaterial des Hafens verwendet. Eine nahezu rührende, fast schon unglaubliche Geschichte ist von der Burg überliefert: Bei einem Angriff auf die Burg durch englische Truppen im Januar 1338 trat die

Burgherrin heldenhaft auf den Plan, da ihr Ehemann gerade mal an anderer Stelle sein Schwert schwang. Als die Engländer den Angriff mit einigen Katapultgeschossen begannen, befahl sie ihren Burgdamen, sich ihre Sonntagskleider anzulegen, mit ihr die äußere Mauer zu besteigen, um von dort mit ihr zusammen den Angriffsstaub mit ihren Taschentüchern wegzuwedeln. Ein ganz "hinterhältiger" Trick, um auf die Tränendrüse zu drücken und an die Ritterlichkeit des Angreifers zu appelieren. Doch die Lady hatte tatsächlich damit Erfolg und der Angriff wurde eingestellt. Sobald der Gatte aber wieder zu Hause war, flogen ihnen beim nächsten Angriff die Mauern um die Ohren.

In Dunbar beginnt bzw. endet der John Muir Way. An der High Street steht John Muirs Geburtshaus, heute natürlich ein Museum. 1838 wurde er hier geboren, wanderte aber bereits elf Jahre später mit seinen Eltern nach Amerika aus. Hier kennt man ihn als den Vater und Gründer des Naturparkgedankens. Der größte Juwel in seiner Krone ist die Gründung des Yosemite National Park in Kalifornien.

Nicht zu verwechseln mit dem John Muir Way hier in Schottland ist der John Muir Trail in den USA. Er verläuft über etwa 350 Kilometer vom Yosemite National Park über den Sequoia National Park und King's Canyon National Park bis hinauf auf den mit fast 5000 m höchsten Gipfel der USA, dem Mount Whitney. Das wäre doch auch noch was...

Unmittelbar hinter North Berwick unser täglicher Golfplatz: der "Dunbar East Links Golf Course". Niemand schmeißt uns heute runter, auch wenn wir heute nicht nur ganz am Rand entlangschleichen, sondern auch schonmal quer drüberlaufen. Den ganz am Rand verlaufenden Wiesenpfad, mindestens zur Hälfte vom triefendnassen Gras der ergiebigen Regenfälle der vergangenen Nacht verdeckt, ignorieren wir erneut. Zweimal schlagen Golfbälle nicht weit von uns auf dem Grün auf, aber davor wird man ja auf Schildern gewarnt, wenn man als Wanderer die Großzügigkeit genießen darf, einen Golfplatz zu betreten. So gehen wir denn auf einem fast federnden und kurzgeschorenen Rasen bei feuchtwarmem Wetter an einer ruhig daliegenden Nordsee entlang und ahnen damit nicht, dass wir in diesen Momenten den schönen Teil des heutigen Tages durchleben.

Dann wird vor uns der Riesenkasten der Torness Power Station immer größer. Ganz abgesehen davon, dass immer ein blödes Gefühl aufkommt, wenn man in unmittelbarer Nachbarschaft eines Atomkraftwerks wandert, so ist zusätzlich das ganze Erscheinungsbild dieses Klotzes an dieser Felsenküste eine Beleidigung fürs Auge. Riesige künstliche Wellenbrecher und mächtige Wasserschutzwände, an denen wir entlang müssen, bieten eine fast futuristische Atmosphäre, aber keine, in der man sich sonderlich wohlfühlt. Glücklicherweise ist für 2023 die Stilllegung geplant.

In unmittelbarer Nachbarschaft zum Kraftwerk steht ein Bauwerk, das eher in diese Landschaft passt: der Leuchtturm von Barns Ness. Etwa 40 m ist er hoch und versendet sein Licht über 16 km weit. Ja, er ist recht nett, netter wäre jetzt aber eine Pause. Vielleicht auf dem Campingplatz da hinten, die haben doch manchmal so etwas wie eine Platz-Bar. Dieter sieht schon ein Bier vor sich, doch Fehlanzeige! Keine Bar, kein Bier, dafür beginnender Regen. Also auch keine Pause irgendwo gemütlich auf einer Bank oder im Gras.

Vielleicht aber auch gut so! Ein Blick auf die Uhr zeigt mir, dass wir, wenn wir jetzt einigermaßen zügig durchgehen, noch den Bus um 12.38 Uhr in Cockburnspath erreichen. Schaffen wir ihn nicht, müssen wir zwei Stunden auf den nächsten warten, in einem Ort, wo es wahrscheinlich noch nichtmal eine Kneipe gibt. Dieter sieht auch ein, dass wir eigentlich keine andere Chance haben, als jetzt durchzuziehen. Also setzen wir uns zähneknirschend wieder in Bewegung.

Der Weg wird wieder schmal und uneben. Wenn wir ihn weitergehen, wird uns das den Bus kosten. Deshalb weg vom Pfad und rauf auf die Straße! Ein Radweg hilft uns, dass es bei dem Verkehr nicht allzu nervig wird. Trotzdem sind wir froh, als wir auf eine Nebenstraße ausweichen können. Mit der Zeit wird es immer enger, es könnte knapp werden mit dem Bus. Doch bei Dieter geht es nicht mehr schneller. "Aber eins steht fest", verspricht er mir, "wenn der Bus hinter mir auftaucht, kommt der nicht an mir vorbei!"

Der Abstand zwischen uns beiden wird immer größer. Endlich erreiche ich Cockburnspath. Dieter sehe ich nicht mehr hinter mir. Die Bushaltestelle ist keine 200 m mehr von mir entfernt, als ich bei einem hastigen Blick nach hinten den Bus kommen sehe. Ich winke, der Bus wird tatsächlich langsamer - und wen sehe ich hinter der Scheibe ebenfalls winken? Dieter! Geschafft! Erleichtert lassen wir uns beide in die Sitzpolster fallen. 40 Minuten später sind wir in Eyemouth.

Es gibt wunderbare Tage, schöne Tage, dahinplätschernde Tage. Dieser war Käse!

26. Juni 2016

Einer der TOP 5

Cockburnspath - St Abbs (22 km)

Unsere Zimmerwirtin ist gar nicht davon begeistert, dass wir bereits um 7.15 Uhr unser Frühstück haben wollen. Dabei sind wir doch schon mit einem Continental zufrieden. Mehr als Kaffee und Tee kochen und ein paar Scheiben Weißbrot in den Toaster zu stecken, braucht sie doch nicht zu tun. Die Tante ist mir schon gestern auf den Geist gegangen. Erstens durfte ich meinen Wheelie nicht mit aufs Zimmer nehmen und zweitens hat sie uns untersagt, auf dem Zimmer was von unserem gekauften Proviant zu essen. Das ginge wegen der Lizens nicht. Gestern haben wir uns noch dran gehalten und haben in einem Hafenrestaurant gegessen, heute werden wir das Verbot ignorieren. Ich glaub, es geht los!

Das frühe Frühstück ist notwendig, weil wir schon um kurz nach 8 Uhr mit dem Bus nach Cockburnspath zurückfahren wollen, um dort unseren Weg wieder aufzunehmen. Die Voraussetzungen dafür sind günstig: Sonne und Wolken wechseln sich nett ab, ein leichter Wind sorgt für permanente Erfrischung - und mein Wheelie kann in der Unterkunft bleiben. Wir kommen ja nochmal zurück.

Die letzten beiden Tage gehen wir auf dem Berwickshire Coastal Path. Als wir kurz hinter Cockburnspath bei Cove auf diesen Weg treffen, gestattet er uns als erstes nochmal einen Blick zurück auf das von der Sonne angestrahlte Atomkraftwerk, das gestern wie heute unglaublich fehl am Platze in dieser Landschaft wirkt. Da hilft auch nicht der strahlend weiße Anstrich vor strahlend blauem Himmel.

So suboptimal das gestern alles war, so schön soll es heute alles werden, jedenfalls für mich. Ein Pfad immer nahe bei der Kliffkante, aber nie gefährlich nahe. Nicht rutschig, selten nur mit Gras überwachsen. Immer abwechslungsreich: links rum, rechts rum, rauf und runter, ab und zu mal klettern über Gatter, Steighilfen über Zäune oder Mauern, mal über teppichgleiche weiche Wiesen, mal durch hohes, aber trockenes Gras, zwischen Schaf- und Kuhherden hindurch - und immer wieder wunderbare Ausblicke über die Küste von Berwickshire und aufs Meer.

Eine erste Rast machen wir (Dieter quengelt schon wieder seit einiger Zeit!) auf einem umgefallenen Gatter, eine zweite (... und er quengelt schooon wieder!) lang ausgestreckt auf einer Schafsweide. Bis dahin ist soweit alles weitgehend in Ordnung. Dann muss irgendwann der Moment gekommen sein, in dem Dieters Fuß wieder beginnt zu schmerzen. Ich habe inzwischen den Überblick verloren, welcher Fuß an welcher Stelle schmerzt. Aber irgendwann ist eine Stelle "wieder wunderbar", doch dann geht es an einer anderen los. Und ist diese im Abklingen begriffen, fängt die alte wieder an. Alles wurde schon bemüht: Pflaster, Wundsalbe, Schmerzsalbe, Schmerztabletten, doch die Pein will nicht von Dieter lassen. Schuld an seinem Leiden sind immer noch die Wege bzw. die Pfade, die eigentlich ja gar keine Pfade sind, sondern hauptsächlich eine Katastrophe. Nur wenige Wege bzw. Pfade finden seine vorsichtige Zustimmung, doch am meisten findet er an Straßen Gefallen. Aber diese müssen "linkslastig" sein, d.h. sie oder zumindest seine Straßenseite müssen geringfügig nach links abfallen. Irgendwie lindert das den Schmerz. Und nur über weiche Wiesen zu gehen, ist sowieso Blödsinn! Wo ist da der Pfad? Und dann dieser "Gefängnispfad", immer am Stacheldrahtzaun entlang! Ob ihm noch nicht aufgefallen ist, dass der liebe Bauer damit verhindern will, dass seine Schafe oder Rinder die Klippen hinunterstürzen?

Ich kann mir das irgendwann nicht mehr ansehen und anhören umd gehe meinen Schritt, ohne andauernd zurückzublicken, ohne andauernd zu warten. Dieter muss jetzt selbst damit klarkommen, soll sich einen Wolf schimpfen oder sich zusammenreißen, sollte die Schuld, wofür auch immer, nicht bei irgendwem oder bei irgendwas suchen, vor allem nicht bei einem "bescheuerten Pfad".

Für mich gehört der heutige Weg zu den TOP 20 meiner bisherigen "Wanderkarriere" und zu den TOP 5 meiner Schottlandwanderung. Wetter, Landschaft, Weg - alles passt! Zugegeben, die letzten fünf Kilometer ziehen sich, sind sogar recht anstrengend. Steil geht es manchmal einen Hang hinab und genauso steil auch wieder hinauf, doch ich nehme das nicht als schlimme Belastung wahr. Ich habe dann mehr Augen für den Möwenschwarm, der auf der blauen See unter mir im Wasser schwimmt, für das Ausflugsboot, dass sich mit seinen Fahrgästen der Seevögelkolonie an den senkrecht abfallenden Klippen von St Abbs Head nähert oder für den kleinen Leuchtturm auf dieser so zerklüfteten Halbinsel.

Ich sitze schon einige Zeit vor dem kleinen Hafencafé in St Abbs, als Dieter auch endlich die Straße hinunterkommt. Und er sieht nicht glücklich aus. "Gibt es morgen nach Berwick-upon-Tweed vielleicht einen Radweg? Sooo einen Pfad kann und will ich nicht mehr!" Ich kann ihm darauf keine Antwort geben, meine Karte endet kurz hinter Eyemouth. Ich weiß, dass es den Berwickshire Coastal Path bis Berwick gibt, mit einem Radweg habe ich mich nicht beschäftigt. Wir fahren mit dem Bus von St Abbs nach Eyemouth zurück, mehr geht heute bei Dieter nicht. Außerdem kommen wir zum Anstoß des deutschen Achtelfinalspiels bei der Fußball-Europameisterschaft sowieso schon zu spät.

Im Laufe des Abends einigen wir uns auf folgenden Plan für morgen. Ich fahre alleine mit dem Bus nach St Abbs zurück und gehe die etwa fünf Kilometer bis Eyemouth alleine. Dann treffen wir uns zu einer verabredeten Zeit am Hafen und versuchen schließlich, die letzten vielleicht noch 15 Kilometer unserer Wanderung gemeinsam zu schaffen - auf dem Berwickshire Coastal Path. Und wir werden das schaffen!

27. Juni 2016

Grenze am Holztor - geschafft!

St Abbs – Berwick upon Tweed (22 km)

Beim Frühstück läuft im Fernsehen "BBC Breakfast". Einziges Thema: der Brexit. Die ältere Dame, die uns bedient, ist einfach nur traurig, sogar verbittert über die Engländer. Die Schotten wollen mit großer Mehrheit den Austritt nicht, fühlen sich übergangen. Ich bin gespannt, was in den nächsten zwei Jahren in dieser Richtung passiert.

Wie gesterrn Abend noch besprochen, laufe ich heute, an unserem letzten Tag, erstmal alleine los. D.h., ich fahre los, mit dem Bus nach St Abbs. Als wir gestern am späten Nachmittag von hier nach Eyemouth fuhren, hatte sich gerade das schöne Wetter des Tages verabschiedet, es begann zu regnen und alles war grau. Heute ist der Himmel wieder klar und blau, dementsprechend das Meer. Ein mäßiger Wind zaubert kleine Schaumkronen auf die Wellen. Irgendwie strahlt alles und ich schließe mich mit meiner Laune an.

Wieder ist der Pfad ein Genuss. Wirklich ein Küstenpfad, eng am Klippenrand, auch mal steile Treppen runter an einen Strand, dafür aber auch wieder steil hinauf. Dann wieder lange Zeit wie auf einem Balkon auf gleicher Höhenlinie, mit Blick nach links auf die Felsen, das Meer, die Seevögel, vorbeiziehende Tanker am Horizont, kleine Boote in Küstennähe und rechts Getreidefelder, Schaf- und Kuhherden, Windräder und kleine Siedlungen. Etwas über eine Stunde brauche ich, dann habe ich Eyemouth erreicht und treffe mich verabredungsgemäß mit Dieter an einem kleinen Bistro an der Strandpromenade.

Dieter hat meinen Wheelie mit dabei. Irgendwie hat die Vorsehung wieder richtig schön vorhergesehen. Es gab so einige Stellen zwischen St Abbs und Eyemouth, wo ich mit meinem Lastenesel ganz schön hätte ackern müssen und ein gutes Stück

Energie wäre schon durch den Schornstein. Also Glück gehabt und danke, Dieter, fürs Aufpassen und Anliefern!

Der Berwickshire Coast Path setzt sich direkt hinter dem Hafen fort. Er bleibt schön und selbst Dieter sieht keinen Grund zum Meckern (obwohl der gestrige Weg in langen Passagen nicht viel anders war). Der Weg belohnt ihn und beschert ihm nach exakten eineinhalb Stunden bei den wenigen Häusern von Burnmouth eine Ruhebank. Unten am Kieselstrand sucht ein Paar nach Steinchen oder Muscheln, eine Katze schleicht über die kleine Straße und von weiterher hören wir das Geheul von Seehunden. Dieter zaubert aus seinem Rucksack eine Packung Eiersalat und ein Baguette. Das Baguette ist ja nicht schwer zu essen, aber für den Eiersalat haben wir weder Gabel noch Messer. Aber womit kann sich der Mensch behelfen? Mit seinen Fingern! Es schmeckt großartig und der rechte Zeigefinger ist hinterher sauber wie selten. Jetzt nur noch zehn Kilometer bis Berwick!

Nach Burnmouth büßt der Berwickshire Coastal Path etwas von seiner Attraktivität ein. Er wird zum unmittelbaren Begleiter der Zugstrecke London - Newcastle - Berwick - Edinburgh. Links ist zwar immer noch das Meer, aber wenn in regelmäßigen Abständen Züge rechts an einem vorbeirasen, verliert die Küstenpfadidylle seinen Reiz.

Eine Attraktivität hat der Weg jedoch noch zu bieten: das eigentliche Ziel meiner Wanderung, die schottisch-englische Grenze. Auf halber Strecke zwischen Burnmouth und Berwick stehen wir unvermittelt davor. Neben der Bahnstrecke steht ein Schild, schon halb zerstört. "England" kann ich noch lesen, "Schottland" fehlt, aber die Wappen sind noch auszumachen. Wir stehen unmittelbar auf der Grenze. Der Grenze zwischen zwei Ländern des Vereinigten Königreiches. Nach dem Referendum bleibt die Frage, wie lange diese beiden Länder noch vereinigt sein werden. Von der Bahnlinie führt im rechten Winkel unser Pfad zur Kliffkante. Ein Holztor im Zaun ist hier der Grenzübergang. Das nenne ich mal unspektakulär.

Die Zielorte meiner großen Wanderungen in den letzten vier Jahren waren imposanter, das gebe ich zu: der Markusplatz bei meiner Alpenüberquerung von München nach Venedig, die Kathedrale von Santiago de Compostela bzw. der Atlantik am Kap Finisterre bei meinem Jakobsweg, der Petersdom bei meinem Weg nach Rom oder die Ostsee bei meiner Wanderung auf dem Grünen Band. Heute ist es nur ein Holztor in einem Zaun. Trotzdem berührt es mich. Weil ich es wiedermal geschafft habe!

Diese Grenze ist die erste von vielen, die ich noch auf meinem Weg rund um die Nordsee überschreiten werde. Bergen in Norwegen bleibt das ganz große Ziel. Ob ich es jemals erreichen kann, steht in den Sternen, aber ein Anfang ist gemacht. Dieter und ich machen hinter Schottland nun das Tor zu - und gehen eigentlich nur noch zum Bahnhof (nach Berwick upon Tweed).

28. Juni 2016

Edinburgh zum Dritten - Das war's!

Durch die Hintertür sind wir gestern nochmal nach Schottland zurückgekommen. Uns blieb ja auch nichts anderes übrig. Erst morgen geht von Edinburgh unser Flieger. Die Strecke, die wir von Berwick upon Tweed bis zu Schottlands Hauptstadt fuhren, war im Zug gerade mal eine Dreiviertelstunde lang. Zu Fuß haben wir die ganze letzte Woche dafür gebraucht. Und doch war diese Strecke nur ein kleiner Teil von dem, was wir insgesamt tatsächlich geschafft haben. Wir können zufrieden mit uns sein.

In Edinburgh ist so langsam Hochsaison. Die Menschen schieben sich auf den Straßen, laufen den Stadtführern hinterher oder lassen sich mit den doppelstöckigen Bussen (oben offen) durch die Straßen kutschieren. Die Straßencafés, Restaurants und Bars sind voll. In den Pubs laufen die Fernseher und berichten von den bevorstehenden Problemen mit dem Brexit, von Wimbledon und von der Fußball-Europameisterschaft.

Unser "Euro-Hostel" an der Cowgate ist eigentlich ein Studentenwohnheim, wird aber während der Sommersemesterferien von den Studenten geräumt, um Platz zu schaffen für die jungen (oder jung gebliebenen!) Touristen aus aller Welt. Als wir gestern eincheckten, brandete draußen wiederholt mächtiger Jubel auf. Das konnte nur "Open Viewing" bedeuten, in unmittelbarer Nähe. Und richtig! Keine 50 m entfernt gibt es einen großen Biergarten und dort treffen sich die Fußballbegeisterten. Damit war die Abendgestaltung gesichert. Mindestens dreihundert Fans saßen mehr oder weniger feuchtfröhlich zusammen, und wenn mehrheitlich Schotten und einige Engländer zusammensitzen, um ein Achtelfinalspiel Englands gegen den sympathischen Außenseiter Island zu verfolgen, dann kann man sich die Verzweiflung der Engländer und die Schadenfreude der Schotten vorstellen, wenn Goliath gegen den kleinen David verliert - erst recht nach dem Brexit. Tja, erst der Brexit, dann der Exit!

Heute Morgen dann in aller Ruhe den Rest des Besichtigungsprogramms für Dieter: rauf auf Calton Hill mit seinen tollen Ausblicken auf Stadt und Burg, auf den Firth of Forth mit der Forth Bridge, den Hafenvorort Leith und seinen beiden Küstenlinien, die wir entlangmarschiert sind und die so manche Erinnerungen wecken, auf Arthur's Seat und Holyrood Palace, wo, wie wir später am Palace erfahren, gerade das königliche Paar anwesend ist, vielleicht auf der Durchreise nach Balmoral Castle, ihrem Sommerferien-Schlösschen, vielleicht aber auch nur, um das nach dem Brexit-Referendum etwas unwirsch gewordene Volk der Schotten allein durch ihre Anwesenheit etwas zu beruhigen.

Direkt gegenüber von Holyrood Palace steht seit einigen Jahren das neue schottische Parlament. Wir haben Glück, können es sogar ohne vorherige Anmeldung von innen besichtigen, nur zwei Stunden bevor Nicola Sturgeon, die Erste Ministerin und Vorsitzende des Parlaments Schottlands, den "Austretern" ordentlich die Meinung geigen wird. Und das heute in unmittelbarer räumlicher Nähe zu Her Majesty, uih, juijui...!

Wir bummeln nochmal die Royal Mile rauf bis zur Burg - und damit hat Dieter genug von Edinburgh gesehen. Ich jetzt mittlerweile auch, bin ich doch immerhin schon das siebte Mal hier. Ich denke, das wird es dann auch gewesen sein.

Und wie das dann bei mir am Ende immer so ist: Es stellt sich so etwas wie Schwermut ein. Nichts geht spurlos an einem vorüber, schon gar nicht so etwas wie die vergangenen Wochen. Vieles in mir will weiter auf diesem Weg. Ja, immer so weiter. Wie lange kann man bewahren, erinnern? Doch nicht nur Schwermut ist da, auch die Freude über das Vergangene, über das, was man gesehen, erfahren und erlebt hat. Es ist die große Freude darüber, dass ich es körperlich noch kann, dass ich mir immer noch nicht sagen muss: "Das nächste Mal lieber nicht mehr, es ist jetzt genug!" Es ist auch die Vorfreude auf das Kommende: Das Wiedersehen mit der Familie, mit Freunden. Die Freude, meine Enkelkinder in den Arm nehmen zu können. Die Freude, auf die Enkelkinder zu warten, die "in Arbeit" sind. Die Freude auf meine nächsten Buchlesungen, meine Theatervorstellungen, meine Bandkonzerte. Und dann natürlich die Vorfreude darauf, meine nächste Wanderung vorzubereiten. Volles Programm also!

In ein paar Tagen, wenn ich wieder vollständig zu Hause angekommen bin, werde ich "Schottland zu Fuß" noch einmal in den Blick nehmen, ein Fazit ziehen. Heute Abend geht es zum vorläufig letztenmal in einen Pub - mit Livekonzert.

11. Juli 2016

Was war, was bleibt

Seit fast zwei Wochen bin ich nun schon wieder zu Hause und ich habe sehr viel von dem, was einen guten Ruheständler auszeichnet: keine Zeit. Heute endlich komme ich dazu, mir darüber ein paar Gedanken zu machen, wie ich „Schottland zu Fuß" erlebt habe, was war und was bleibt.

Zunächst bleibt zurück, dass es für mich wiedermal ein unvergessliches Erlebnis war. Eine Reise, bei der ich ab und zu an die körperliche wie mentale Grenze gegangen bin, aber nie darüber hinaus. Mit dem häufig sich wiederholenden Wissen, jeden Morgen loszugehen, dass es streckenweise wieder anstrengend werden wird und zuweilen auch etwas schmerzhaft, sich aber dennoch zu überwinden und nicht aufzugeben, hat mich persönlich „etwas" stolz gemacht. Erneut festzustellen, dass man (in sportlicher Hinsicht) solch einen Weg leisten kann, wenn man hundertprozentige Leidenschaft dafür aufbringt, war wiedermal ein befriedigendes und beglückendes Gefühl. Müdigkeit und Erschöpfung wechselten sich ab mit Leichtigkeit und Glücksgefühl, Sonne und Regen, Kälte und Hitze (die eigentlich keine war, aber ab 15 °C von mir als solche empfunden wird).

Kommen wir erstmal zu den reinen Zahlen:

Zweieinhalb Monate war ich unterwegs und habe in dieser Zeit 1329 Kilometer zurückgelegt, alles zu Fuß. Flugzeug, Züge, Busse, kleine und große Fähren und ein Schlauchboot haben mir nur geholfen, an den Startpunkt der Gesamtreise oder einer Tagesetappe zu gelangen bzw. in eine Unterkunft oder zurück in die Heimat. Wäre ich jetzt Dieter und würde die Sightseeing-Kilometer in Edinburgh, Aberdeen und Lerwick, die abendlichen Rundgänge durch die Etappenorte mit dem eindeutigen Ziel eines Pub-Besuchs sowie die nächtlichen Gänge zur Toilette noch hinzurechnen, käme ich vielleicht auf die rundere Zahl 1400, aber jetzt will ich es auch nicht übertreiben. Vier An- und Rückreisetage waren es, drei ausgesprochene Touristentage in Edinburgh, drei Ruhetage und 65 Wandertage. Einige von den Letzteren waren unterkunftsbedingt sehr kurz, andere aus demselben Grund recht lang, die Spannbreite lag zwischen acht und 36 Kilometern.

Die 57 verschiedenen Unterkünfte waren so, wie ich es besonders liebe: immer wieder anders. Kleine oder manchmal auch gar nicht so kleine Hotels, die schon bessere Tage erlebt haben und deswegen für uns in einem akzeptablen Finanzrahmen lagen, viele B&Bs oder Guesthouses mit kleinen oder großen Zimmern, mit DU/WC en-suite, auf demselben Flur oder gar Treppe runter, mit Einzel- oder Doppelbetten, was vor allem in den Tagen der Begleitung durch Dieter und Wolfgang für mich interessant wurde. Hinzu kamen einige mehr oder weniger rustikale Hostels, manche mit erstaunlichem Komfort, manche mit erstaunlich wenig davon. Besonders schön waren die Übernachtungen in Privatzimmern (alle ohne Frühstück, aber meist mit freiem Zugang zum Kühlschrank und zu herzlichen Menschen), in Gartenhäusern, Campinghütten oder den speziellen Böds auf den Shetlands. Immer wieder war es entweder ein augenblicklicher Kopfsprung in eine Urgemütlichkeit, eine gewisse Akzeptanz des Gegebenen oder eine zähneknirschende Anpassung an das Nicht-zu-ändernde. Und nur so will ich es, alles andere ist langweilig!

Drei Paar Wandersocken bestanden nach einer gewissen Zeit hauptsächlich aus Löchern und landeten (gewaschen, ehrlich!) jeweils in Zimmermülleimern. Ein Adapter für das schottische Stromnetz steckt wahrscheinlich heute noch in einem Stecker auf den Shetlands und ein weiteres Paar meiner Wanderschuhe hat jetzt seinen Dienst unwiderruflich aufgegeben. Von einer Reparatur würde selbst jeder Schuster abraten und mein Geldbeutel erst recht. Da ich aber zu Hause noch zwei weitere ausrangierte Paar Wanderschuhe habe, von denen ich mich nicht trennen kann, und die, wenn sie Glück haben, höchstens zweimal im Jahr zu irgendwelchen Arbeitseinsätzen angezogen werden, muss ich mir jetzt mal überlegen, was ich denn nun mit denen mache. Vielleicht in Gießharz einlegen und sie mir zur ewigen Erinnerung an gemeinsame Tage und Kilometer aufs Zimmerregal stellen? Oder doch vielleicht lieber in die kleine Rabatte vor dem Haus auf einem Grauwackestein in Position bringen, Blumenerde rein und mit Vergissmeinnicht bepflanzen? Mal sehen... (Ups, ich darf aber nicht vergessen, vorher meine Einlagen rauszunehmen!)

Wiedermal dürften es an die 300 Stunden gewesen sein, die ich zusammengerechnet spätnachmittags oder abends vor meinem Tablet gesessen habe, um meine täglichen Blogberichte zu schreiben. Ich genieße dieses Schreiben, habe Spaß daran, weiß so, dass ich später (vielleicht im Schaukelstuhl) dadurch nochmal alles aus der Vergangenheit hervorholen kann. Ich weiß aber auch, dass meine Berichte anderen gefallen, dass sie noch abends spät darauf warten oder sie am nächsten Morgen als Frühstückslektüre nutzen. Vielleicht gefallen diese Berichte aber einigen auch nicht. Die haben dann irgendwann aufgehört, sie weiter zu lesen. Auch gut!

Meinen Blog habe ich versucht, mit einigen Fotos anzureichern. Exakt 1463 von ihnen habe ich „geschossen", 150 davon im Nachhinein aber auch wieder als „entbehrlich" eingestuft. Genauso erging es 30 meiner etwa 200 Videosequenzen. Ein Dank an die Möglichkeiten der digitalen Fotografie! Doch alle Fotos können nicht wiedergeben, in welchem Kontext sie entstanden sind. Man sieht darauf vielleicht den Sonnenschein, spürt aber nicht die Temperaturen oder den Wind. Man sieht die Klippen und das Meer, hört aber nicht das tosende Rauschen der anbrandenden Wellen. Man sieht die Kuhherde auf der Weide, riecht aber nicht die „gute Landluft". Man sieht die Kolonie der Seehunde auf dem Strand oder der Seevögel an der Klippenwand, hört aber nicht ihr immerwährendes Heulen bzw. ihr Geschrei.

Zehn Kilogramm an Gewicht habe ich verloren, ein Verlust, den ich wahrlich gut verschmerzen kann. Doch das war der Stand von vor zehn Tagen! Ich verzichte darauf, mich jetzt bereits wieder auf die Waage zu stellen, denn ich will gar nicht wissen, was ich in dieser kurzen Zeit schon wieder zugelegt habe.

Doch viel mehr als die Frage „Gewicht runter oder rauf" beschäftigt mich ein anderes körperliches Problem. Erstmals merke ich, dass auch ich einen Meniskus habe. Und zwar einen im linken Knie, der wohl nicht mehr so ganz in Ordnung ist. Geht das jetzt los mit den Wehwehchen an den Stellen, die für das Wandern von existentieller Bedeutung sind? Bitte nicht, ich habe noch einiges vor!

Die Eindrücke, Erlebnisse und Begegnungen von unterwegs sind nur mit Mühe in eine gewisse Struktur zu bringen. Aber ich habe sie ja auch nicht strukturiert erlebt, sondern immer wild durcheinander, immer wieder anders. Im Nachhinein tauchen nur Blitzlichter vor mir auf und ich will sie auch gar nicht ordnen: wunderschöne Stunden und Tage mit meinen Kindern auf den Shetlands, die ich nie vergessen werde, viel befahrene Landstraßen und ruhige Single-Track-Roads, Schnee und Hagel, blökende Lämmer mit ihren Müttern, atemberaubende Klippen, laute Männer in manchen Pubs, Geschrei der brütenden oder umhersegelnden Seevögel, berauschend schöne Strände, ganze Hänge mit neongelbem Stechginster, sich räkelnde Seehunde, Ebbe und Flut, verlassene oder verlassen wirkende Bauernhöfe, liebenswürdige Gastgeber oder geschäftsmäßige Menschen an den Unterkunftsrezeptionen, Wind und Sturm, halbe oder ganze Pints schottischen Bieres, winkende Kormorane (die natürlich nur ihre Flügel im Wind trocknen), auf den Stränden umherjagende Hunde, kleine Häfen mit (vor allem bei Ebbe) hohen Kaimauern, winzigen Fischerbooten und manchmal großen Segeljachten, schmale Klippenpfade, sattgrüne Golfplätze, das von Dieter oder Wolfgang oft nachgefüllte Whiskyglas, der ungewohnte Linksverkehr auf den Straßen, bei dem auch der Fußgänger aufpassen muss, die Hafenkneipen, der Hagel und der Nieselregen, das Stapfen durch unwegsames, mooriges Gelände oder durch tiefen Dünensand, das Klettern über Zäune, Mauern und Gatter, rinnender Schweiß, Mitwanderer, die sich mal als wahre Helden und mal als Kurparkwanderer zeigten, entspannte Streckenabschnitte ohne Wheelie, immer wieder herzhaftes Lachen in der

„Zweier-Seilschaft", immer wieder aber auch Warten auf den Zurückgefallenen, fast täglich variierende Verletzungsmeldungen, Rasten mit Schuhe aus! und Müsliriegeln, Sonnenschein und blauer Himmel, lange Wege über große Brücken, unentwegt flimmernde Flachbildschirme in den Pubs mit Fußballübertragungen und Brexit-Reportagen, Ölbohrinseln und Windräder, nasse Unterhosen, Socken und T-Shirts auf den Zimmerheizkörpern, Dieter emailschreibenderweise oder in seine eingespeicherten Fotos vertieft hinter seinem Tablet, Full Scottish Breakfast (bis wir nicht mehr wollten), Nebel oder jagende Wolkenformationen, kleine und große Inseln, bizarre Felsküstenabschnitte, Dieters und meine gemeinsamen Nächte im Doppelbett unter einer großen, meist schweren Decke (wenigstens strampelt er nicht mit den Füßen!), die hinreißend putzigen Papageientaucher (Puffins), der Geruch von Fisch in manchen Häfen und der von Seetang auf den Stränden, die alten Cottages und ehemaligen Fischerhäuschen, Burgruinen und Herrenhäuser, viele stille Dörfer und nur einige betriebsame oder gar hektische Städte, Dieters erschöpfungs- oder verletzungsbedingtes Rummosern über den sch... Weg bzw. Pfad, aber auch seine immer wiederkehrende gute Laune am Abend, wenn alles überstanden war, nur der Whisky nicht.

Das alles und noch viel mehr war „Schottland zu Fuß" 2016, das erste Teilstück meines angedachten Projekts „Umrundung der Nordsee". Ob ich dieses Projekt jemals zu Ende bringe, ob ich jemals im norwegischen Bergen ankommen werde, wird sich zeigen. Im nächsten Jahr werde ich mit großer Wahrscheinlichkeit eine Pause einlegen. Nicht beim Wandern grundsätzlich, sondern nur bei der Nordsee-Umrundung. Ich habe da einen anderen Plan... Doch dazu irgendwann zu Beginn des nächsten Jahres mehr.

Aber die Planung ist schon im fortgeschrittenen Stadium. Denn ich will weiter unterwegs sein, tolle Landschaften durchqueren, unterschiedlichem Wetter ausgesetzt sein, interessante Menschen treffen, viel erleben – leben!

Bildnachweis

Buchcover-Vorderseite

- großes Bild: Rerwick Beach auf den Shetlands
- unterer Teil: v. l.: Klippenpfad nahe St Abbs, Stadt und Hafen von Stonehaven, Klippenpfad bei Wick

Buchcover-Rückseite

- im Textrahmen: oben links: Ansicht Edinburgh; oben rechts: Ansicht Inverness; unten links: Ansicht Kirkwall (Orkneys); unten rechts: Ansicht Lerwick (Shetlands); übrige: Tierwelt und Landschaft entlang des Küstenweges

Titelseite

- Bild unten: Klippenpfad bei St Abbs

(alle Fotos vom Autor)

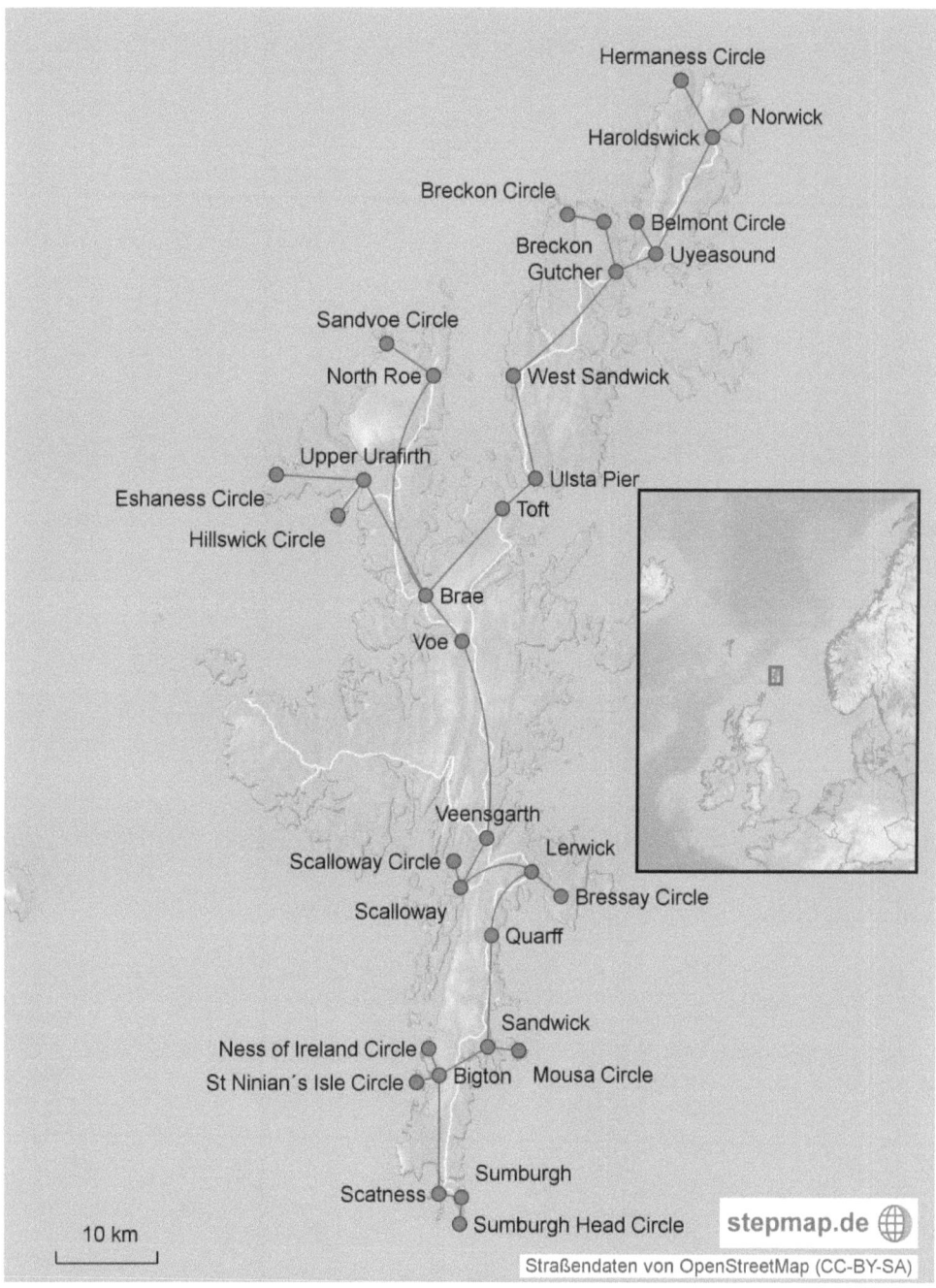